デモクラシーとは何か

デモクラシーとは何か

R. A. ダール
中村孝文訳

岩波書店

ON DEMOCRACY
by Robert A. Dahl

First published 1998 by
Yale University Press, New Haven & London.

This Japanese edition published 2001
by Iwanami Shoten, Publishers, Tokyo
by arrangement with Yale University Press, London.

謝　辞

デモクラシーの理論と実践にかんする著作を、もう一冊執筆してみたい――今から思い返してみれば、そのことをはじめて口にしたのは、たしか妻のアン・セイル・ダールに対してだったように思う。このとき私は、今まで書いたものとは違って、あまりアカデミックではないものにしたいと言ったような気がする。そのようなわけで、この本は、研究者や大学の先生方を主な対象にしたものというわけではないし、アメリカ人だけを念頭において書いたわけでもない。本書は、さまざまな所に住む、あらゆる人に役立つことを意図して書かれた。すなわち、きわめて複雑で理解しにくいために、政治理論家や哲学者など研究者だけしか深く追究しないような広漠とした主題に対しても、真剣に取り組んでみようと思っている人すべて。それが本書の想定する読者なのである。告白めいてくるが、この目的を果たすために適切な文体を見つけ出すことは、気が重くなるような仕事であった。妻のアンが熱心に励ましてくれたおかげでなんとか仕事をすすめることができたのである。最初に原稿を読んでくれたのも妻であるし、表現のしかたをわかりやすくするうえで、巧みに編集上のヒントを与えてくれたのも妻であった。

ジェイムズ・フィスキンとマイケル・ウォルツァー両氏は、友人として、研究者として、お忙しい時間の合間を割いて、わたしの最終稿に目を通し、詳細なコメントをしていただいた。そのおかげで、最終稿とするには、まだ言い足りないところが多々あることがわかった。また、両氏の批判と指摘は、もっともなことばかりであるうえ、有益でもあったので、そのほとんどを採用させていただいた。ただ残念なことは、いくつかの点については、取り上げることができなかったことである。その理由は、もし取り上げるとすれば、わたしが当初考えていた著作よりも、ずっと多くのページが必要となるように思われたからである。さらにまた、オランダについての有益なコメントをいただいたハンス・ダールダー、アーレント・レイプハルト、ハンス・ブロックランドの各氏にもお礼を申し上げたい。

また、チャールズ・ヒル、デイヴィド・メイヒュー、イアン・シャピーロ、ノーマ・ソンプソンの各氏は、この本の主題となっていることについて、さらに勉強してみたいと思っている読者に役に立つ文献を、わたしの求めに応じてご紹介いただいた。そのことに感謝しなければならない。この方たちのご提案のおかげで、「さらなる読書のために」を充実させることができた。

さて、わたしはかなり以前に、原稿を完成させていた。そのことを、イェール大学出版部で編集の仕事をしているジョン・コベル氏に話した。するとすぐに、氏はとても強い関心を示してくれた。原稿を渡した後、彼がわたしにしてくれた質問や提案は、数え切れないほどの点でわたしにとって有益なものであった。

本書の出版だけでなく、イェール大学出版部が長年にわたってわたしの著作の出版をお引き受けくださったことは、わたしにとってこの上ない喜びである。とりわけうれしい点は、この著作をイェール大学出版部が引き受けてくださったおかげで、過去にわたしが同出版部から出版させていただいた自分の著作を何の問題もなく利用することができたことである。また、取締役ジョン・ライデン、副取締役ティナ・ウィーナー、編集長メリル・ラニングの各氏が、本書の出版に熱意をもってあたってくれたことと、世界各地に住んでいる読者の便宜に供するために、早急に外国語に翻訳し、出版したほうがよいとの提案を強く支持してくれたことについても感謝したいと思う。

最後に、副編集長補佐のローラ・ジョーンズ・ドゥーリーさんの編集作業は、手早くかつ見事なものであった。この本に対して彼女が行なってくれた貢献は、読者の目には見えにくいが、そのおかげで書物がよいものになっているということは、著者がよく知っている。彼女も同じように思っていただけたら、と願う次第である。

目次

第一章　旅をするときには、ほんとうはガイドが必要なのではないだろうか

二〇世紀後半には、世界中の人びとが、今まで経験したことがないほど巨大な政治変動を目の当たりにした。デモクラシーに代わる別の選択肢《オールタナティヴ》のうち主なものはどれも、消滅したり、奇妙な形に変形したり、表舞台からアジトに退却したりしてしまった。すでに、二〇世紀初頭には、デモクラシーの前近代的な敵――すなわち、中央集権的な君主政治や、世襲的な貴族政治や、制限選挙にもとづく寡頭政治――が、人類の大部分の目に正統性を失ったものとしか映らなくなっていた。また、二〇世紀に現われた主な反民主的な体制――共産主義、ファシズム、ナチズム――は、悲惨な戦争の廃墟のなかで姿を消していったり、ソ連のように、内部から崩壊したりしてしまった。軍事独裁国家は、殊にラテンアメリカのような場合には、擬似民主的なみせかけを装ってなんとか生き延びようとすることが多かったが、みずからの失敗によって、ほぼ完全に信用を失墜してしまった。

それではデモクラシーは、世界中の人びとから支持を獲得する競争に、最終的に勝利したのであろうか。そんなことはない。反民主的な信条や運動も続いているし、それらが熱狂的なナショナリズムや宗教上の原理主義と結びつくこともよくある。民主的《デモクラティック》な政体（「デモクラシー」の程度は多様であ

るが）は、世界の半分以下の国々でしか見られないし、そこに生活している人びとも全世界の人口の半分にも満たない。世界の全人口の五分の一を占める中国の人びとは、四〇〇〇年にわたる輝かしい歴史のなかで一度も民主的な政体を経験したことはなかった。ロシアにおいても、二〇世紀の最後の一〇年になって、やっと民主的な政治への移行が実現した。しかも、デモクラシーは依然として脆弱で、わずかな支持しか得られていない。かなり以前にデモクラシーが確立され、安定しているように見えてきた国々でさえ、デモクラシーは危機に瀕していると主張する研究者もいる。またそこまで断言しないにしても、選挙で選ばれた指導者たちも政党も、それに政府の役人たちも、失業の常態化、貧困、犯罪、福祉政策、移民、税制、腐敗等に効果的に対処しようとしたり、また実際に効果のある対応ができるだろうという確信を市民がもてなくなりはじめている点を捉えて、デモクラシーは大変な困難に直面していると見なす研究者もいる。

さて、ここで世界の約二〇〇の国々を、非民主的な政体の国、新たに民主的な政体を備えるようになった国、民主的な政体が長期間にわたって比較的よく維持されてきた国、というふうに三つに分類してみたいと思う。もちろん実際には、多くの国々がさらにきわめて多彩なサブグループに分類できる。しかし、こうした三つのグループに単純化してみると、それぞれのグループが、デモクラシーという点からみて、それぞれの難題に直面していることがわかってくる。たとえば、非民主的な国々が直面している難題は、デモクラシーへの転換を果たすことができるかどうか、またどうすればそれができるのかということである。また、新たに民主的な政体を備えるようになった国々の場合は、生まれたばかりの民主的なやり方やもろもろの制度をもっと強化することができるのかどうか、またどのようにすればそれができるのかといった困難に直面している。強化するという代わりに、統合する《コンソリデイト》という用語を使用する政治学者もいるが、つまり、強化や統合によって、デモクラシーを脅かす時間の流れや、政治的対立、そして危機になんとか堪えられるようにしようというのである。最後に、古くからの民主的政体にとっての難題とは、デモクラシーを完成させ、いっそう深めることにほかならない。

しかしながら、ここで、次のような問いを提示する方が仮におられたとすれば、それはとても適切な問いだと思う。すなわち、そもそもデモクラシーという用語は何を指しているのか。たとえば、何が民主的な政治と非民主的な政治を分けるのか。民主的でない国がデモクラシーに移行するという場合、それは、何に移行することなのか。どの時点で、移行が実現したといえるのか。デモクラシーを統合、強化すると言っても、正確には、何を統合、強化するのか。さらに民主的な国でデモクラシーを深化させるという場合、それはいったい何を意味しているのか。ある国家がすでに民主的である場合、よりいっそう民主的になるとはいったいどういうことなのか、等々である。

デモクラシーは、およそ二五〇〇年にわたって繰り返し繰り返し論じられ続けてきた。それだけの時間をかけたおかげで、デモクラシーにかんしては、かなりの量にのぼる理念が提示されてきているが、そうした理念にはすべての人、あるいはほとんどすべての人が賛同しうるだろうと思われる。というのは、理念については、もっと善くとか、もっと悪くとかを問題にすることはできないからである。

デモクラシーは、二五〇〇年にわたって議論され、ディベートの対象にされ、支持され、攻撃され、無視され、樹立され、実践され、破壊され、その後長期にわたって再び樹立されないこともあった。しかし、この長い年月を経ることで、デモクラシーのもっとも基本的な問題については合意ができあがったように思われる。

しかし、皮肉なことであるが、デモクラシーが、まさにこうした長い歴史をもっていることが原因となって、実際には、混乱と不一致も生じてきている。つまり、異なった人びとが異なった時代と場所によって、異なった意味で「デモクラシー」という語を使ってきたのである。実は、人類史上長いあいだ、デモクラシーは実践の場においては消滅してしまっていた。かろうじて、きわめて少数の人びとのあいだに、理念として、あるいは記憶として残っていたにすぎないのである。民主政治の実際の例としては、わずか二世紀前——一〇世代といってもいいかもしれない——までしか、歴史をさかのぼれない。デモクラシーは、哲学者の理論化の対象ではあっても、現実の政治システムに取り入れたり、実践したりするものではなかったのである。さらに、「デモクラシー」や「共和制」が実際に存在したまれなケースでも、成人の大部分は、政治活動に参加する資格を剝奪されていたのである。

ところで、一般的にデモクラシーという場合には、古代のデモクラシーを意味することが多いが、本書では、二〇世紀が生みだしたデモクラシーのタイプを主に議論の対象にしようと思う。今日、わたしたちは、デモクラシーと言えるためには、すべての成人市民が投票権を実質的に保証されていなければならないと考えるようになっている。しかし、およそ四世代前——だいたい一九一八年、つまり第一次世界大戦終結時——までさかのぼれば、その時点ですでに存在し、独立を維持していた民主制や共和制でさえも、全体のゆうに半数の成人がつねに完全な市民権から排除されたままであった。もちろん女性である。

この場合、次のようなことに注意をしておく必要がある。成人の普通選挙権をデモクラシーの必要条件と考えれば、実際に民主的な国ではどこでも、民主的政治システムが成立する以前に生まれた人がいるかもしれないということである。すなわち、近代的な意味でのデモクラシーは、たしかに新しいものではないかもしれないが、決して古代からあったものでもないのである。

しかし、これにはただちに反論が出てくるかもしれない。つまり、アメリカ合衆国は、アメリカ革命以来ずっとデモクラシーを採用してきたのではないのか。エイブラハム・リンカーンも「共和国におけるデモクラシー」と言っているではないか。かの著名なフランス人の著作家であるアレクシ・ドゥ・トクヴィルも、一八三〇年代にアメリカを訪れた後に、自分の有名な著作に『アメリカのデモクラシー』と名前をつけたではないか。さらに、古代アテナイの人びとも、紀元前五世紀に、自分たちの政治制度をデモクラシーと呼んでいるではないか。古代ローマの共和政治は、デモクラシーの一種でないとすれば、なんだったんだ。もし、時代ごとに「デモクラシー」の意味することが違ってきたとするならば、現在それが意味していることに、合意を得るにはどうしたらよいのか。

このように、いったん疑問がおこれば、次から次へとわきおこってくるかもしれない。そもそもデモクラシーはなぜよいのか。しかも、今日、デモクラシーを採用しているといわれている、アメリカ、イギリス、フランス、ノルウェー、オーストラリア、その他の国々の「デモクラシー」が、いったいどの程度民主的なのか。さらには、なぜこういった国々が「民主的」で、その他の多くの国々はそうではないのかという理由を説明することはできるのか。このような疑問がまだまだ出てきてもおかしくはない。

このようなわけで、本章の見出しに掲げた疑問への答えは、かなりはっきりしている。つまり、もし今あげたような、デモクラシーにかんする多数の基本的疑問に答えようと思うならば、ガイドの助けが必要になる。

もちろん、この短い旅では、読者のみなさんが尋ねたいと思っている疑問のすべてに対して、答えを見つけることはできないかもしれない。この旅を比較的短期間で簡単なものにするために、数えきれないほどの小道をもっと歩き回って調べたほうがいいと思われるような場合でも、そこは通過してしまわなければならないだろうと思うからである。しかし、たとえそうであったとしても、わたしとしては、旅の終わる頃には読者のみなさんが、自力でそうした小道の探究を行なってくれるようになることを望まないではいられない。そのために、本書の末尾に、さらなる読書のために役に立つと思われる文献を掲げてあるので参考にしていただきたいと思う。

それでは手始めに、起源、すなわちデモクラシーのはじまりを訪ねることから旅に出かけてみよう。

第一部　デモクラシーの起源

第二章　デモクラシーは、どこで、どのようにして発展してきたのか――その歴史を簡単に振り返る

すでにはじめにも述べたように、デモクラシーは二五〇〇年にわたって繰り返し論じられ続けてきた。しかし、ほんとうにそんなに古くからあったものなのだろうか、と疑問に思われる方も多いのではないだろうか。アメリカ人だけでなく、それ以外の国の人も、デモクラシーは二〇〇年前にアメリカではじまった、と信じている人が多いようである。もっとも、デモクラシーが古典古代に由来することを知っている人は、それが古代ギリシアや古代ローマからあることを主張するのが常である。それでは、いったい、デモクラシーはどこではじまり、どのようにして成長してきたのであろうか。

さて、次のように考えると、わたしたちは、たしかにうれしくなってくる。つまり、デモクラシーは、古代ギリシアで二五〇〇年前に発明されて、その後、多かれ少なかれ持続的に発展してゆき、しだいにその小さな始まりをこえて外に広がり、今日にいたって全大陸に達し、人類の大部分に行きわたった。

こうした描写はたしかに美しい描写ではあるが、少なくとも二つの理由でまちがっている。

まず第一に、だれでもヨーロッパの歴史をよく知っている人ならば同意するはずであるが、古代の

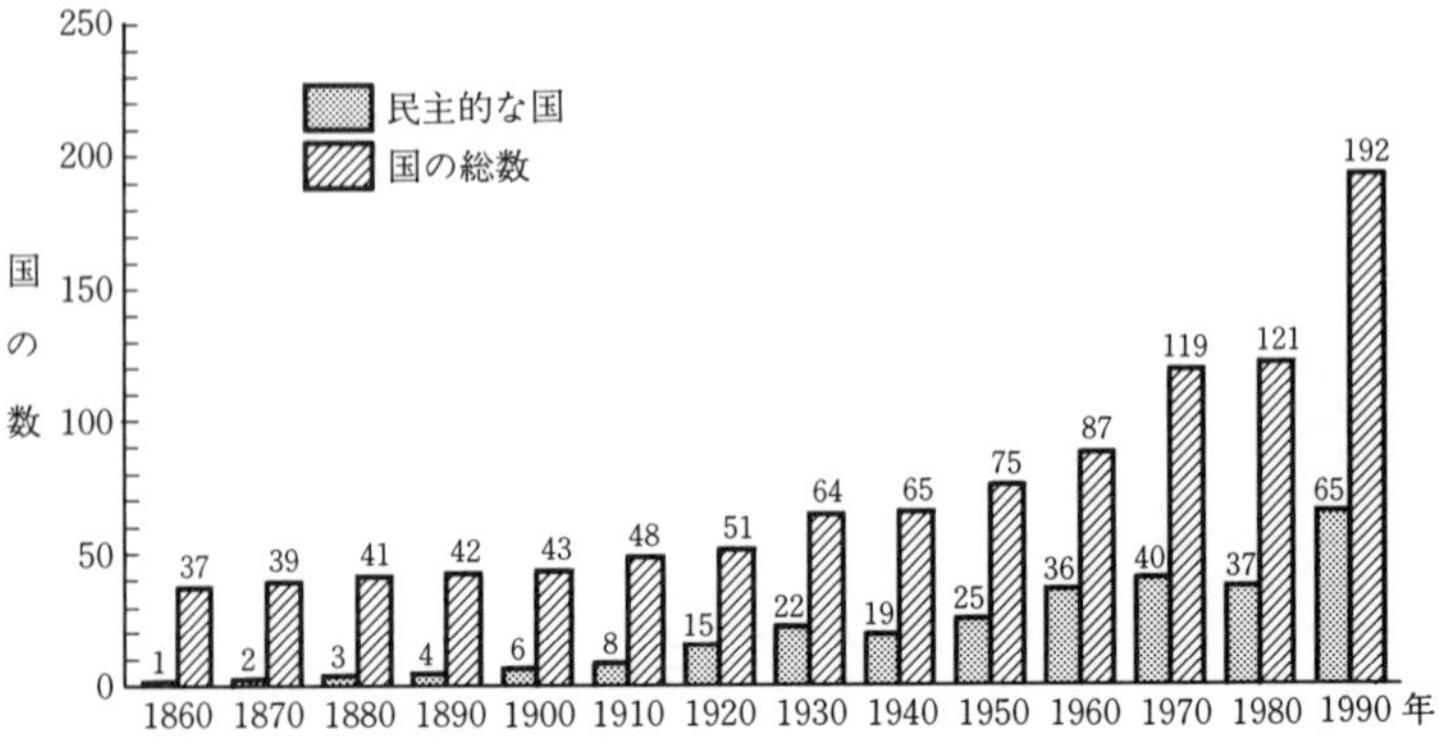

図 1　民主的な国々(男子普通選挙権もしくは完全な普通選挙権が認められている国)1860–1990 年

ギリシアやローマでは、初期の数世紀が経過し、その後に勃興した民衆中心の政体は、やがて衰退し、消滅してしまったのである。仮に、わたしたちが、「民衆中心の」政体とはどんなものなのかとか、「民主的」政体とはどんなものなのかとか、「共和的」政体とはどんなものなのかとか、その内容をかなり自由に決められると仮定してみよう。そして、そのような政体の発展と没落を、たとえば山登りにたとえてみることにしよう。そうすれば、時に下り坂に出会って遠ざかりながらも、はるか遠くにみえる山頂に向けて、着実に上へ上へと登っていく登山のように描くことはできないだろう。むしろ、デモクラシーの歴史の経過は、砂漠を横断している旅人の歩みのようなものであって、平らで、ほとんど果てしなく続き、まばらな丘ぐらいしか遮るものがない小道を歩んでゆくようなものだったのである。その小道は、最後にいたってやっと、今いる山頂へと長い登りがはじまったにすぎないのである(図1)。

第二に、デモクラシーを、たとえば蒸気機関車の発明のように、一度限りの発明品と見なすこともおそらく誤りであろう。人類学者や歴史家は、異なる時代や場所で、類似した道具や行動が見られるとき、そうした現象がどうして生じたのか知ろうとするのが通例である。類似した道具や行動は、自力で発明した人びとから他の集団へと伝播することで広がっていったのだろうか、それとも、別のグループによってそれぞれ別々に発明されたのだろうか。その解答を見いだすことは困難である。不可能かもしれない。世界的にデモクラシーの発展について見たときにも同様のことがいえる。つまり、デモクラシーは、初期の供給源から伝播して普及したという説明がどこまで成り立つものなのだろうか。逆に、さまざまな時代や場所で、それぞれ独自につくり上げられたものだとしたら、それはどこまで説明できるのであろうか。

今述べたデモクラシーの普及にかんして、わからないことが非常に多いが、わたしの個人的な答えをここで提示してみたいと思う。要約すれば、わたしは歴史的資料を、ほぼ以下のように読んでいる。すなわち、デモクラシーの伸展は、おそらくかなりの程度まで、主として民主的な理念や実践の伝播によるものと説明してよいであろう。しかし、伝播によってすべてが説明しつくせるわけではない。火をおこすことや、絵を描いたり、字を書いたりすることと同じように、デモクラシーも一度ならず何度も発明され、また、一カ所だけでなく複数の場所でつくりだされたように思われる。要するに、ある時代のある場所(たとえば、およそ紀元前五〇〇年のアテナイ)で、なんらかの種々の条件がデモクラシーを生みだすのに適していたのだとするならば、同じような好条件は別のところにもあったと見なしてよいのではないだろうか。

デモクラシーは、適当な条件がそろったときにはいつでも、その場所で独自に、生みだされたり、再生されたりしうるものだと、わたしは考えている。しかも、デモクラシーにふさわしい条件は、さまざまな時代、さまざまな場所で存在したことがある、と確信している。ちょうど、耕作に適した土地とほどよい雨量があれば、農業の発達が促されることがよくあるように、ある適当な条件がそろえば、いつでも、民主政治の発展に向けた動きが促進されるのである。たとえば、デモクラシーの出現にふさわしい条件がそろったところでは、有史以前であっても、部族支配に代わって、ある種の民主政治がおそらく行なわれていたのではないか。

そこで、次に、以下のような可能性を考えてみることにしたい。まず、こう仮定してみよう。ある人びとが、かなりまとまりのある集団をつくったとする。そこには、「われわれ」と「かれら」、自分たちとよそ者、わが国の人と外国の人、自分の部族と他部族がうまれる。さらに次のようにも考えてみよう。その集団——部族としておこう——は、かなり独立性が高く、外部からの支配を受けない、と。その場合、部族のメンバーは外部から邪魔されずに、多かれ少なかれ、言ってみれば、自分たちのやりたいことができる。最後にこう仮定することにしてみよう。部族のなかで、一定以上の年齢に達した人びとなど、集団のメンバーのなかの多くが、自分たちは、集団の統率について、平等な発言資格をもっているのだと見なす、と。わたしは、こうした状況のなかに、民主的な傾向が生まれてきていると見ていいと思う。民主的な政治参加の第一歩は、平等の論理とでも呼べるようなものからはじまるからである。

人類が、小さなグループに分かれて共同生活を営み、狩猟をしたり、根菜類、くだもの、イチゴの類い、その他の自然の恵みを採集したりして生きてきた長い年月のあいだに、疑いもなく、次に述べるようなシステムを発展させてきたことがあるはずであるし、むしろ、発展させることがふつうのことだったはずである。そのシステムとは、平等の論理によって突き動かされたメンバー——年輩者とか他の人より経験の豊かな人びとなど——が、決定を行なう必要のあることがらに、相当多数、集団として参加するというシステムである。無文字社会の研究は、実際にそのような事実があったことを、はっきりとうちだしている。そのことから考えれば、何千年ものあいだ、ある種の原初的なデモクラシーが、もっとも「自然な」政治システムだったといってもいっこうに問題ないのではないだろうか。

しかし、だれもが知っている通り、この長い年月も終わりを遂げてしまった。人類が定住しはじめ、決まったコミュニティーに長期間住み、主に、農業や交易に従事するようになると、今述べたような、民衆の政治参加に好ましい条件——つまり、集団の一体性、外部からの干渉の少なさ、平等という前提——が、ほとんど見られなくなってしまったのである。ヒエラルヒーとか支配という形態のほうが、むしろ、「自然」になってしまったのである。結果的に、民衆中心の政体は、定住民族のあいだでは、数千年前に消滅してしまった。王政、専制政治、貴族政治、寡頭政治など、なんらかの序列やヒエラルヒーにもとづくものに取って代わられたのである。

その後、紀元前五〇〇年ごろになって、ふたたびデモクラシーにふさわしい条件が見られるようになってきた。そのおかげで、いくつかの小さな民族集団では、集団の意志決定にかなり広範な参加の機会を保証する政治システムが発達してきた。原初的デモクラシーと呼んでもよさそうなものが、高度な形態でよみがえったのである。そのなかで、きわめて重要な展開を遂げたのはヨーロッパの場合であるが、とりわけ、地中海沿岸地域の三カ所〔古代ギリシア、古代ローマ、中世北イタリア諸都市〕と北ヨーロッパである。

地中海地方

多くの市民に政治参加への道を開いた政治システムは、紀元前五〇〇年ごろの古代ギリシアと古代ローマではじめてつくりあげられた。このシステムは、基本がしっかりとつくりあげられていたおかげで、数世紀にわたって存続できたのである。

ギリシア　古代ギリシアは、今日わたしたちが考えるような意味での国ではなかった。つまり、すべてのギリシア人が、唯一の政府をもった単一国家に住んでいたわけではないのである。それどころか、ギリシアは、数百にのぼる独立した都市国家からできており、それぞれの都市国家には、その周囲に田園地帯が広がっていた。ギリシアの主権国家は、アメリカ、フランス、日本をはじめとする近代国家、すなわち、近代世界の大部分を支配してきた国民国家と違い、都市国家だったのである。いちばん有名な都市国家は、古典古代の時代からずっと、アテナイである。アテナイの人びとが民衆中心の政体を取り入れたのは紀元前五〇七年のことである。それは、その後、北方の強大なマケドニアに征服されるまで、約二世紀にわたって存続した(紀元前三二一年以降は何世代にもわたるマケドニアの支配下で、アテナイの政府は弱体のままなんとか生きながらえたが、ふたたびローマに併合されてしまうことになる)。

デモクラシー、つまりデモクラティアということばは、ギリシア人——おそらくアテナイの人びと——がつくりだした造語で、民衆を意味するデモス(demos)と、支配することを意味するクラトス

(kratos)という、ギリシア語の二つの単語を結びあわせてつくりだしたものである。ところで、おもしろいことに、アテナイの場合、デモスという単語はアテナイ人全体をさすことが多かったものの、時には、下層の人びとや、よりはっきりと、貧民だけを意味するものとして使われることもあった。デモクラシーという単語は、貴族からの批判をこめた侮蔑語として使われることもあった。その場合には、貴族が過去にもっていた政府への影響力を、力ずくでもぎとった下層民への罵《のの》りの感情を表現しているのである。いずれにしても、デモクラティアは、特に、アテナイ人をはじめその他のギリシア人たちによって、アテナイおよびギリシアの他の諸都市をも含む政体をさす単語として取り入れられたのである。[1]

民主政治を行なっていたギリシアのたくさんのポリスのなかで、アテナイの民主政治は、その当時でも現在のようにもっともよく知られていたが、それだけでなく、政治哲学に多大な影響を及ぼした点でとりわけ重要である。また、後の時代になって、政治への市民参加――参加デモクラシーという人もいるが――の最良の事例として引き合いにだされることもよくある。

さて、アテナイの政治は複雑だった。複雑すぎてここでは完全な形では描き出せないほどであるが、簡略化して説明してみることにしたい。まず中心には、全市民が参加資格を与えられた民会が置かれていた。民会では、重要な官職――わたしたち現代人から見れば奇妙なことであるが、たとえば、将軍――を選挙によって選出した。しかし、それ以外の公的な責務を担当する市民の選出は抽選で行なわれた。その抽選では、市民の資格をもつものはだれでも、公職に選出されるチャンスを平等にもっていた。ある推計によれば、ふつうの市民は、生涯に一度は、政府の重責を担うリーダー的な役職に籤《くじ》で選ばれるチャンスを公平にもっていたのである。

ギリシア都市国家のなかには、(第一義的には共同防衛のために)同盟や連盟や連合に向かおうとして、初歩的な代議政体の樹立にかかわったところもあったが、ギリシア人が代表制度をもっていたことについてはほとんど知られていない。ただ実際には、ギリシア人たちは、デモクラシーの理念や実践の上になんの影響も残さなかったし、後世のような形態の代表制デモクラシーに自分たちの特色らしいものを刻印することもなかった。さらに、籤で公的な責務にたずさわる市民を選び出すというアテナイの方式が、後世における、選挙で代表を選ぶという方式の代わりとして受け入れられることもなかった。

このように見てくると、古代ギリシアのデモクラシーの政治制度は、当時としては新しいものであったが、近代の代表制デモクラシーの展開のなかでは完全に無視されたり、場合によっては拒否されたりまででした。

ローマ　ギリシアで民衆中心の政体が樹立されたのと同じころ、イタリア半島の都市国家ローマでも同じことが行なわれた。ただし、ローマではそのシステムを共和政体《リパブリック》と呼んだ。リパブリック(republic)とは、主に、事物や出来事を意味する *res* とパブリック(公共)を意味する *publicus* からできたことばである。おおまかに解釈すれば、リパブリックとは、民衆に属することがらということにほかならない(後ほどまた、デモクラシーとリパブリックというふたつの用語には言及したい)。

共和政ローマでは、当初、政治に参加する権利は、パトリキと呼ばれた貴族階級に限定されていた。しかし、後にまた触れるはずであるが、下層民(プレブス、つまり平民)との長期間の闘争の結果、参加資格が下層民にまで拡大されることになった。また、アテナイ同様、参政権は男性に限定されていた。それは、後の民主政体や共和政体でも二〇世紀までは全く同様であった。

共和政初期のローマは、ちょうど適正な規模の都市であったが、併合と征服を通じて、古い市壁をはるかにこえて拡大した。その結果、共和政ローマはイタリア全土はいうにおよばず、それを越えてはるかに広大な地域を支配することとなった。しかも、ローマは、被征服民にとってきわめて価値の高い、ローマ市民権〔ローマの政治に参加する権利〕を彼らに与えたのである。こうして、被征服民たちは、単に支配されるだけではなく、市民権と特権をいくつも認められた、完全なローマ市民となったのである。

このプレゼントは、賢明で寛大なものであったかもしれないが、現在のわたしたちの目から見れば、重大な欠陥のあることに気づく。すなわち、ローマは、民衆中心の政体が備えていた諸制度を、巨大な数にふくれあがった市民と、ローマからはるかかなたにまで拡大した領土にうまく応用できていなかったのである。今日の視点から見て、奇妙に思えるのは、領域が拡大した後も、議会が存続し、ローマ市民には直接の参加資格が与えられていたが、議場は引き続き以前のようにローマ市内――現在でも、旅行に行けば、廃墟となってはいるが、議場であったフォルム・ロマーヌム〔フォロ・ロマーナ〕そのものを見ることができる――に置かれていた。しかしこれでは、はるか遠方の属領に住んでいるローマ市民のほとんどの人にとって、議場は離れすぎていて出席できないし、仮に出席しようとしてもたいへんな努力と途方もない出費を要した。そのために、市民の数がしだいに増加し、圧倒的多数になってくると、ローマの共和政の根幹をなしていた民会への参加の機会は事実上は閉ざされることになってしまった。それはちょうど、アメリカで、国土が広がるにつれて、さまざまな州に住む人びとに市民権が与えられていったとき、新しい州の住民は全国的な選挙で投票権を行使しようとしても、ワシントンにやってこなければ行使できないようなものである。

ローマ人は、いろいろな点で、創造的かつ実践的な人びとではあったが、今日のわたしたちにとっては当然のように思える解決策——民主的に選ばれた代表に基礎を置き、有効に機能するシステムとしての代議政体——を編みだしたり、採用したりすることはなかった。

しかしあまり早合点して、ローマ人たちは現代人に比べて創造的でもなければ有能でもないのだ、と決めつけてはならない。わたしたちが慣れ親しんでいる技術革新や発明は、あまりにあたりまえのように見えるので、昔の人もなぜもっとはやく今のようにしなかったのかと考えやすい、ということを思い起こしておこう。わたしたちの多くは、すでに当然のようになっているものごとが、はるか以前に発見されて、今までそのまま続いてきていると見なしがちである。だから、後世の人びとも、自分たちが当然と思っている技術革新を、どうして現代のわたしたちが見落としてきてしまったのか、と不思議に思うかもしれない。しかし、何かを見過ごしているからといって、わたしたちが創造的ではないので政治制度をつくり直すことはできないのだ、ということにはならないのではないだろうか。それと同じことで、ローマ人も政治制度をつくり直す能力が欠けていたわけではないだろう。

共和政ローマはアテナイのデモクラシーよりもかなり長く持ちこたえたし、現在存続している近代デモクラシーよりも長い歴史を誇っているが、紀元前一三〇年ごろからは、社会不安、戦争、軍事化、腐敗によって、基盤を侵食されるようになっていった。そのうえ、それ以前は多くの市民が内面にもっていた、健全な市民精神《シビック・スピリット》がうすれ、共和政の土台を支えることができなくなった。そして、ユリウス・カエサルの独裁とともに、ほんのわずかしか残っていなかった本来の共和主義的な慣行も滅んでしまった。そして、紀元前四四年に彼が暗殺されてからは、かつて市民によって統治されていた共和国は、皇帝に統治される帝国へと変貌することになってしまった。

共和政ローマの没落によって、民衆による統治は南ヨーロッパから完全に姿を消してしまった。そうした政治形態はその後も、各地に孤立していた小さな部族の政治システムのなかに例外的に見られないことはなかったが、地球上からおよそ一〇〇〇年間にわたって消し去られてしまうことになった。

イタリア　絶滅した種が、大規模な気候変動の後によみがえったかのように、民衆中心の統治は、一一〇〇年ごろ、多くの北イタリア諸都市でふたたび姿を見せはじめた。この時にも、民衆中心の政体は、比較的小規模な都市国家で発達したのであって、大規模な地域や国家において発達したのではなかった。また、こうした都市国家における統治組織への参加は、古代ローマや後の近代代議政体の出現のときと同じように、最初は、上流階級の家柄の出身者――すなわち、貴族や大土地所有者に類する人びと――に限定されていた。しかし、まもなく、社会経済学の尺度ではかれば、下層に属する都市居住者が政治参加の権利を要求しはじめることになった。わたしたちが今日、中産階級と呼んでいる人びと――新興の資産家、小規模の商人や銀行家、ギルドに所属する熟練した職人、騎士の命令下にある歩兵――は、支配階級である上流階級よりも数でまさっているだけでなく、みずからを組織する能力も持っていた。そのうえ、暴力的な蜂起を起こすと威《おど》すこともできたし、いざとなれば、それを実行に移す能力も備えていたのである。その結果として、こういった人びと――ポポロ

(popolo)と呼ばれることもあった——は、都市国家の政治に参画する権利を獲得することになったのである。

二世紀以上にわたって、こうした共和政治は、多くのイタリア諸都市で隆盛をきわめた。フィレンツェやヴェネチアだけでなく、そうしたたくさんの共和国に共通していたことは、そのいずれもが栄華を誇り、みごとな工芸品や壮麗なる芸術作品・建築物にいろどられていたこと、都市全体が美しくデザインされていたこと、格調高い詩や音楽を生みだしたこと、古代ギリシア・ローマ世界の復興への情熱を強くもっていたことである。後世の人びとが中世と呼ぶようになった時代が終わり、才気に満ちた創造性の大爆発——ルネッサンス——が始まったのである。

しかしながら、デモクラシーの進展にとって不幸だったことは、一三〇〇年代の半ば以降、共和政体をとる主要な諸都市のなかに、民衆中心の政体の宿痾《しゅくあ》ともいうべき敵——経済の衰退、腐敗、寡頭政治、戦乱、征服、諸公・国王・軍人などの権威主義的支配者による権力の簒奪——に道をゆずる都市が出てきたことである。しかも、それだけではない。より長期的視野で歴史の流れを見渡してみると、都市国家は、武力において圧倒的にまさる敵——国民国家——の出現によって、その政府に従属し、それを下から支える土台としての運命を背負わされることになった。すなわち、都市は、いっそう範囲が広くて強力な統一体のなかに組み込まれ、それと協力しあって機能する運命を甘受させられ、大部分が、政府に従属する一単位になりさがってゆくのである。

栄光は過去のものとなり、都市国家は時代遅れの存在と成り果ててしまったのである。

◎用語の解説

ここまでわたしは、ギリシア、ローマ、イタリアの「民衆中心の政体」について言及してきた。ギリシア人は、すでに見てきたように、自分たちの民衆中心の政府をさすことばとして、デモクラシーという用語を発明した。ローマ人は、自分たちのことばであるラテン語を利用して、自分たちの政体を「共和政体《リパブリック》」と呼んだ。また、後にイタリア人は、共和国《リパブリック》ということばで、自分たちの都市国家の民衆中心の政府をさした。読者のみなさんは、デモクラシーと共和政は基本的には異なるタイプの政治システムをさしているのではないかと思われるかもしれない。あるいは、むしろ、このふたつの用語は、言語上の出自がそれぞれ異なっていることを表わしているのではないかと思う人もいるかもしれない。

ジェイムズ・マディソンは、一七八七年に新しく提示されたアメリカ合衆国憲法案への支持を獲得しようとして、大きな影響力をもった論文を執筆したが、そのなかで、正しい答えを曖昧にしてしまった。マディソンは、その憲法の作成にあたった中心人物のひとりであり、なおかつ、同時代の政治学に精通していた点で、例外的な政治家でもあったが、両者を次のように区別して説明している。「わたしがいう純粋なデモクラシーとは、小人数の市民が、集会を開き、自分自身で統治を行なうことで成り立つ社会のことであり」「共和政体とは、代議制のしくみが取り入れられた政体のことである(2)」。

この区別は先行する歴史をふまえたものではなかった。たとえば、ローマにもヴェネチアにも「代議制のしくみ」はなかった。それどころか、マディソン以前の共和政体は、彼がいう「デモクラシー」の定義にかなりぴったりとあてはまるものである。おまけに、このふたつの用語は、一八世紀のアメリカ合衆国では相互互換的に使用されたりもしていたのである。しかも、マディソンの定義は、彼自身が非常に高く評価し、賞賛することも多かったフランスの有名な政治哲学者、モンテスキューの著作のなかにも見いだされない。マディソン自身、自分の提示した区別が確実には歴史をふまえたものでないことを承知していたように思われる。したがって、彼が意図していたことは、提示された憲法案は十分には「民主的」だとは言えない、と主張する批判をかわすためにそうしたのだと結論せざるをえないのである。

　ともあれ（実際のところはよくわからないが）、単純な事実として、デモクラシーとリパブリックの両方の用語が（マディソンの定義にもかかわらず）、タイプの違う民衆中心の政体をさしていたわけではない。後世になってから混乱を引き起こすという大きな犠牲をはらうことになってしまったが、両者の相違は、それぞれの語句がギリシア語とラテン語という、異なる出自をもっているということだけなのである。

北ヨーロッパ

デモクラシーと呼ぼうが、共和政と呼ぼうが、その呼び名にかかわりなく、ギリシア、ローマ、イタリアの民衆中心の政体はどこにおいても、近代の代議政体の重要な特色のうち、備えていないものがいくつかあった。つまり、古代ギリシアでも、中世からルネサンス期にかけてのイタリアでも、民衆中心の地方政府はあったものの、効率のよい全国的な中央政府をもっていなかったのである。たとえば、ローマも、いわば、民衆の政治参加に基礎を置く、地方政府のひとつにしかすぎなかったのであって、選挙で選ばれた代表からなる全国的議会をもっていたのではなかったのである。

　現代の視点からみれば、このようなシステムには、少なくとも三つの基本的な政治制度――すなわち、選挙で選ばれた代表、その代表が構成する国民議会、そして最終的には中央政府に従属する関係にある、住民から選ばれた地方政府――の欠如が顕著なのである。ただし、それ以外のところで、地方レベルでのデモクラシーと、一般の人びとが選出した中央レベルでの議会とを組み合わせたシステムがすでに採用されていたところがあったのである。

すなわち、イギリス、スカンディナヴィア、オランダ、スイス、その他の、地中海地方よりも北方の各地がそれであって、そこではこうしたふたつの政治制度の組み合わせが考案されていたのである。地域によって政治的な展開はきわめて多様なパターンを示しているが、極端に単純化してみれば、次のようなかたちのものが一般的であった。つまり、各地で、自由民と貴族層が直接地方議会に進出するようになる。そして、これに対し、代議員からなるさらに広域的な地域議会や全国的議会が付け加えられるのである。この場合、代議員は、一部または全部が選挙で選出されることがふつうである。

地方議会　まず、ヴァイキングの例を取り上げてみよう。その理由は、好みの問題でもあるが、それだけではなく、ヴァイキングの歴史が、ここで取り扱っている課題と強い関連性をもっているにもかかわらず、そのことがほとんど知られていないからである。わたしは、何度かノルウェーのトロントハイムの北東八〇マイルのところにある農場に行ったことがある。わたしの父方の祖父はそこから移民してきたのである(しかもうれしいことに、そこは今でも Dahl Vestre、すなわち西ダールとして知られている)。近くのスタインキアールという町では、今でも巨石で囲まれた船形の集会場が残っている。そこはヴァイキングの自由民が紀元六〇〇年から一〇〇〇年ごろにかけて定期的に集会を開き裁判を行なっていた場所で、ノルウェー語ではティング(Ting)と呼ばれている(ちなみに、英語のthingは物と集会の両方の意味をもつ古代英語のことばに由来する)。その付近では、他のところでも、もっと古いものも含めて似たような場所を見ることができる。

九〇〇年までには、自由なヴァイキングの集会はトロントハイムだけでなく、スカンディナヴィアの他の地域でも数多く開かれていた。スタインキアールの場合と同じように、ティングは、直立した巨石で囲まれた野原で行なわれるのがふつうだった。自由民は、ティングの会合で紛争を解決した。また、議論をし、法律を受け入れたり、拒否したりもした。さらに、宗教の変更が提案されれば、(ちょうど古来のノルウェーの宗教を放棄して、キリスト教を受け入れた時のように)それを受け入れたり、拒否したりした。さらには、国王を選出したり、認証したりすることもあった——国王はティングで認証された法律に忠実であることを誓約するように要求されることがたびたびあったのである。

ヴァイキングは、ギリシア人やローマ人が自分たちより一〇〇〇年ほど前に行なっていた民主的で共和的な政治的実践については、ほとんどどころか、全く知らなかったし、注意をはらおうともしなかった。このような政治は、ヴァイキングの自由民のあいだで実際に行なわれていた平等の論理ゆえに機能していたということから考えれば、彼らは、みずからの工夫によって議会をうみだしたと言えるかもしれない。平等の概念が、一〇世紀に、ヴァイキングの自由民のあいだで十分に機能していたことは、次のようなことによって立証される。フランスのある川をさかのぼっていたデーン人たちに向かって、伝令が、川岸から大声で「あなた方の王の名を教えてくれ」と呼びかけた。それに対して彼らは、「王はいない。われわれはみな対等である」と答えた。(3)

とはいえ、誇張しすぎる誘惑には負けないように気をつけなければならない。ヴァイキングが誇りにしていた平等は、自由民のあいだにのみ適用されていたにすぎないし、自由民でさえ富や地位は多様であった。また、自由民の下には奴隷がいた。つまり、ギリシア人やローマ人、さらにいえば、何世紀も後のヨーロッパ人やアメリカ人のように、ヴァイキングも奴隷を所有していたのである。すなわち、戦闘による捕虜、急襲されて不運にも捕えられた周辺の住民、古代世界のいたるところに存在した奴隷取引で単に買われたにすぎない人びとである。また、生まれながらの自由民と異なり、奴隷は解放されてもなお、前の主人に依存させられた。仮に、奴隷が自由民の下の階層であったとすれば、上には、通常は土地所有の形態をとった富や、世襲の地位を身にまとった貴族の家系があった。王は頂点に立っていたが、その権力は、選挙や法への服従義務によって制限を受けていたし、貴族の忠誠や自由民の支持をつねに勝ち取らねばならない必要性によっても制限を受けていた。

平等にかんしてこのような重大な限界はあったものの、自由民――自由な小作農、小規模自作農、比較的大規模な自作農――が、数多く存在していたために、政治制度を民主的に方向づけ、政治的な伝統を民主的にするうえで持続的に作用し続けた。

ヨーロッパでは、それ以外にも地域的条件に恵まれていたために、政治への民衆の参加が行なわれた地域がいくつかあった。たとえば、アルプスの高山地帯の谷あいで牧畜に従事する自由民たちは、地域的条件のおかげで防衛と自立の手段を手に入れることができた。ある現代の研究者は、西暦八〇〇年ごろのラエティア（後のスイスのグラウビュンデンという州《カントン》）のようすを、次のように描き出している。「自由な農民たちは（中略）自分たちが特別に平等な状況にあると考えていた。彼らは、共通の身分や（中略）［山の放牧地の］利用に対する共通の権利によって一体化されているので、ヒエラルヒー的で、身分意識に突き動かされた中世封建社会に対抗して完全に平等な意識を発達させた。このきわだった精神があったために、その後、ラエティア共和国ではデモクラシーの出現が確実なものになったのである[4]」。

地方議会から国会へ　ヴァイキングたちは、危険を冒して西方に進み、アイスランドに至ると、そこに自分たちの政治のやり方を移植したので、ティングを再現した地域もいくつか生まれることになった。しかし、アイスランドではさらに重要なことが行なわれた。それは、後になって、他の地域でも出現する、全国レベルでの会議の原型となるいわば上位のティング《スープラ・ティング》、すなわち国会にあたるアルティング(Althing)が九三〇年に設置されたことである。その後、このアルティングは、アイスランドが最終的にノルウェーの支配下に入るまで、三世紀にわたってアイスランド法の法源として存続し続けた[5]。

一方、ノルウェー、デンマーク、スウェーデンでは、広域的な地方議会《リージョナル・アセンブリー》が発展し、アイスランドと同じく全国的な議会になっていった。その後の国王の権力の強化と中央集権的な家産官僚制の発達の結果、国会の重要性は失われていったが、それでもその後の展開に影響を及ぼしたのであった。

また、スウェーデンの場合には、ヴァイキング時代から民衆の地方議会への参加が伝統となっていたが、一五世紀になって、国王が、スウェーデン社会の各層——貴族、聖職者、都市の市民、平民層——の代表からなる会議を主催するようになったために、近代議会制度の出現へとつながっていった。こうした会議が、次第にスウェーデンのリクスダーグ(riksdag)、すなわち、国会へと進化していったと見てよい[6]。

基本的な条件が異なるオランダやフランドルでも、手工業、商業、金融業の発達が生じたおかげで、かなり大きな経済的資源を意のままにできる中産階級が都市に生まれてきた。恒常的な歳入不足に苦しんでいた為政者たちは、この金蔓《かねづる》を無視することはできなかったが、かと言って、資産家たちの同意を得ないで課税することもできなかった。同意を得るために為政者たちは、都市出身で、このもっとも重要な社会階級を母体とした代表からなる会議を招集することになったのである。この会議は、議会《アセンブリー》、国会《パーラメント》、「エステート」(estate)と、呼びかたは多様であった。たしかに、それがそのまま現代の立法府になっていったわけではないが、とはいえ、こうした会議がつくりだした伝統、慣例、考え方がその後の立法府の形成に大きく寄与したのも事実である。

ところで、いつ始まったのかについては、はっきりしたことはわからないものの、代表によって構成される議会は、次の世紀にはしだいにはっきりと姿を現わすようになってきて、代議政体の運営のしかたや考え方にきわめて多大なる影響力を揮《ふる》うようになっていった。中世イングランドの議会をそうした例としてあげることもできる。イングランドの場合、あちらこちらで別々に招集された地域ごとの会議から国会が生みだされてくるに至る変化は、全く方向性が定まらないとまではいえないが、意図や計画のもとになされたものでもなかった。むしろ国会は、エドワード一世時代の一二七二年から一三〇七年のあいだに、必要性に押し切られて生まれたのであった。

こうした出発点からしだいに発展して、国会の成立にまで至る経緯は、長期間にわたるうえ、複雑すぎて、ここにまとめて示すことは不可能である。ともあれ、ゆるやかな変化の結果として、一八世紀までには、立憲制度が生みだされるに至ったのであった。この制度では、国王と議会は、それぞれの権威によって相互に制限を加えあうようにされた。また、議会の内部においては貴族院を構成する世襲貴族の権力が、平民院を構成する人びとの権力と並置された。さらに、国王と議会によって制定された法律は、裁判官によって解釈された。裁判官は、つねにとは言えないとしても、ふつうは国王からも、議会からも同じように独立していた。

国内の主たる社会勢力のあいだのチェック・アンド・バランスと、政府内での権力分立という一見奇跡的なこのシステムは、一七〇〇年代になるとヨーロッパで広く賞賛されるようになった。とりわけそれを褒めちぎったのは、フランスの有名な政治哲学者のモンテスキューであった。またそれは、アメリカでは、共和政を樹立して、君主政という悪徳を捨て、イングランドのシステムの徳高き点を保持し続けようと望んだ憲法制定者たちの多くからの賞賛もかちえた。彼らが困難を乗り切ってつくりあげた共和政は、やがて、その後つくられた数多くの共和政のモデルとして、一定の貢献をなすようになっていった。

民主化——その過程、そして民主化とはつねに過程でしかありえない

後の時代から過去を振り返る時の利点をすべて生かして歴史をながめてみると、容易に次のようなことに気がつく。つまり、一八世紀までにヨーロッパに現われた政治的理念と政治的実践は、その後の民主的な信条と制度の主要な要素になるように運命づけられたものだったということである。そこで、当時の人びとが使っていたことばではなく、もっと現代的で抽象的なことばを使って、そうした要素がどんなものだったのか要約してみたいと思う。

さて、初めに指摘しなければならないことは、地域的な条件や機会に恵まれたおかげで、ヨーロッパ各地――とりわけ、スカンディナヴィア、フランドル、オランダ、スイス、イギリス――で、平等の論理が地域議会の開設を促し、自由民たちの政治参加が、少なくともある程度は可能になったという点である。統治は統治される人びとの同意を必要とするという考え方は、最初、主として増税のさいになされた主張であったが、しだいに法律一般に対しても主張されるようになっていった。大きな地区、都市、地域、全国土のように、該当する範囲が広すぎて、自由民の基本的な集会が直接同意を与えられない場合には、増税や立法の対象となる政治体からの代表による同意が必要になるとされた。アテナイのやり方ときわめて対照的であるが、代表は抽選や偶然の成り行きで決められるのではなく、選挙で選出されたのである。一つの国、国民全体、あるいは国民国家において、自由な市民の同意を確保するためには、選挙で選ばれた代表によって構成される立法府、すなわち議会が、さまざまなレベル――地方レベル、全国レベル、さらにおそらく州や地域その他の中間のレベル――で必要とされたのである。

ヨーロッパのこうした政治理念や実践は、民主化の進展を可能にするための基盤を提供するという役割を担った。現状をよりいっそう民主化しようとする人びとのなかでは、古代ギリシアやローマ、そして中世のイタリア諸都市の民衆中心の政体を例に出して説明すれば、自説を補強し、説得力のあるものにすることができるということもあった。こうした歴史的な体験は、人びとの意志に従う政府というものが、単なる絵に描いた餅にしかすぎないわけではなかったということを立証している。過去において、そうした政府は実際に存在していたし、何世紀にもわたって役に立ち続けてきたのである。

当時は実現に至らなかったこと　ここまで述べてきた理念、伝統、歴史、実践がたとえ民主化を約束し続けていたとしても、せいぜいそれは、まだ、単なる約束でしかなかった。決定的な部分が欠けていたのである。

第一に、きわめて幸先のよいスタートをきった国々でも、はなはだしい不平等が障害として横たわっていた。つまり、権利、義務、影響力、権力の不平等である。奴隷と自由民、富者と貧者、土地所有者と土地を所有しない人びと、主人と召使、男性と女性、日雇い労働者と技能労働者、熟練工と経営者、一般市民と銀行家、封建領主と借地人、貴族と平民、君主と臣民、王室の官吏と官吏の命令に服する人びと、これらのあいだの不平等である。さらに、自由民のあいだにさえ、地位、富、仕事、義務、知識、自由、影響力、権力において大きな不平等が存在した。また、多くの場所で、自由民の妻は、法律や慣習や経験によって男の所有物と見なされていた。したがって、あらゆる時に、あらゆる場所で、平等の論理は不平等という過酷な現実に直面せざるをえなかったのである。

第二に、地方議会や国会が開催されたところでも、それは、最小限の民主的な基準さえ満たしたものではなかった。国会は国王と同等とはいえないことが多かった。国王の家臣である大臣に対する統制権が、君主の手から議会の手に移管され、大統領が国王の地位に取って代わることが実現したのは、何世紀も後になってからのことである。しかも、議会はそれ自体が特権の温床であったし、とりわけ、議員の地位は貴族や上級の聖職者によって独占されていた。「国民」によって選ばれた代表は、せいぜい立法にさいして、部分的な発言権をもつにすぎなかったのである。

第三に、「国民」の代表は、実際には、全国民の代表ではなかった。というのは、ひとつには、自由民は、結局、男性であったということである。君主が女性であるというまれな場合を除いては、成人人口の半数は政治の世界から除外されてきた。しかも、成人男性でさえ多くが——実際には大部分が——同様の状態に置かれたままであった。一八三二年まではまだ、イギリスの場合、投票権が二〇歳以上の人口のうち、わずか五パーセントまでに広げられていたにすぎなかった。その年には、参政権を七パーセント強にまで拡張することを求めた激烈な闘争が発生している(図2)。ノルウェーの場合でも、ヴァイキング時代のティングに一般の人びとの政治参加が認められ、民主化の将来は有望だったにもかかわらず、参政権所有者の割合はイギリスを多少上回っていた程度にすぎなかった[7]。

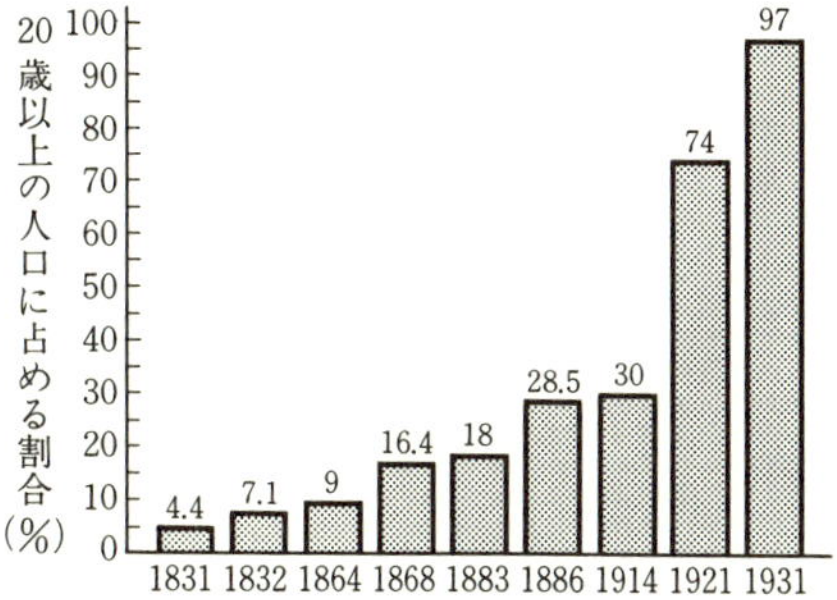

図2　イギリスの有権者 1831–1931
(『エンサイクロペディア・ブリタニカ』［1970］「議会」の項目より)

第四に、一八世紀以降になっても、デモクラシーの理念と信条は広く共有されていたわけではなかった。あるいは、十分には理解されていなかったとさえいってもよいであろう。どの国でも、平等の論理はほんの一握りの人びと、それも特権をもった人びとのあいだでだけ有効であったにすぎない。民主的な共和政体が、政治制度として何を必要としているか、ということに対する理解さえもほとんどなかった。言論や出版における表現の自由は非常に制限されていた。とりわけ、それが国王への批判に向けられたときには顕著であった。政治上の反対勢力は正統性も合法性も持っていなかった。「国王陛下の反対党」はまだ理念としてあっただけで、それが実現する時代は来ていなかったのである。また、政党は危険で、好ましくないものとして、多くの人びとから非難の対象とされていた。そのうえ、選挙は王室の回し者によって腐敗させられ、きわめて深刻な状態であった。

こうして、デモクラシーの理念と実践が前進するか否かは、ある特定の好ましい条件の存在にかかっていたが、その時点では、まだそうした条件は存在していなかった。デモクラシーを信じ、それを護るために戦うつもりでいる人がわずかしかいないうちは、現存している特権層は、非民主的な政府の援助を受けて、みずからを維持することがふつうだったのである。また、たとえかなり多くの人びとが、デモクラシーの理念と目標を信頼するようになったとしても、民主化を先に進めるためには、さらにもっと別の条件が必要だった。後ほど第四部でこうした条件のうち重要なものをいくつかあげてみることにしたい。

ところで、民主化の経路は、この章で素描したように、始まりはよかったものの、その後今日まで、上向きに進み続けてきたわけではないということを思い起こしてみる必要がある。その進路には、上昇もあれば下降もあった。また、抵抗運動も叛乱も内戦も革命もあった。中央集権的な君主政の展開が、数世紀にわたって続いたデモクラシーのそれまでに成し遂げた進歩を転覆したりしたこともあった。とはいえ、まさにその君主政こそが、長い目で見たときには、民主化に親和的な条件をいくつもつくりだしたということは皮肉なことであった。

デモクラシーの浮き沈みを振り返ってみると、はっきりわかってくることがある。それは、デモクラシーをつねに前進させたり、もしくは前進させせられない場合でも、せめて確実に生き延びられるようにしてくれる歴史的な力が働いているなどということは、あてにはできないということである。民衆中心の政体が地球上から消滅してしまった期間がときどきあるということを思い起こせば、このことがよくわかるはずである。

さて、デモクラシーというものが、多少不安定で、危ういものではあることは明らかである。しかし、それがうまくいくかどうかは、わたしたち自身が何をするかにかかっているということも事実である。たとえ、デモクラシーに適した都合のよい歴史的な推進力をあてにできなくても、わたしたちはそのまま、コントロールのできない正体不明な力の単なる犠牲者になってしまうわけにはいかない。デモクラシーには何が必要になるかを正しく理解し、その要求に応えようとする意志があれば、わたしたちは民主的な理念と実践を保持し続けることができるだけでなく、さらに、それらをもっと前進させることもできるのである。

第三章　さらに問われなければならない課題

デモクラシーを論ずるときに混乱が生じることがよくあるが、その原因は、「デモクラシー」ということばが理念を表わすためにも使われるし、現実を表わすためにも使われるという単純な事実にある。わたしたちは両者の相違を明らかにすることができない場合が多い。たとえば次のようなケースを見てみよう。

アラン「一番いいのはデモクラシーだし、しかもそれは実現可能な政治形態だと思うんだ」

ベス「この国で行なわれている世に言う民主政治が、わたしたちのもつことができる一番いい政治だなんて、あなた、頭が変なんじゃない！　全く。わたしは、今の政治が民主的だなんて考えたこともなかった」

アランはもちろん理念としてのデモクラシーを論じているのだし、逆にベスは、ふつうデモクラシーと呼ばれている現実の政治について言及しているのである。アランとベスは、お互いが心に抱いている意味をはっきりさせなければ、それぞれ言っていることが全くのすれ違いになってしまって、混乱の深みにはまってしまうことになるだろう。さまざまな経験から考えて、こうしたことは容易に起こりうるといってよいのである。しかも、悲しいことに、デモクラシーの理念についても、その実践についても、ともに深い学識をもっている研究者たちのあいだでさえ起こる可能性があるのである。

わたしたちがこの種の混乱を回避する方法は、各人が考えている意味をはっきりさせることだけである。すなわち、アランもベスも次のように続ければいいのである。

アラン「いや、ぼくの言っているのは、実際の今の政治のことではないんだ。そっちについては、ぼくもきみの言っていることに賛成したいと思うよ」

ベ ス「そうね、あなたが理想の政治のことを言っているのであれば、全く正しいと思うわ。わたしも理想としては、デモクラシーが最善の政治形態だということを確信してるの。だからこそ、今の政治を今よりもっとずっと民主的にしたいと思うのよ」

ところで、哲学者たちが延々と議論し続けてきたことのなかに、目標、目的、価値などにかんする判断と、現実や事実などにかんする判断との相違という問題がある。「わたしは何をすべきなのか」とか「わたしにとって、何をするのが正しいことなのか」といった類いの疑問に対しては、わたしたちは、前者の種類の判断をくだす。また、「わたしは何ができるのだろうか」とか「わたしはどんな選択肢を利用できるのだろうか」、あるいは「Yではなく、Xをするほうを選んだ場合、それにともなってどんな結果が引き起こされる可能性があるのだろうか」といったような疑問には、後者の種類の判断を行なう。便宜的に分類すれば、第一の方は、価値判断《ヴァリュー・ジャッジメント》(あるいは道徳的判断《モラル・ジャッジメント》)であり、第二の方は、経験的判断《エンピリカル・ジャッジメント》である。

◎用語の解説

価値判断と経験的判断の性質とそれぞれの相違については、哲学者たちが延々と議論してきたが、ここではこうした哲学的な問題に関心を払う必要はない。というのは、日常の生活のなかで、わたしたちは現実的なことがらと理念的なことがらとを区別することにかなり慣れているからである。しかしながら、価値判断と経験的判断との区別は、あまり厳密にしすぎることがなければ有用である、ということを心に留めておく必要はある。たとえば、もし、次のように主張したとすれば、それはほとんど可能なかぎりの「純粋な」価値判断をなしたことになる。「政府は、みずからの決定によって影響を蒙るすべての人びとの善と利益とに公平に配慮しなければならない」。あるいは、「幸福は最高善である」。それと正面から対立する例が、厳密に経験的な命題である。たとえば、次のようなニュートンの有名な万有引力の法則がそれにあたる。二つの物体のあいだの力は、それぞれの質量の積に正比例し、相互のあいだの距離の二乗に反比例する。ただ、実際には価値判断と経験的判断の両方の判断を含んだ主張が数多くある。公共政策についての判断については、これがふつうのケースであると言ってもよい。たとえば、ある人が、「政府は全員加入の健康保険のプログラムを構築すべきである」というとき、実際には、次のように主張しているのである。(1)健康は重要な目的である。(2)政府は、この目的を達成する努力をしなければならない。(3)全員加入の健康保険は、この目的を達成するための最良の手段なのである。そして、わたしたちは、(3)のような経験的判断をとても数多くしているのである。それは、不確定なことがらに向き合ったとき、わたしたちが行ないうる最善の判断なのである。そこには厳密な意味での「科学的な」結論は存在しない。はっきりした証拠やはっきりとはしない証拠、さらには、証拠がなかったり、全く不確実だったりするものなどの複合物にもとづいて結論がくだされるのがふつうなのである。こうした判断は、「現実的」とか「打算的」とか評されることもある。結局、この種の実践的判断の重要な本質のひとつは、ある特定の価値や個人・集団の利益と、別の価値や個人・集団の損失とのバランスをとることである。以下においては、この種の状況を説明するのに、経済学者がよく用いる表現を借用して次のように表現する場合もあることをお断りしておきたい。すなわち、わたしたちはいくつかの目標のなかにあって、考えうるさまざまな「トレード・オフ」のあいだで選択を行なわなければならないというような場合である。わたしたちは、これから先に進むにつれて、いろいろな形に変形した価値判断や経験的判断に直面することになるのである。

デモクラシーの目標と現実

デモクラシーの理念と現実を区別することは重要なことではあるが、同時にまた、デモクラシーの理念や目標が現実とどう絡み合っているかを理解しておくことも必要である。後ほどいくつかの章にわたって、両者の関係について詳細に説明してゆきたい。ここでは、まず、これから先にどんなことが述べられることになるかについて、おおまかな説明を図式化して示しておきたい。

「理念」と「現実」にかんする基本的な問題点として、次頁図3に掲げる四つの項目をあげることができる。

すなわち、**デモクラシーとは何か。デモクラシーとは何を指すのか。別の言い方をすれば、ある政府が民主的かどうかということ、そして、どの程度民主的なのかということを判断するためには、どんな基準《スタンダード》を使ったらいいのか、**ということである。

理　念	現　実
目標と理念	現実の民主政治
○デモクラシーとは何か……四章	○デモクラシーにはどんな政治制度が必要なのか……第三部
○なぜデモクラシーなのか……五〜七章	○デモクラシーにふさわしい条件とは何か……第四部

図3　主な要素

民主的なシステムは、以下で説明する五つの判断規準《クライテリア》に適合しなければならないし、こうした判断規準に適合するシステムは完全に民主的であるといってもよい。第四章では、こうした判断規準のうち、四つについて説明し、第六章、第七章で、なぜ第五の判断規準が必要になるのかを説明することにしたい。しかしながら、こうした判断規準は、理想的で完璧な民主的システムを描き出したものであることをこころに留めておいていただきたい。現実の世界にはさまざまな制約が横たわっていることを考えれば、完全な民主的システムを現実に実現できると思っている人は多分だれもいないだろうと思う。けれども、判断規準があれば、現実の政治システムや政治制度で実現されたことと、実現されず不完全なままで残されていることを比較するための目安ができる。しかも、理想に一歩でも近づくような解決をめざして進むことが可能になる。

なぜデモクラシーなのか。デモクラシーが最善の政治形態であると信ずるとしても、どんな根拠があってそう言えるのだろうか。デモクラシーが提供する最善の価値とは何か。

こうした疑問に答えるさいに、こころに留めておかなければならない重要なことがある。それは、ここで問われていることが、ただ単に、デモクラシーがなぜ支持されるのかとか、なぜ過去に支持されてきたのかということではないし、どのようにして民主的システムを実現するのかということでもない、ということである。デモクラシーが好まれる理由はさまざまであるかもしれない。たとえば、理由をあまり考えずにデモクラシーを支持する人もいるかもしれない。時代や場所によっては、デモクラシーに対するお世辞をいうことがまさに習慣になっていたり、伝統になっていたりするかもしれない。さらに、デモクラシーを支持する人のなかにもさまざまな理由があってもよいだろう。民主的な政府があれば、裕福になるチャンスがいっそう広がると信じて支持する人もいるかもしれない。あるいは、民主的な政治が自分たちの政界での出世を確実にしてくれるかもしれないという理由の人もいるだろうし、自分の尊敬する人が支持するからという人もいるかもしれない。その他にも理由はいろいろあるだろう。

さて、デモクラシーを支持する理由として、上にあげた理由よりもっと一般的かつ普遍的で説得力をもっと言える理由はあるのだろうか。わたしはそれがあると確信している。五章から七章にかけてそのことを論じていきたい。

わたしたちが知りうる最善のものとしての理想的な基準を、現実の世界のなかで実現するとすれば、どんな政治制度が必要になるのだろうか。

次章で検討したいと思うが、時代や場所が異なるごとに、それぞれかなり違った政治制度をもつ政治システムが、デモクラシーや共和政の名称で呼ばれてきた。最後の章まで読んでいただければ、デモクラシーの制度にさまざまなものがある理由が見つかるはずである。すなわち、政治が行なわれる場の規模や大きさ――人口や領土、もしくはその両者――が非常に違っている場合には、それに応じて異なる制度が採用されてきているのである。イングランドの村々のような場合には、面積の点でも、人口の点でも、政治の単位が小さい。他方、中国やブラジル、アメリカ合衆国などは、どちらの点でも巨大である。小規模な都市であれば、いわば、規模の大きな国で必要になると思われるような制度を取り入れなくても、十分にデモクラシーの規準を満たすことができるかもしれない。

しかしながら、一八世紀以来、アメリカをはじめ、フランス、イギリス、ノルウェー、日本、インド等々のような国々では、全国的にデモクラシーの理念が採用されてきた。その場合、小規模な都市のデモクラシーに必要であったり、望ましかったりすると考えられる政治制度が、それよりもはるかに大規模な近代国家では全く不十分であることがはっきりしてきた。ある町にふさわしい政治制度を、たとえば、デンマークやオランダのように、グローバルなスケールでみれば小さなものにすぎないような国家にさえ完全に適用することはむずかしいだろう。その結果、一九世紀、二〇世紀には一連の新たな制度が生みだされ、発展してきた。そうした制度は部分的には初期のデモクラシーや共和政と類似しているが、全体としてみれば、完全に新しい政治システムを構築しているのである。

第二章ではこの新しい政治システムの歴史的展開について簡単なスケッチを試みた。第三部では、もっと多くの紙幅を割いて、実際にデモクラシーを採用している国々における政治制度について、詳細な記述を行ない、それが重要な部分にかんして、どのような理由でそれ以前のモデルと異なっているのかを説明するつもりである。

さてここで、ひとことお断りをしておきたい。それは、ある制度が必要なものだと言ったとしても、必ずしもその制度があれば完全なデモクラシーを十分に実現できるとは限らない、ということである。

どんなに民主的な国でも、デモクラシーの現実と理念のあいだにはかなりの落差がある。そして、この落差が課題をわたしたちに突き付けているのである。つまり、現に「民主的」である国を、よりいっそう民主的にする方法は存在しうるのだろうか、という課題こそ本書の関心なのである。

「民主的」諸国でさえ十分に民主的でないとしたら、近代デモクラシーの主たる政治制度を一部にせよ持たなかったり、あるいは全く持たないような国々の場合は何と呼んだらよいのだろうか。非民主的な国々だろうか。もしそうだとすれば、そうした国々をどうすれば十分に民主的にすることができるだろうか。それどころか、ある国はなぜ、ほかの国に比べて相対的に民主的になったのだろうか。こう考えてくれば、さらに次々に疑問が浮んでくる。ある国(あるいはその他の政治単位)で、民主的な制度の発達と安定を促した条件はどんなものだったのだろうか。また逆に、その発達や安定をさまたげ、遅らせた条件はなんだったのであろうか。

現代世界ではこうした疑問はきわめて重要である。さいわい、二〇世紀の終わろうとしている今、わたしたちは、数世代前の人びとが手にしていたよりもはるかにすばらしい解答をもっているし、歴史を振り返ってみても、以前のどの時代にもまして、ずっと立派な解答を手にしている。第四部では、二〇世紀が終わろうとしている時に、こうした危機的な問題に対して、いかなる答えが提示されてきているのかを示してみたい。

たしかに、今日わたしたちが手にしている解答は必ずしも不確実性をまぬがれているわけではない。しかし、そうした解答のおかげで、わたしたちは以前よりも確実に解決に向けての確固たる第一歩を踏み出せるようになってきているのも確かである。

価値判断から経験的判断へ

先に示した図から離れる前に、もう一度左上から下に、次に右上から下へと見ていただきたい。重要な相違に注目してほしい。「デモクラシーとは何か」に答えるさいに、わたしたちは価値判断を行なっているが、それは、自分たちのもっているさまざまな価値、すなわち、自分が、よいとか正しいとか見なしているもの、あるいは望ましいと思っている目標にほぼ決定的に左右されているのである。「なぜデモクラシーなのか」という問いに移っても、わたしたちの判断は依然として理想とする諸価値に大きく左右されている。しかしまた、その場合には同時に、因果関係についての信念や、周囲の現実世界における限界や可能性についての信念にもとづいていることも確かである。すなわち、経験的判断にもとづいているのである。ここにおいてわたしたちは、証拠の解釈、あるいは事実や事実と称されるものにいっそう強く頼り始めるのである。どんな政治制度をデモクラシーが実際に必要とするのか、このことをわたしたちが判断しようとするとき、証拠と経験的判断に頼ることの方が多い。しかし、ここでもまた、わたしたちにとって問題となることは、部分的には、デモクラシーの意味と価値について以前くだした判断に左右されているという点である。実際、現実の世界でわたしたちが政治制度を樹立することに関心をもつ理由は、デモクラシーの価値やその判断規準が自分たちにとって重要であるからにほかならない。

さて、図3のいちばん右下に目を移し、どんな状況が民主的な制度の発達と安定に適しているのかご自分で決めてみていただきたい。その時には、わたしたちの判断は完全に経験的なのである。つまり、利用できる証拠をどう解釈するかということに完全に依存しているのである。たとえば、民主的な信条は民主的な政治制度の存続に重要な貢献をなすのか、なさないのか。しかし、さらにまた、こうした経験的判断が重要であり、現実的である理由は何かといえば、それは、わたしたちがデモクラシーとそれがもっているさまざまな価値を大切に思うからなのである。

したがって、第二部で、さまざまな理念、目標、価値を取り扱えば、それは第三部で扱う民主的な政治制度の、はるかに経験的な描写におのずとつながっていくのである。そうすれば、第四部で示すことになる、デモクラシーの政治制度にふさわしかったり、ふさわしくなかったりするさまざまな条件の記述におのずと移ってゆけるはずである。そして、その記述をする場合、わたしたちがくだす判断はその本質からして、ほぼ決定的に経験的になるはずである。最後に、最終章ではデモクラシーが今後直面することになる課題のいくつかを描写しておこうと思う。

第二部　デモクラシーの理念

第四章　デモクラシーとは何か

わたしたちのだれもがもっている目標のなかには、自分ひとりでは実現できないものもある。しかし、似かよった目的をもっている他者と協力しあうことで、そうした目標をいくつかなりとも達成できることもある。

そこで次のように考えてみることにしよう。なんらかの共通の目的を実現するために、みなさんと数百名の人びとが賛同しあって集団《アソシエーション》をつくることにする。その場合、その集団独自の目標が何であるのかは、いったんわきに置いておくことにして、本章の主題になっている問題、すなわち、デモクラシーとは何か、ということだけに焦点を合わせて考えてみることにしよう。

さらに、もう少し、仮定をふやしてみることにする。最初の会合で、この集団には規約が必要だと提案するメンバーがいたとする。そうした見解が好意的に受け取られる。そして、読者であるあなたが、こうしたことには多少能力があると思われている。メンバーのひとりが、あなたの所に来て、規約の起草をするように求めたので、規約を練り上げるためのたたき台を次回の会合までに持ってくるようにした。そして、こうした提案が拍手で認められるとしてみよう。

あなたは、この仕事を引き受けるさいに、次のようなことを言う。

「わたしは、ここにいるみんなが、目標を共有しあっていることを理解していると思っています。しかし、どういうやり方で決定をしていくのがよいのかについては、確信をもって答えられません。たとえば、規約をつくって、ここにおられる方々のなかで、きわめて有能ですぐれた知識をもっていらっしゃる何人かの人びとに、重要な決定を行なう権限を委ねた方がよいのかもしれません。そういうやり方にすれば、比較的賢明な決定が保証されるだけでなく、それ以外の方々は、時間と労力を節約することができるかもしれません」。

しかし、メンバーの圧倒的多数が、こうした形での問題処理を拒絶するとしよう。メンバーのひとりが――ここでは、主要な発言者《メイン・スピーカー》と呼んでおこうと思う――次のように言う。

「この集団に関係するとても重要なことがらについては、わたしたちのうちのだれもが、他の方々よりもすぐれた判断力をもっているというわけではないので、だれかの見解が自然に広まっていくようにすべきではないでしょうか。もし仮に、ある時点で、ある課題について他の人よりも多くのことがわかっているメンバーが何人かいたとしても、メンバー全員が、自分たちにとって何が知る必要のあることなのか、ということについて学習する能力をもっているのです。もちろん、問題点については議論をし、決定に至るまでには慎重に検討を加えるべきでしょうが。しかし、論点にかんする議論に参加し、この集団がとるべき政策を決定することに参与する能力を、わたしたちはみんな平等にもっているのです。したがって、この集団の協約は、以上のような前提のうえにつくりあげられるべきだと思います。そうすることで、この集団の決定に参画する権利をわたしたち全員が享受すべきなのです。簡単に申し上げれば、わたしたちはみんな同じ資格をもつわけですから、自分たちで民主的に運営してゆくべきなのです」。

さらに議論をしてゆくと、主要な発言者が提示した見解が一般的な見解と一致していることがわかってくる。あなたは、そこで、こうした前提にしたがって、規約を起草することに同意する。

しかしながら、あなたは作業をはじめるとすぐに、「民主的」と称するさまざまな集団や組織がそれぞれに多様な規約を採用していることに気がつく。「民主的な」国々のあいだでさえも、規約(憲法)が、重要な点で異なっている。ひとつだけ例をあげれば、アメリカ合衆国憲法は大統領に強力な行政権限を与えていると同時に、議会に強力な立法権限をも与えている。しかも、両者が相互にかなり独立しあっている。対照的に、ヨーロッパ諸国の多くは、議院内閣制をとっており、行政の最高責任者である首相は議会が選出する。他にも重要な相違点を指摘することは容易である。したがって、外見上は、唯一の「民主的な」憲法があるわけではない(この点については第一〇章でもう一度ふれることにしたい)。

そこであなたは次のような疑問をもちはじめる。こうしたそれぞれに異なった憲法は、「民主的」であると主張するからには、それを正当化する何かを共通にもっているのだろうか。そして、他と比べていっそう「民主的な」国もあるのではないだろうか。いったいデモクラシーとは何を意味するのだろうか。しかし気の毒なことだが、このことばがきわめて多様なやり方をさすときに使われることにすぐに気がつく。あなたはこの絶望的なほどに多様な定義を無視することに決めた方が賢明である。というのは、あなたの仕事はもっと限定的なのだから。つまり、どうやってこの集団の決定がなされるようにするかを決める一連のルールと原理、すなわち規約(憲法)をつくることなのだから。しかも、あなたがつくる規約は、ある基本的な原則にのっとっていなければならない。つまり、すべてのメンバーが、集団の行なう種々の政策の決定作成過程に参加する資格を平等にもっているかのように扱われるようにすることである。そうすれば、たとえ、他のことがらにかんする場合がどうであったとしても、この集団の運営については、すべてのメンバーが政治的に平等であると見なすことができるだろう。

民主的手続きのための規準

デモクラシーの理念は、巨大で先を見通すことも困難なジャングルのようなものであるが、その理念に合致し、集団を運営する過程で従わなければならない規準を明らかにすることはできるのだろうか。各メンバーすべてが、集団の政策決定に参画する資格を平等にもつという要求を満足させるためにはそういう基準が必要になるのである。それにはわたしの考えでは、最低五つの条件を満たすことが必要になると思われる(図4)。

実質的な参加　集団の政策が決定される前に、それがどんな政策であるべきかについて、すべてのメンバーが、自分の見解を他のメンバーに知ってもらう機会が、平等かつ実質的に確保されていなければならない。

平等な投票　最終的に政策の決定がなされなければならない段階にきたとき、メンバー一人ひとりが、投票する機会を平等かつ実質的にもっていなければならないし、すべての票が平等な重みをもつ

ラシーは以下に掲げる項目を実行するための機
する

1　実質的な参加
2　平等な投票
3　政策とそれに代わる案を理解する可能性
4　アジェンダの最終的調整の実施
5　全成人の包括的参画

図4　デモクラシーとは何か

ものとして数えられなくてはならない。

理解の可能性が開かれていること　時間的に妥当な範囲内で、各メンバーが代替案として有効な政策と、そのひきおこす結果について知る機会が、平等かつ実質的に開かれていなければならない。

アジェンダの調整　各メンバーが、アジェンダ〔会議の議題や議事日程〕をどのようにして設定するかを決める機会に全面的に関与できるようになっていなければならない。そして、もし可能ならば、どんな問題がアジェンダとして設定されるかを選択するチャンスも全面的に保証されていなければならない。こうすれば、右の三つの判断規準が命ずる手続きが阻害されることがなくなる。しかも、メンバーがもし望むなら、集団の政策を変更できる可能性をつねに開いておくことにもなる。

全成人の参画　永久居住許可を受けている成人居住者のすべての人、あるいは、少なくとも大部分の人は、完全な市民権をもち、上記四つの規準の行使を享受していなければならない。しかし、この規準は、二〇世紀になるまではデモクラシーを擁護する人びとからも受け入れられなかった。それを正当化しようとすれば、わたしたちは、他者を政治的に対等な存在として扱わなければならない理由をはっきりさせる必要があるのである。第六章と第七章でこの問題を考えたうえで、もう一度、この成人全員の参画という規準に立ち戻って考えてみることにしよう。

ところで、話は変わるが、みなさんは疑問をもちはじめているのではないだろうか。つまり、先にあげた最初の四つの規準は、たくさんの可能性の中からかなり恣意的に引き出してきたものにすぎないのではないだろうか。こうした特殊な規準をデモクラシーの手続きの規準として受け入れなければならない理由は十分にあるのだろうか、と。

なぜ、こうした規準が必要なのか

その答えは、簡単に言えば次のようなことである。すなわち、もし、集団のメンバーが(たとえメンバーの数が限られていたとしても)、集団の政策決定を行なうさいに、政治的に平等な資格でかかわるとすれば、先にあげたそれぞれの規準が必要になるからである。別の説明の仕方をすれば次のようになる。先の要件が多少なりとも踏みにじられるようなことがあれば、メンバーは政治的に平等ではないということである。

たとえば、メンバーの一部の人びとが、他の人びとに比べて、自分たちの意見を表明する機会がたくさん与えられているとすれば、その人たちの政策は、かなり受け入れられやすくなってしまう。そして、極端な場合には、アジェンダとして提示されたことがらを議論するチャンスもないままに、メンバーのなかのごく少数者だけが、事実上、集団の政策を決定してしまうことになる。実質的な参加という規準は、こうした結果が起こらないようにするための手段となることをめざしているのである。

次に、各メンバーの一票が、不平等に数えられてしまうと仮定してみよう。たとえば、一票の重さを、それぞれのメンバーがもっている財産の多寡に比例して割り当てる。そして、メンバーのあいだには、所有する財産の多寡にきわめて大きな相違があるとしたらどうだろうか。もしわたしたちが、メンバーはすべて集団の意志決定に参加する資格を等しくもっているはずだ、ということを確信しているならば、どうしてこんなふうに、ある人の一票が他の人びとの一票より重く評価されるべきなのだろうか。

図4の二つ目までの規準についてはほとんど疑問の余地はないようにみえるが、三番目の規準、つまり理解の可能性が等しく開かれていることという規準の必要性と妥当性について、みなさんは疑義をもつかもしれない。もしメンバーがすべて同じ資格をもつならば、なぜこの規準が必要になるのだろうか。そして、もしメンバーが同じ資格をもっていないとすれば、同じ資格をもっているという仮定のもとに規約をつくる理由があるのだろうか。

しかしながら、主要な発言者が言っていたように、政治的平等の原理は、メンバーが全員、決定に参画する資格を完全に平等にもっているという前提にもとづくものである。しかもこのことは、全員が、質問、議論、熟考をすることによって、集団にとっての問題点を知る機会を十分にもっているという仮定にもとづくものである。第三の規準は、こうした機会がメンバー全員に開かれていることを保証しようというものである。このことの骨子はすでに、ペリクレスが紀元前四三一年にペロポネソス戦争の戦死者をたたえるために、アテナイで行なった有名な葬送演説のなかで表明されている。

「わが一般市民は、日々の労働に従事しながらも、依然として、公共のことがらについての公正な判断力をもちあわせている。(中略)しかも、行動をしないで、話し合って傍観しているだけではなく、話し合いは、いやしくも、あらゆる賢明なる行動の準備行為として欠くことのできないことがらなのだということをわきまえている」(1)。

最初の三つの規準すべてが十分なものと見なされたとしてみよう。しかし、団体にかんすることがらを処理するさいに、メンバー全員が政治的に平等に参画できる必要がある、という考えにひそかに反対する者が若干いたと仮定しておこう。彼らはあなたに言う。非常に大きな財産所有者の利益は、そうではない人びとの利益よりも、実は、はるかに大切なのである、と。彼らが強調するところによれば、大きな財産をもっている人びとの一票が、特別の重さを認められて、自分たちがつねに勝つことができるようにしてあることがいちばんよいのであるが、こうしたことは論外とされるかもしれない。それゆえ、たとえ他の大多数の人びとがどんなに自由で公正な投票をして、採択を行なおうとも、財産所有者たちがつねに有利になれるような規定をつくっておく必要がある。

ここに示されているのは、巧妙な解決のしかたであるが、彼らが提案している規約(憲法)は、最初の三つの規準をきちんと満たしているし、そのかぎりで、十分に民主的であるといえるだろう。しかし、こうした規準を無効にしようとして、さらに彼らは次のような要求を提案する。総会では、メンバーが議論したり投票したりできるのは、あらかじめ執行委員会で、アジェンダとして設定されたことがらにかんしてのみである。さらに、執行委員会のメンバーは、大きな財産をもっている者だけに就任資格が開かれている。アジェンダがコントロールできれば、この小さな陰謀家たちは、自分たちの利益に反することをその集団がしないという確信を、かなりの程度もつことができる。なぜかといえば、執行委員会が自分たちの利益に反するような議題の提案を認めることはありえないからである。あなたは、よく考えたうえで、彼らの提案を拒否する。その理由は、あなたが認めるようにせまられた政治的平等という原則に反するからである。そこで、その代わりに、あなたは、第四の規準を満たし、集団を最終的にコントロールするのはメンバー全体であるということを保証するような規約（憲法）のあり方を発見するように要請されることになる。

さて、当該集団にかんすることがらを決定するさいに、メンバーみんなが政治的に対等であるためには、上記の四つの規準がすべて満たされる必要がある。ここまで来れば、わたしたちは、仮に、集団が民主的な手続きにしたがって運営されるべきだとしたときに、その集団に適用されなければならない規準を発見したといってよいのではないだろうか。

若干のきわめて重大な問い

さて、「デモクラシーとは何か」という問いに対する答えは出されたのだろうか。この問いは、簡単に答えを出せるものなのだろうか。これまでわたしが示してきた解答は、出発するのに都合のよい地点を選定しただけであって、もっとはるかに大きな問題があることは事実であろう。

まずはじめに指摘すべきことは、これまで述べてきた規準が、きわめて小規模で自発的な集団の運営に適用して役に立つものだとしても、そのままで、本当に国家の統治に応用できるものなのであろうか、ということである。

◎用語の解説

国家(state)という用語は、漠然と使用され、そのため意味が曖昧であることが多い。そこで、わたしがどういう意味でその用語を使用するかについて、簡単に説明しておきたい。国家という用語でわたしがさしているのは、あるきわめて特殊なタイプの集団である。つまり、すべての人に対する支配権を行使し、優越的な強制力をもっており、それによって、広範囲にわたる人びとから支配に対する承認を確保しうるような集団をさすのである。「政府」について論ずる人びとは、自分たちが住み、支配権に服している国家の政府をさしていることがふつうである。歴史全体を振り返ってみても、ごくまれな例外を除いて、国家はある一定の(特定できなかったり、競合したりする場合もあるが)領域に居住する人びとに支配権を行使してきた。したがって、国家は、ある領域的実体をもつものとして考えることができる。国家の領域が一都市以上には出ない時代や場所もあったが、近代国家は、全国土に支配権を行使するのが一般的である。

わたしの簡単な説明は、国家という用語の意味を明らかにしようとしたものであるが、それを多少なりともこじつけと感じる向きもあるかもしれない。政治哲学者や法哲学者が国家について論じてきたことを説明しようとすれば、ゆうに小さな森ひとつ分ぐらいの用紙を使ってしまうことになるだろう。これから述べようとする目的には、今、右に述べたことで十分だろうと思う(2)。

そこで問題にもどることにしよう。さて、さきほどから説明してきた規準は、ある国家の政治に適用できるだろうか。いうまでもなくできるのである。実のところ、デモクラシーの理念の主要な対象は、長いあいだ、国家だったのである。国家以外の種類の集団、とりわけ宗教的な組織などが、デモクラシーの理念と実践の歴史上で、後世になってから一役演じることもあったが、古代ギリシアやローマ時代の古典的デモクラシー以来、今日わたしたちが、デモクラシーの特徴をもっているとふつう考えている政治制度は、主に国家の統治を民主化する手段として発達してきたものなのである。

おそらく歴史が繰り返し伝えていることは、国家もその他の集団も、民主的な手続きの規準に完全に合致する政府をもったことは一度もないということである。また、これからもありそうにはない。しかし、すでに示そうとした通り、上記の規準は、民主的統治の実現度と可能性を測定する尺度として、大いに役に立つ。

第二の疑問は次のようなことである。以前に完全にこうした規準にあてはまる集団があったと考えることは現実的だろうか。別の問題の立て方をすればこうなる。いったい、実際の集団が、完全に民主的であるなどということが可能なのであろうか。現実の世界で、集団に属するメンバー全員が、参画のチャンスを平等にもっているとか、懸案事項の理解に役立つ情報を十分にもてるとか、アジェンダの設定に影響を及ぼすことができるとかいうことが本当にあるのだろうか。

おそらくそれはないだろう。しかし、そうだとすれば、先に述べた規準《クライテリア》は役に立つのだろうか。それとも、そうした規準は、絵に描いた餅、すなわち不可能なことに情熱を燃やすユートピア主義者の希望にすぎないのだろうか。答えは、簡単に言えば、過去にあった基準《スタンダード》と同様に役に立つし、他の基準よりも現実的だし、役に立つものなのである。つまり、民主的だと主張している集団が、実際に行なっていることを評価する基準となりうるのである。こうした基準は、具体的な計画や協定、それに実際に、政治制度をつくったり、つくり替えたりするときの指針として役立ちうる。さらに、デモクラシーを実現しようと切望している人にとっては、問題を発見し、正解を発見するに至る手助けをもしてくれるのである。

論より証拠とも言われているので、以下の章では、この規準がデモクラシーの理論と実践にかんする主要な諸問題を解決するさいの指針としていかに役立つかを示しておきたいと思う。

第三の問題。先に述べた規準が指針として役に立つということを認めるとしても、デモクラシーの政治制度を案出するうえで、全部が必要になるのだろうか。仮に筆者がいくら先のように考えたとしても、読者であるみなさんは、自分が民主的な憲法を考案し、民主的な政府という現実の制度を提示するということを任されているとすれば、こうした規準から直接的にその構想を引きだせるのだろうか。明らかにそうはできないのである。たとえば、ここにある建築家がいたとして、その人が依頼主から示された規準——つまり、立地、大きさ、外観、部屋数や部屋のタイプ、値段、竣工の日程等——で頭の中がいっぱいになっていたとしても、それだけでは設計をすることはできない。その建築家は、その他の非常に多岐にわたる特殊要因を考慮に入れてから、はじめて設計をすることができるのである。政治制度の場合でも同様のことが言えるのである。

民主的な基準のもっともうまい解釈のしかた、特定の集団への適用のしかた、政治的実践を行ない、それが必要とする制度をつくりだす時のつくりかた、それらがいずれも簡単な仕事でないことはいうまでもない。また、そうしたことをするためには、現実の政治に敢然と飛び込んでいかなければならないし、その時には、理論的な判断も実践的な判断も数えきれないほどする必要が出てくるだろう。

その他にも困難なことが多数あるが、上記の規準のうちいくつか――この場合には少なくとも四つであるが――を当てはめようとすれば、それぞれお互いに矛盾しあうことがあるということに気がつくこともあるし、どれかに価値をおいて選ぼうとすれば、トレード・オフの関係にあることを認めなければならないことも出てくる。このことについては、第一〇章で民主的な憲法を検証する時にわかってくるはずである。

最後になるが、さらに基本にかかわるような問題さえ存在している。つまり、仮に、主要な発言者の見解が、なんらの異議もなく受け入れられたとしてみよう。しかし、なぜ、受け入れられる必要があったのだろうか。またなぜ、デモクラシーが望ましいと見なされなければならないのだろうか。特に、国家の統治だけでなく、集団の運営においても、なぜ、デモクラシーが大切なのだろうか。さらに、もし、デモクラシーが妥当性をもっているとしても、それが政治的な平等の妥当性を前提にしたものだとすれば、なぜ、どちらかといえば明らかに不合理に見えるこのことを信じなければならないのであろうか。しかしながら、ある国家において、そこに住む人びとが、市民のあいだに政治的な平等が行きわたっていると確信しているとすれば、それは、五番目の規準――全成人の包括的参画――に近いものを受容するように要求されているからなのではないだろうか。

さて、それでは以下において、こうした難問について考えてゆくことにしよう。

第五章　なぜデモクラシーなのか

なぜ、デモクラシーを支持すべきなのだろうか。もう少し限定していえば、なぜ、国家統治においてデモクラシーを支持すべきなのであろうか。ここで、もう一度次のことを思い起こしていただきたい。国家とは、ある特別な集団である。すなわち、国家における政府は、桁違いに大きな能力をもって、みずからの支配への服従を調達している。そして、その調達能力は、(多様な手段のなかでも特に)軍事力、強制力、暴力によるものなのである。国家を統治するのにもっとよい方法はないのだろうか。非民主的な統治システムの方がデモクラシーよりもよいのだろうか。

◎用語の解説

本章全体を通して、わたしはデモクラシーという用語をかなりラフに使うことにする。その理由は、あるべき政府について言及するのではなく、現実の政府、すなわち、前章でかなりの程度詳しく説明してきた規準を、必ずしも十分ではないが、ある程度満たしている政府に言及するためである。時には、民衆中心の政体という用語も使うことがある。この用語は包括的なものであって、二〇世紀の民主的システムをさすだけでなく、成人人口の多くの部分が、投票をはじめとして、その他の政治参加からも排除されていながらも、それ以外の点では民主的といえるような政治システムをも含むものとして使うつもりである。

二〇世紀に至るまでは、理論上も、実践上も、世界のほとんどの地域で、非民主的なシステムの方がすぐれていると主張されてきた。また、ごく最近まで、人類の大多数が――時には、すべてが――非民主的な支配者たちに服従を強いられてきた。そのうえ、非民主的な政体の支配者たちは、古代以来くりかえされてきた主張、すなわち、国家の統治に参画する能力をもっている人はほとんどいないという主張をひきあいに出すことで、自分たちの支配を正当化しようとすることがふつうだった。こうした議論をさらに進めれば次のようになる。大多数の人びとは、統治という複雑きわまることがらを、自分たちよりも賢明な人びと――多くても少数者、場合によれば一人の人物――に任せておくときにだけ、安楽に暮らすことができるようになる。実際には、こうした類いの勝手な口実が正しかったことは一度たりともなく、「賢明な人びと」に統治を任せてしまったときには、議論が行なわれなくなって、強制だけが残ったのである。こうした古くからある見解――そして実践――は、今日でさえ決して死滅したわけではない。「一人」の政治か、「少数者」の政治か、「多数者」の政治か、という議論はさまざまな論じ方をされるが、依然として今でもわたしたちの問題なのである。

こうした過去の数えきれないほどの事例に向き合ったとき、非民主的なやり方に比べて、デモクラシーの方が国家統治の方法としてすぐれていると、わたしたちが考えた方がよいのはなぜなのだろうか。その理由をいくつかあげてみたいと思う。

つまり、デモクラシーに代わる統治方法があるとしても、デモクラシーはそのやり方よりも、すぐれた点を少なくとも一〇点もっているのである(図5)。

デモクラシーは下記の望ましい結果をもたらす

1　暴政の回避

2　本質的な諸権利

3　普遍的な自由

4　自己決定

5　道徳的自律

6　人間性の展開

7　個人に固有の利益の擁護

8　政治的平等

さらに近代デモクラシーがもたらすもの

9　平和の追求

10　繁栄

図5　なぜデモクラシーなのか

1　デモクラシーは残酷かつ狂暴な独裁者による統治を阻止する力になる。

政治において、おそらくもっとも基本的で継続的な問題は、独裁者の支配を回避することである。有史以来、現代をも含めて、誇大妄想、パラノイア、自己利益、イデオロギー、ナショナリズム、宗教的な信条、先天的な優越性という信念、激情や衝動などといったものにとりつかれた指導者たちは、国家のもつ巨大な能力である、強制力や暴力をみずからの目的の追求に役立つように利用してきた。独裁的な支配の犠牲になった人びとの数は病気や飢え、そして戦争の犠牲者たちの数に匹敵する。

二〇世紀になってからの例をいくつか思い浮べてみればよい。イオシフ・スターリン支配下のソ連(一九二九―五三年)では、数百万にのぼる人びとが政治的理由で投獄されたが、それはスターリンの、自分に対する陰謀へのパラノイア的な恐怖が理由であることもままあった。推定二〇〇〇万人の人びとが強制収容所で死んだが、彼らは政治的な理由で処刑されたり、餓死したりした人びとだった(一九三二—三三年)。こうした事態は、スターリンが、国営農場に農民を強制的に加入させようとしたことの帰結であった。その他にもスターリン支配の犠牲者は二〇〇〇万人おり、その人たちはかろうじて生き延びたものの、筆舌に尽くしがたい苦しみを味わった。(1) さらには、ナチス・ドイツ(一九三三—四五年)の独裁者、アドルフ・ヒトラーを思い浮べてみよう。何千万人という数えきれないほどの戦闘員や一般市民が第二次世界大戦の結果、犠牲となったが、ヒトラーは、数知れない自分への反対者、ポーランド人、「ジプシー」、ホモ・セクシュアル、その他自分が皆殺しにしようと望んだ集団のメンバーの死だけでなく、六〇〇万人のユダヤ人の死にも直接責任がある。カンボジアでは、独裁的指導者ポル・ポトの時代(一九七五—七九年)に、クメール・ルージュの手で、全人口の四分の一の人びとが殺戮された。ポル・ポト自身が手をくだしたジェノサイドの例といってもよいだろう。ポル・ポトの知識階級に対する恐怖はきわめて大きなものであったので、その階級に属する人びとは皆殺しにされた。つまり、眼鏡をかけていたり、皮膚が厚くなっていない手をしていたりすることは、文字通り、死の証明書であった。

たしかに、民衆による統治の歴史を振り返ってみると、それが固有の欠点をもっていないとはいいきれない。また、民衆による政治が、時に、国境の外の人びと、つまり、他国に住んでいる人びと——外国人や植民地人など——に向けて、不正や狂気に満ちた行為をすることがあるのは、他の政治形態の場合と変わりがない。しかし、この点では、民衆による政治が、非民主的な政治に比べて、外国人に対していっそうひどい行為をしてきたというわけではない。むしろ、比較していえば、好意的にふるまったことの方が多い。インドの場合などは、植民地の権力が、偶然意図せずに、民主的な信条や制度をつくりだすことに貢献したひとつのケースである。しかし、民主的な国々が、国外の人びとに向けて行なった不正の数々に決して目をつぶることがあってはならない。というのは、市民の政治的平等を保証することを促進するという、デモクラシーの基本的な道徳原理をみずから踏みにじることになるからである。この原理については次章で見ることにする。さて、こうした矛盾を解決する唯一の道は、人権という普遍的な規範を全世界が実質的に実現するようにすることをおいてほかにはない。しかし、この問題とその解決は重要ではあるが、この小さな著作の範囲をこえたものである。

ところで、デモクラシーの理念と実践において、より直接的に問われていることは、民衆中心の政府のもとに生活し、その支配下にあり、法への服従を強制されながらも、政治参加の権利を奪われているために、政府から不利益を蒙っている人びとがいるということである。こうした人びとは、支配はされるが、政治には参加していないのである。しかし、この問題の解決方法は、さいわい、はっきりしている。もちろん実際に行なうことが必ずしも容易だとは限らないが。つまり、排除されていた人びとに民主的なもろもろの権利が賦与されるようにすればよいのである。事実こうした解決策は、一九世紀と二〇世紀初頭に広く実施され、そのおかげで、選挙権に対するそれまでの制限が取りはらわれ、普通選挙権が、民主的な政府かどうかを判断する基準とされるようになったのである。(2)

でも、ちょっと待ってほしい、とみなさんはおっしゃるかもしれない。民主的な政府でも、それが、マイノリティーに属する市民に不利益を及ぼすこともありうるのではないだろうか。マイノリティーは投票権をもってはいるものの、多数派に票の差で負かされることが多いのであるから。そして、これこそ「多数者の専制」と言われてきたものではないのだろうか。

こうした疑問に対する答えが簡単であってくれればと思うが、残念ながら、みなさんが考えていらっしゃるかもしれない以上に、はるかに複雑なのである。なぜかといえば、実際の法律や公共政策は、民主的政府のものであっても、寡頭政的な少数支配者のものであっても、あるいは、慈悲深い指導者のものであっても、必ずだれかの不利益とならざるをえないからである。単純化して言えば、この問題は、いかなる市民の利益をも絶対に阻害しないような法律を政府がつねにつくれるかどうか、ということではない。民主的な政府を含めてどんな政府でさえも、こうした要求を満たすことはできない。これはむしろ、長期的にみて、民主的な手続きの方が、非民主的なやり方と比べて、各市民の基本的諸権利や利益を損なうことが、どちらかと言えば少なくてすむかどうかという問題なのである。民主的な政治は、独裁的な権力の濫用を防ぐという理由だけからしても、非民主的な政治よりも、市民の権利や利益の擁護という要求にかなっている。

しかし、単に、民主的政治の方が、非民主的体制よりもずっと暴政になりにくいからといって、それだけでデモクラシーのなかで生きている市民たちが満足していると言うことはできない。それは、犯した犯罪が、他人が犯した大きな犯罪に比べて小さいからという理由で正当化することが理にかなっていないのと同じである。民主的な国が、民主的な手順に従いながら、不正を押しつけるような場合にも、結果は依然として……不正なのである。多数派の力が多数派の権利を生み出すのではない(3)。

そうは言っても、デモクラシーを採用している国々が非民主的な国々よりも正しいし、人間の基本的な利益を重んずる傾向にあるということを信じる理由が他にもある。

2　デモクラシーは、非民主的システムが承諾しなかったり、承諾できなかったりする数多くの基本的権利を市民に保証する。

デモクラシーは統治の手続きであるだけではない。デモクラシーの諸制度にあっては、権利が欠くことのできない要素であるがゆえに、デモクラシーは本質的にさまざまな権利の体系でもある。多様な権利は、民主的な政治過程という建物にとって不可欠の建設資材の一つなのである。

しばらくのあいだ、前章で描写したデモクラシーの基準のことを考えてみていただきたい。そこにあげた基準を満たそうとすれば、政治システムが市民に特定の諸権利を必ず保証しなければならない。このことは自明のことであるといえるのではないだろうか。たとえば、実質的な参画ということを考えてみてほしい。この基準を満たそうとすれば、市民は必然的に参加の権利をもっている必要があるのではないだろうか。さらに政治的なことがらにかんする自分の見解を表明し、自分以外の市民が発言することを聞き、政治的なことがらについて他の市民たちと議論する権利をもっている必要があるのではないだろうか。さらには、一票の平等という規準が要求していることについても考えてみてほしい。つまり、各市民は投票する権利をもっていなければならないし、自分たちの投票を公平に数えさせる権利ももっていなければならない。デモクラシーのその他の基準についても同じである。各市民が政府の政策に対して代案を考える権利をもっていなければならないことは明らかだし、何が、どのような方法でアジェンダとされるべきかを決定するプロセスに参加する権利をもっていなければならないということも明白である。その他についても同様のことが言えるだろう。

非民主的なシステムが、市民たち(すなわち臣民たち)に、こうした幅広い政治的権利を認めないことは、その定義からして当然である。もし、なんらかの政治システムが政治的権利を保証したとすれば、それは、定義上、デモクラシーになるといってもよい。

この相違は単に些細な定義上のことがらではない。デモクラシーの要件を充足しようとすれば、デモクラシーの諸権利は、本来、市民たちに、実際に利用可能になっていなければならない。民主的な諸権利が文書や成文法、さらには憲法典のなかで約束されているだけでは十分ではない。その権利が効果をもたらすように準備されていて、しかも、実際に市民たちが、効果的に利用できる状態になっていなければならない。もし、そうなっていなければ、たとえ支配者たちがどんな主張をしても、その政治システムは、全く民主的ではないし、「デモクラシー」というスローガンは、非民主的支配の単なる見せかけにしかすぎない。

二〇世紀の独裁者たちは、デモクラシーの理念が人びとをひきつけるので、自分たちの支配を、「デモクラシー」とか「選挙」といった見せかけでおおい隠すことが多かった。しかしながら、ちょっと考えてみていただきたい。そのようなことをすれば、そういった国でも、デモクラシーに不可欠な諸権利が、事実上、ともかくも各市民に行きわたるようになるのである。そのときには、その国はデモクラシーに移行したといえるのである。こうしたことが二〇世紀後半にはきわめて頻繁におこったのである。

しかし、ここでもみなさんは、次のような異議を唱えるかもしれない。「そこには言論の自由が存在しないではないか。だって言論の自由は、まさにデモクラシーの定義の一部をなすものなのだから」。しかし、果たして定義なんかに関心をもつ人がいるだろうか？　こういう問いには、「もちろん」と、みなさんは言うだろう。「もちろん言論の自由とデモクラシーの関係は、単に定義上のことではなく、それ以上に大切なものだ」と。そう、その通り、みなさんのおっしゃることは正しい。デモクラシーに必要なのはまさに、民主的な諸権利を提供したり、保護したりしてくれる制度なのである。つまり、デモクラシーが存在しうるためには、そうした制度が、単に論理的条件として不可欠なのではなく、実質的な条件として不可欠なのである。

たとえそうだとしても、みなさんは、こう尋ねるかもしれない。これは単なる理論、抽象であって、理論家や哲学者やその他の知識人のお遊びではないのか。きっと、みなさんはさらにつけ加えるかもしれない。デモクラシーをつくりだしたり、維持したりするためには、ひとにぎりの哲学者が同意を表明するだけで十分であると考えることは、ばかげているだろう。みなさんの言っていることはもちろん正しい。だからこそ第四部で、デモクラシーを維持する可能性を高めるには、どんな条件をふやす必要があるかについて考察してみたいのである。こうした条件のなかに含まれるものとして、さまざまな権利や、それを実現するための機会がデモクラシーには必要であるという信念をあげることができるが、それだけでなく、市民とリーダー相互のあいだに、かなり広範囲にわたって、民主的な信条が共有されている必要もある。

さいわい、こうした権利と機会の必要性は、一般市民と、そうした人びとを政治的にリードする人びとが理解できないほど漠然としたものではない。たとえば、一八世紀後半の、全くふつうのアメリカ人にとって、もし言論の自由がなければ、自分たちの民主的な共和政体は存在しえなかったかもしれないということは、かなりわかりきったことだった。トマス・ジェファーソンが、一八〇〇年に大統領に選出されたとき、最初に行なったことは、前大統領であったジョン・アダムズのときに制定され、評判の悪かった「外国人法・治安法」を破棄することだった。この法律があれば、政治的意見の表明を抑圧してしまいかねないからである。破棄することでジェファーソンは、自分の確信していたことを実現しただけでなく、当時の一般的アメリカ市民に広く支持されていた見解に、はっきりと答えたのである。もし、市民の多くが、デモクラシーは基本的な諸権利をはっきりと前提としているということを理解していなかったり、そうした諸権利を擁護することが、政治、行政、司法という制度の役目なのだということを支持しなかったりするときには、デモクラシーは危機に直面することになってしまう。

さいわい、こうした危険性は、民主的システムのもたらす第三の利点のおかげでいくぶん緩和されている。

3　デモクラシーはそれ以外の方法に比べて、個人の自由を各市民に幅広く保証する。

政府が民主的になるためには、さまざまな権利、自由、それらを行使する機会が絶対不可欠ではあるが、さらに、デモクラシーが普及している国で生活する市民は、いっそう幅広く豊富な自由を享受してさえいる。デモクラシーが望ましいと信じることは、それ以外の信条と無関係ではありえない。つまり大多数の人びとにとって、デモクラシーを好ましいとする信条は信条体系全体の一部なのである。そのような信条体系のなかに、たとえば、表現の自由は望ましいのだという確信も含まれることになる。価値あるもの、あるいは善なるものの世界のなかで、デモクラシーは決定的に重要な位置を占めているのである。しかし、デモクラシーだけが、唯一の善であるわけではない。たとえば表現の自由は、デモクラシーが実際に行なわれるために欠くことができない他の権利と同様に、それ自体として価値のあるものなのである。というのは、表現の自由は、道徳的自立、道徳的判断力、さらにはよき人生を促すものだからである。

そのうえ、デモクラシーは、市民がデモクラシーを支える政治文化を創造し、維持することに成功しなければ長続きできない。それどころか、文化一般がデモクラシーの理念と実践の支えとなるものでなくてはならないのである。デモクラシーの政治システムと、それを支える民主的な文化との関係は複雑なので、第一二章でもう一度考えてみることにしたい。ここでは次のように言うだけにとどめておこう。民主的な文化は、個人の自由という価値を断固として重視するのがふつうであるし、それに付随する諸権利や自由をも必ず支持するのがふつうである。紀元前四三一年に、ギリシアの政治家ペリクレスがアテナイのデモクラシーについて言ったことは、近代のデモクラシーにもそのままあてはまる。「われわれが、政治において享受している自由は、われわれの日常生活に対しても及ぶものである(4)」。

たしかに、民主的国家が他の国家形態よりも広範な自由を保証できるという主張は、国家が完全に死滅すれば、より大きな自由をみんなが享受できると信じる立場——すなわちアナーキストの無謀な主張——から挑戦状をつきつけられている(5)。しかしみなさん、国家が全く存在しない世界を想像してみていただきたい。そこでは人はだれでも、他の人の基本的な権利を尊重し、集団としての決定を要するようなことがらは、全員一致で平和的に解決される。きっとみなさんは、他の人と同じように、それは不可能だという結論をくだすことになると思う。特定の人びとに対する、その他の人びと、集団、組織による強制は、つねに起こりうることなのである。たとえば、他者からその人たちの仕事の成果を奪おうとしたり、自分たちより弱い人びとを自分たちに隷属させて支配しようとしたり、自分たちの規則を他の人びとにおしつけたり、さらには、それどころか、自分たちの支配を確実なものにするために、抑圧的国家を再びつくろうとしたりする人びとや集団や組織はつねに存在するものなのである。もし、国家が死滅してしまえば、耐えがたい暴力や無秩序——いわゆる「アナーキー」——が出現することになるだろう。したがって、アナーキーのあとにただちに出現することになるかもしれない悪い国家よりも、よい国家がすぐれているということになるはずである。

もしわたしたちが、アナーキズムを拒否して、国家は必要だとするならば、やはり、民主的な政府をもった国家の方が、他の国家よりも広範囲にわたって自由を保証してくれるはずである。

4　デモクラシーは、人びとが自分たちの基本的な利益を守るために役に立つ。

人間はだれでも、あるいはそれが言いすぎだとすれば、ほとんどだれでも、望んでいることがいくつかはある。生存、食物、住まい、健康、愛情、尊敬、安全、家族、友人、満足のゆく仕事、余暇などである。みなさんの欲求にはみなさん特有のパターンがあって、それはおそらく、他の方々の欲求のパターンとは異なっているだろう。しかし、他の人と同様に、みなさんも自分の欲求を満たすべきか否か、あるいは、どの程度まで満たすべきかを決定するさいのさまざまな要因——たとえば、自分自身の目標、優先順位、好み、価値観、対象へのかかわり方、信念と合致するように自由な選択ができたり、自分の人生をつくり上げたりする機会——をきっと、自分の思いのままにしたいだろうと思う。デモクラシーはそうするための自由と機会とを、今までに考えだされたどの政治システムよりも首尾よく守ってくれるのである。こうした論点については、ジョン・スチュアート・ミルがきわめて力強い議論を展開している。

彼は次のように書いている。「人間にかんすることがらについて主張される一般的な命題と同じく、普遍的な真理であって、なおかつ適用可能性をもっている原理は、一人ひとりの人間がもつ権利や利益が他者から無視されないですむのは、その人が他人のために立ち上がろうとする気持ちが習慣となっていたり、実際に立ち上がったりするときなのだということである。（中略）人間というものは、他者のおかげで悪にそまらずにすんでいるのである。しかし、他者のおかげを受けられる割合は、自分で自分を守る力をもっていたり、実際に、自分を守っていたりすることにだけ比例しているのである」。みなさんが、政府や、政府に影響力をもっていたりコントロールしたりできる人の権力濫用から、自分の権利や利益を守ることができるのは、自分自身が政府の行ないを決定することに全面的に参画できる場合だけなのである。さらに彼は続けて次のように結論づける。「国家主権への参与をすべての人に許可すること以上に望ましいことは結局ありえない」。それがすなわち、民主的な政治なのである(6)。

ミルが正しいのは疑う余地がない。たしかに、たとえみなさんが、民主的国家の選挙に参加しえたとしても、必ず自分の利益を十分に守ることができるわけではない。しかし、もし、選挙から排除されているとすれば、自分の利益が無視されたり、公然と侵害されたりして、その結果ひどく損なわれるということはかなりたしかなことであると思われる。排除されるよりは、参加できることの方が望ましいということになる。

その他にもデモクラシーは、他のシステムでは望めない形で自由と関係しあっている。

5　自己決定の自由――つまり、みずからが選択した法の下で生きること――を個人が行使する機会を最大限に提供できるのは民主的な政治だけである。

人間は通常、他者との関係をもたずに、満足のゆく生活を送ることは不可能である。しかし、他者とともに生きることは一方で大きな負担をともなう。つまり、みなさんは、自分のしたいことをいつでもできるとは限らないのである。みなさんは、自分の幼年期をあとにするにしたがって、人生の基本的な現実を学んできたと思う。それは、自分がしたいと思うことと、他の人がしたいと思っていることとがぶつかり合う可能性があるということである。みなさんが学んできたことは他にもあったと思う。つまりみなさんが加わろうと思った集団は、何か規則ややり方があって、その一員になろうとすれば、みなさんもそれに従わなければならないということである。その結果は、みなさんが自分のやりたいことを力ずくで他の人に押しつけることはできなくて、平和的に、多分それはお互いが妥協しあうということになるが、そうすることで自分と他の人の違いをうめていくやり方をさがしださなければならないということになる。

こうして、理論的にも実際上も、とても困った問題が発生してきてしまう。それは、自分が守らなければならない集団の規則を、どうやって自分でも決められるようにするかという問題である。特に国家の場合、法律を強制する力は、他の集団に比べて、桁はずれに大きいので、この問題はある国家におけるみなさんの、市民(あるいは臣民)としてのあり方を大きく左右することになる。国家から強制される法律を決めることに参画する自由をどのようにしてもったらいいのか、また、いったん決めてしまえば、もう、拒否する自由はないのだろうか。

もし、みなさんと、みなさんのまわりの市民の方々がいつでも賛成してくれるのであれば、解決は簡単である。つまり、みなさんは単純に全員一致で、法律に賛成するのだから。実際、そうした状況では、法律はみなさんにとって注意を喚起するためだけに必要になる。それ以外には法律の必要性は何もないかもしれない。法律に従うことは、自分自身に従うことに他ならないというわけである。要するに、問題はすべてなくなってしまうし、みなさんとまわりの人びとのあいだに、完全な調和が生まれて、アナーキズムの夢が現実のものとなるのである。しかし、悲しいかな、である。経験上、純粋で強制的ではない全員一致は、人類史上ほとんど長続きしない。したがって、難問は依然として残されたままになってしまう。

仮に、わたしたちが、まわりの人びとと完全な調和を保って生きてゆくと考えることが合理的でないとすれば、それに代わって、なんらかの合理的な規準を満たすルールや法律の決め方の手続きをつくってみたほうがよいように思う。

・その手続きは、ある法律が制定される前に、みなさんとみなさんのまわりの市民たちが、自分たちの見解を他の人びとに知ってもらう機会を保証する。
・みなさんは、全員が満足できる法律を発見できるように、もっとも望ましい状況で議論をし、じっくり考え、交渉をして、妥協に至るまでの機会を保証されなければならない。

・全員一致に至ることが不可能な場合が出てくるかもしれないが、そのときには、最大多数の支持を受けた法案が法律として制定されるようにする。

こうした規準は、すでに述べた理想的なデモクラシーの手続きに含まれていたことに注意を促しておきたい。たしかにこのような手続きは、文字通りすべての集団構成員が、自分の決定した法律の下で生活することを保証できるわけではないが、自己決定の可能性を最大限に広げることはできる。たとえみなさんが、多数派に投票数が及ばなくて、ほかの市民の方々に敗れた側のひとりであって、支持した提案が拒否された側のひとりであったとしても、それにもかかわらずみなさんは、自分がそうするほうが合理的だと考えていた他のやり方に劣らず、手続きは公正だったと思ってさしつかえない。デモクラシーの憲法の下では、非民主的な憲法と比べて、生きることを自由に選びとれるので、ある程度、自己決定の自由を行使できているのである。

6　道徳上の責任を果たす機会を最大限に保証してくれるのは民主的な政治だけである。

みなさんが道徳上の責任を果たすとおっしゃるとき、それは何を意味しているのだろうか。わたしの考えるところ、それは、次のようなことである。みなさんは、それぞれに道徳的原理を選びとり、そうした原理をよりどころとして意志決定を行なうのであるが、意志決定は、反省したり、じっくり考えたり、綿密な調査をしたり、代替案とそれが引き起こすかもしれない結果を考えたりした、そのあとになってはじめてなされるのである。そうすることによってのみ、みなさんは道徳上の責任を果たすことになるのであるが、それは、道徳にかかわる選択を行なうさいに、自治《セルフ・ガヴァニング》を行なっているということにほかならない。

このことは、その時代の要求に応えようとすること以上に大切なのである。しかし同時に、ある程度まで、自分が選択にかかわった法律のもとで生活する機会、つまり、自分の道徳的責任が及ぶ範囲には限界がある。自分の力が及ばない決定にどうして責任をもつことができるだろうか。もし、みなさんが、政府の役人のすることに影響を与えることができないのであれば、どうしてその人たちのすることに対する責任を問われなければならないのだろうか。もしみなさんが、一方で、集団の決定に確実に従い、他方で、民主的な手続きのおかげで、自分の選択した法律のもとで生きる機会が最大になっている――非民主的なやり方ではできない範囲まで――のであれば、民主的なやり方は、みなさん一人ひとりが、道徳的な責任をもった主体として行動することをも可能にしてくれていることになる。

7　デモクラシーは、デモクラシー以外の政治体制に比べれば、いっそう人間性の展開に役立つ。

この主張は、今までの提案に比べて、大胆で、かなり論争的な主張である。みなさんはお気づきかもしれないが、これは、経験的な主張であって、事実にそった主張なのである。原則的に言って、「人間性の展開《ヒューマン・ディヴェロップメント》」を計測する適切な方法を工夫して、民主的体制と非民主的体制のそれぞれに生活する人びととの人間性の展開を比較すれば、こうした主張を検証できるはずである。しかし、この作業は、気が遠くなるほど困難なことである。結果的には、こうした命題を裏づける確かな証拠があるわけではないが、それは、単に論証ができないだけで、かなり納得のゆく主張だと見なしてさしつかえないと思われる。

まさにすべての人が、人間の資質についてなんらかの見解をもっており、自分が望ましいと思う資質や望ましくないと思う資質にかんして意見をもっている。そして、望ましい資質は伸ばすべきであり、望ましくない資質は抑制してゆくべきだと考えている。望ましい資質のなかで、わたしたちのほとんどが伸ばしてゆきたいと思っているのは、誠実さ、公正さ、勇気、愛情である。また、わたしたちの多くは次のようにも思っている。十分に成熟した成人は、自分のことは自分で行なう能力をもっているし、自分に関係することは自分で処理することができて、他の人に頼ったりはしないものである。多くの人が望ましいと思っていることは次のような点である。すなわち、大人は責任ある行ないをするものであり、自分の身の処し方をいくつも比較考慮して、自分ができる最善のものを選ぶものであり、しかも自分だけでなく、他の人の権利と責務をも考えに入れるべきものであることがわかっている、といったことである。そして、大人であれば、自分が直面している問題を、他の人びとと、自由でオープンに議論をする能力をもつべきなのである。

生まれながらに、人はすべて、本来こうした資質を開花させる能力をもっている。そうした資質を開花できるかどうかということ、そして、もしできるとすれば、どの程度までできるかということは、環境に大きく依存している。そして、そういった環境のなかには、その人が生活している政治システムの性格も含まれる。今述べてきた資質を十全に開花させる条件を提供できるのは、まさに民主的なシステムをおいては、ほかにはありえないのである。デモクラシー以外の体制の場合、完全に切り詰められてしまうのは、成人が自分の利益を保全し、他者の利益に配慮し、重要な決定の責任をとり、最善の決定を行なうために、自分以外の人びとに働きかけて協力しあう、そうしたことを目的として行動する機会なのである。民主的な政治は、たしかに、人びとの資質の開花を十分に保証するものではないが、少なくとも、そうした資質の開花にとって欠くことのできないものであることは確かである。

8　政治的平等の深化を促すことができるのは民主的な政治だけである。

民主的な政治を推奨する理由のなかできわめて重要なのは、民主的政治の方が、それ以外のやり方よりも、はるかに広範囲な市民のあいだに政治的な平等を実現できるからである。しかし、なぜ、政治的平等が価値のあることなのだろうか。これはおよそ自明のこととはいえない。したがって、以下の二つの章では、なぜ、政治的平等が好ましいものなのかということと、実際、もし、十分な理由のある仮説をいくつか受け入れるとすれば、なぜ必然的に、わたしたちのほとんどが政治的に平等であることを信頼するようになるのか、ということを説明したい。また、もし、政治的な平等を認めれば、図4(51頁)で、デモクラシーの規準の五番目に示したことをつけ加えなければならなくなることについても説明してゆくことにしたい。

デモクラシーの長所について、ここまで論じてきたことは、ある程度まで、過去と現在のデモクラシーのどちらにもあてはまる性質のことがらである。しかし、すでに第二章で見たように、わたしたちが今日慣れ親しんでいる、民主的なシステムにおける政治制度は、この二、三世紀のあいだに工夫されたものである。それどころか、そうしたなかのひとつである普通選挙は、主に二〇世紀につくりだされたものである。成人による普通選挙と一体化した近代代表制システムには、明らかに、さらに張されたわけではなかったのである。

二つの長所をつけ加えることができる。そうしたことは、古代の民主政体や共和政体では必ずしも主張されたわけではなかったのである。

9　近代代表制デモクラシー諸国は相互に戦争することはない。

民主的な政治のこの並はずれた長所は、ほとんど予想できないものだったし、期待されてもいなかった。しかし、二〇世紀の最後の一〇年で、その証拠はゆるぎないものとなった。一九四五年から一九八九年のあいだに起こった三四の国際紛争のうちで、民主的な国々のあいだで行なわれた戦争はひとつもなかった。そのうえ、「そうした国々のあいだでは戦争をする気持ちもほとんどなければ、戦争の準備もほとんどされていない」[7]。こうした観察は一九四五年以前であってもそのままあてはまる。一九世紀までもどってみても、代議制政府をはじめその他の民主的な制度をもっている国で、なおかつ男性人口の実質的な部分が選挙権をもっているところでは、お互いどうしで戦争が行なわれたことはなかった。

もちろん、近代の民主的政府も非民主的な国々とは戦争を行なった。第一次世界大戦と第二次世界大戦がそれだった。また、民主的な国々が、征服し、植民地にした国の人びとに、軍事力で自分たちの支配を押しつけることもあった。また時には、他国の政治生活に干渉し、弱体政府をさらに弱体化させたり、政府の転覆の手助けをすることさえしてきた。たとえば、アメリカは一九八〇年代まで、ラテンアメリカの軍事独裁政権に支援を続けるという、実にひどい過去をもっている。特に、一九五四年には、選挙で新たに選出されたグアテマラ政府を転覆する軍事クーデターの手助けをしたこともあった。

それにもかかわらず、近代の代表制デモクラシーの国どうしが、相互に戦争を行なうことがないということは驚くべき事実である。その理由は完全には明らかになっていない。おそらく、近代的な代表制度を備えた民主的な国々のあいだでは、国際貿易が高度な水準に達したために、両国間に、戦争よりも友好へと向かわせる傾向があるためではないだろうか。[8] しかし同時に、民主的な国々の市民やリーダーたちが妥協の技術を身につけるということもその理由として正しいといえよう。さらには、そうした人びとが、他の民主的な国々の人びとを、それほど脅威と見なさないで、どちらかといえば自分たちに似た人びと、信頼できる人びとと見なす傾向があるということも理由かもしれない。最後に、平和的な交渉、条約、同盟、非民主的な敵に対する共同防衛などを実際に行なうことやその積み重ねが、戦争を戦うことよりも平和を求める傾向をいっそう強化するのである。

したがって、民主的な世界になればなるほど、ますます平和な世界も近づいてくるといってよいだろう。

10　民主的な政治を行なっている国々は、非民主的な政治を行なっている国々よりも繁栄しやすい。

デモクラシーは、質朴な人びとにこそ適しているとする考え方（ルソーの考え方はその典型）が、二世紀ほど前までは、政治哲学者たちのあいだに共有されていた。それによると、豊かさは貴族政、寡頭政、君主政それぞれの著しい特徴ではあっても、デモクラシーの特徴ではないとされてきた。しかし、一九世紀と二〇世紀の経験が証明してくれたことは、まさにその反対のことである。両世紀を通じて、民主的な国々は豊かだったが、それに比べて非民主的な国々は全体としては貧しかった。

二〇世紀後半には、豊かさとデモクラシーのあいだに、特に著しい関連性があった。代表制デモクラシーと市場経済のあいだにはなんらかの親和力が働いていることが、その部分的な理由としては考えられる。市場経済では、ふつう市場の規制はそれほど強いわけではないし、労働者は次々に職場や仕事を変えることが自由にできる。さらに、私企業間には、販売と資源の獲得をめぐる競争があるので、消費者は競争をくりひろげる供給側から提供される財とサービスを、選んで購入することができる。二〇世紀末までには、市場経済を行なっている国々がすべて民主的であるわけではないが、逆に、民主的な政治システムを採用している国は、すべてが、同時に市場経済をも採用している。

過去二世紀にわたって、市場経済は概して、それ以外の経済のしくみよりも多くの豊かさをもたらしてくれた。こうして古代人の知恵はくつがえされてしまった。近代の民主的な国々は市場経済を採用しており、市場経済を採用している国々は繁栄することが多いので、デモクラシーを採用している近代の国々は同時に富に恵まれた国にもなりやすい。

デモクラシーを採用している国は、概して、非民主的システムの国々に比べて、その他にも経済的な長所をもっている。たとえば、ひとつには、民主的な国々が国民の教育に力を入れていることをあげることができる。そして、教育を受けた労働力は、イノベーションと経済成長に貢献を行なう。さらには、法の支配を強力に支持しているのは、ふつう、民主的な国以外にない。裁判所は独立している。所有権は比較的安全である。契約によって合意されたことは効果的に実施される。そして、政府や政治家が恣意的に経済生活に介入することもほとんどありえない。最後に、近代経済はコミュニケーションに依存しているが、民主的な国々では、コミュニケーションの障害が非常に低い。つまり、情報を発見したり、交換したりすることが容易なので、非民主的体制に比べれば、はるかに危険性が小さい。

要するに、注目すべき例外はあるが、一般に近代の民主的な国々の方が、非民主的体制下の政治よりも市場メカニズムと経済成長の強みを生かすのに適した条件を提供しやすい。

しかし、たとえ、近代デモクラシーと市場経済の連携が両方にとってプラスになるとしても、市場経済がデモクラシーに与える重要なコストを見逃してはならない。すなわち、市場経済は、経済的不平等を生みだすがゆえに、市民相互の完全な政治的平等の達成という民主的な国の展望に反することにもなるのである。この問題は第一四章でもう一度考えてみることにしたい。

民主的な政府も含めて、どんな政府であっても、あまりに多くのことを政府に依存することは重大な誤りである。デモクラシーは、市民に幸福や繁栄や健康や知恵、さらには平和とか公正であるとかいったものを保証できるわけではない。さらに、実際には、デモクラシーは、いつもみずからの理念を裏切ってきた。今よりももっと民主的な政治を実現しようとした過去の試みと同じように、近代の民主的な国々も同様に多くの欠陥によって苦しめられてきた。

しかしながら、デモクラシーのもつこうした欠点にもかかわらず、他のやり方と比べて、デモクラシーを好ましいものにしてくれるプラス面を決して忘れるべきではない。

1　デモクラシーは、残忍で不道徳になりやすい専制支配を防止するのに有効である。
2　デモクラシーは、数多くの基本的権利を市民に保証する。これは、非民主的システムが与えないし、与えることができないものである。

3　デモクラシーは、非民主的なやり方に比べて、広範囲にわたる私的自由を市民に保証する。
4　デモクラシーは、人びとが自分のもつ、譲り渡すことのできない利益を守るために役に立つ。
5　民主的な政治だけが、人びとに、自己決定の自由――すなわち、みずから選択した法律の下で生きること――を行使する機会を最大限に供給することができる。
6　民主的な政治だけが道徳上の責任をとる機会を最大にすることができる。
7　デモクラシーは、それ以外のやり方に比べて、人間性の展開を十分に促進してくれる。
8　民主的な政治だけが、かなり高度に政治的平等を促すことができる。
9　近代の代表制民主主義諸国は、相互に戦争をすることはない。
10　民主的な政治を行なっている国々は、非民主的な政治を行なっている国々よりも繁栄する傾向にある。

デモクラシーも一種の賭けであることは確かであるが、このようにさまざまなメリットがあることを考えれば、他のやり方に比べて、はるかにわりのいい賭けである。

第六章　なぜ政治的平等なのか――その1　生まれながらの平等

前章ではデモクラシーの長所をさまざま論じてきたが、民主的な政治がそれ以外の政治のしかたに比べてすぐれているという自分たちの信念を、十分に――あるいはそれ以上に――正当化してくれたと考えている読者の方はかなり多くいらっしゃるのではないだろうか。しかしながら、みなさんのなかにはデモクラシーが前提としている信条、すなわち、政治に参加する市民はそれぞれ、政治的に平等な存在として扱われるべきだと考えることが、合理的なことなのかどうか、依然として判断しかねている人もおられるのではないだろうか。果たして、なぜ民主的な政治過程に不可欠な諸権利が、市民のあいだに平等に行きわたらなければならないのだろうか。

この問いに対する解答は、デモクラシーの信条にとっては決定的に重要ではあるが、それにもかかわらず、はっきりした答えが出ているとはとてもいえない。

平等は自明のことなのだろうか

のちに世界中に有名になった一七七六年のアメリカ独立宣言のなかで、執筆者たちは次のように宣言している。「われわれは以下のことを自明の真理と信ずる。すべての人間は生まれながらに平等であり、譲り渡すことのできない諸権利を造物主によって与えられている。そのなかには、生命、自由および幸福追求の権利が含まれる」。もし平等が自明のことであるとするならば、それ以上の根拠づけは必要ではなくなる。実際いかなる根拠づけも独立宣言のなかには見られない。しかし、依然としてほとんどの人にとって、すべての男——そして、女——が生まれながらに平等であるといわれても、それは全く自明どころではない。もし、これが仮説であって自明の真理ではないとすれば、わたしたちは、それを受け入れる合理的な根拠を示すことができるであろうか。さらに、もし示せないとすれば、平等であることを当然の真理と見なしているような政治過程をいかにして擁護できるというのであろうか。

独立宣言に見られる平等を主張する見解について、それを、空虚なレトリックの域を出るものではないと批判してきた人びともかなりの数にのぼる。そして、そのような批判を展開する人びとは、もし、こうした類いの主張が、仮に人間にかんする事実を語っているのであれば、それは明らかな誤りであると言い張るのである。

事実に反するという告発に加えて、偽善的だと批評をくだす人もかなりいる。たとえば、次のような例をあげることができる。独立を宣言した新しい連邦では、まさに造物主によって与えられたとされている、譲り渡すことのできない諸権利を享受できない人びとが大多数を占めているにもかかわらず、独立宣言の起草者たちは、そういった都合の悪い事実には目をつぶっている、と指摘するのである。その当時だけでなく、その後も長いあいだにわたって、女性、奴隷、解放後の黒人、アメリカ先住民は、政治的権利だけでなく、生命、自由、幸福追求を本質とするその他のさまざまな「譲り渡すことのできない諸権利」を奪われたままであった。たしかに、財産も「譲り渡すことのできない」権利であるが、奴隷は、自分たちの主人の財産にされていた。トマス・ジェファーソンは、独立宣言の主要な起草者であったが、彼自身が奴隷を所有していた。女性が夫の所有物とされていたことも重要な点である。そして、自由人の多く――ある推計によれば四〇パーセント――が、投票する権利をもっていなかった。新たに誕生したアメリカの州はどこでも、一九世紀に至るまで、参政権は財産所有者に限定されていた。

不平等は、当時だけでなく、いつの時代でも存在していたし、またアメリカだけに限ったことではない。むしろ全く反対である。一八三〇年代に、フランスの思想家、アレクシ・ドゥ・トクヴィルは次のように結論をくだしている。ヨーロッパと比較してみると、アメリカのきわだった特徴は、市民のあいだに極端なまでの平等が浸透していることである。

一七七六年以来解消されてきた不平等は数多くあるが、それでもまだかなりたくさん残っている。至るところに不平等があることを知ろうと思ったら、自分たちのまわりを見渡してみるだけでよい。不平等――平等ではなく――が、人類にとってはふつうの状態であるとみてよいだろう。

トマス・ジェファーソンは、人生経験がとても豊かだったので、人間の能力やその人がおかれている立場、機会といったものが多くの重要な点で生まれながらに平等なわけではないし、ましてや、出生時の教育や生活環境、運といったものが、そういった最初の相違をいっそう大きなものにしてゆく、という明らかな事実に気がつかなかったわけではなかった。独立宣言に署名をした五五名のメンバー

——実務家、法曹、商人、大規模な農園主——の人間理解が単純だったわけではない。そうした人びとが、現実に無知だったわけでもないし、単純に偽善的であったわけでもない。だとすれば、すべての人が生まれながらに平等であるという大胆きわまりない主張でいったい何を言おうとしたのであろうか。

人間は平等ではないという明らかな証拠がこれほどまでにあるにもかかわらず、逆に、人間は基本的に平等なのだという考えは、ジェファーソンにとって非常に大きな意味をもっていた。それはちょうど、彼より前の時代のイギリス人の哲学者であるトマス・ホッブズやジョン・ロックのような人にとって大きな意味があったのと同じである(1)。ジェファーソン以後の時代になると、人は平等であるという考えが世界中の人びとに受け入れられるようになっていた。多くの人にとって、平等は単純な事実なのである。たとえば、アレクシ・ドゥ・トクヴィルにとって、一八三五年にアメリカとヨーロッパで目の当たりにした「諸条件の平等」の増大は、「神の摂理」ともいうべき衝撃的な事実だった。「それは、神の命令としての性格を完全に備えていた。すなわち、普遍的で、永続的で、つねに人間の介入をかわし、人もできごともすべてがその進展には手をかしてしまうのである(2)」。

本質的平等——道徳的な判断

平等にも不平等にも無限といっていいほどさまざまな形態がある。マラソンに勝ったり、単語検定試験で勝ったりする能力が人によって不平等なのはそのひとつの例である。そのことと、投票したり、して人に自分の考えを伝えたり、あるいはそれ以外の方法で政治に参加したりする機会が不平等であったりすることとは全く別のことである。

民主国家では、市民一人ひとりが、政治的に当然平等なのだということを理解するためには、平等について人が語るときに、事実判断《ファクチュアル・ジャジメント》を表明しているのではないことが多いという点を理解する必要がある。つまり、自分が確信していることや真実だと思っていることを説明することは、マラソンに優勝した人のことや単語検定試験に勝った人のことを話題にすることとは違うのである。言い換えれば、そのようなときには、人間についての道徳的判断《モラル・ジャジメント》を表明しようとしているのである。自分がこうあるべきだと思っていることについて、ある一定のことを言おうとしていると言ってもよい。そうした道徳的判断はおおよそ次のように行なわれる。「われわれは、一人ひとりの人間の善は、本質的に他の人の善と平等であると見なすべきである」。アメリカの独立宣言で使われていることばを使えば、道徳的判断として表明していることは、ある一人ひとりの生命、自由、幸福は、本質的に他の人の生命、自由、幸福よりも優れているわけでも劣っているわけでもない、ということにほかならない。結論的に言えば、ここで言及しておきたいことは、すべての人間が、生命、自由、幸福をはじめとする基本的な善や利益を平等に要求しうるものとして扱われるべきであるということである。わたしはこのような内容の道徳的判断を本質的平等の原理と呼びたいと思う。

この原理はそれほど長い射程をもっているわけではない。したがって、それを一国の政治に適用するためには、次のような補助的な原則を付け加えることが必要になる。「決定を行なう場合に政府は、そうした決定に関係するすべての人の善と利益を平等に考慮に入れるべき対象としなければならない」。しかしそれにしても、本質的な平等をなぜ一国の政治に適用したり、政府があらゆる利益に平等な注意を払うようにしばられなければならないのだろうか。わたしは、独立宣言の起草者たちと違って、本質的平等という真理が自明なことだと主張されてもどうもピンとこない。多くの人も多分いまひとつ納得がゆかないのではないだろうか。けれども、本質的平等は、人間の価値についてのきわめて基本的な見解を具体化したものなので、合理的に正当化しうる限界ギリギリのところにある主張なのである。そのことは、事実判断でもそうであるように、道徳的判断でもそうなのである。もし、みなさんが、どんな主張をするにしても、その主張の根源に向けて掘りさげてゆけば、最終的にはもはや合理的な説明ができないところにまでいきつくにちがいない。一五二一年にマルティン・ルターが言った有名なことばがある。「良心に反して何かをなすことは、心安らぐことでもないし、賢明なことでもない。私はここに立つ。それ以外のことはできない。神のみが私を救いたもう。アーメン」。

たしかに、本質的平等の原理は、このように合理的に正当化しうる限界ギリギリのところに位置している。しかしそうであったとしても、人類がそうした限界点に到っているとはけっして言えない。わたしはこう信じている。本質的平等は合理的な原理なのであって、一国の政治はそれにもとづいて行なわれなければならない。そして、そう考えるのにはいくつかの理由がある。

なぜ、こういう原理が採用されなければならないのか

倫理上、宗教上の理由　第一に、この原理は、世界中の大多数の人びとがもっている、いちばん根本的な倫理的信条や原則と矛盾するものではないからである。人間はすべて神の子として平等であるという考えは、ユダヤ教、キリスト教、イスラム教に共通の教義である。仏教も同種の見解を受け入

れている(世界の主な宗教のうち、ヒンズー教だけが例外といってよいかもしれない)。したがって、道徳的な良識も倫理的なシステムも、そのほとんどが、明言するかしないかはともかくとして、そういう原理を前提としているのである。

本質的平等に代わる原理の不十分さ　第二に、国家以外の集団の場合はともかくとして、国家を統治するためには、本質的平等に代わる普遍的な原理は、どれもあやふやで、説得力がない、ということに気がついている人は多いはずである。仮に、ジョーンズさんという一人の市民が国家統治の原理として次のような提案をしたと考えてみてほしい。「政策決定を行なう場合にはいつでも、政府は、わたしにとって都合のよいことや、わたしの利益を、他の人よりも上にあるものとして扱わなければならない」。この場合、ジョーンズさんは、本質的平等の原則をはっきりと否定しているわけではないが、本質的優越性の原理――少なくともジョーンズさんの本質的優越性――と呼んでもよさそうな主張をしているのである。もちろんふつうは、本質的優越性の要求は、もっと一般的な使われ方をされる。つまり、「わたしが属している集団(ジョーンズ家、階級、カースト、人種、その他さまざまな集団)は、他の集団よりもすぐれている」。

人間というものが単にエゴイズムの尻尾を残しているだけでなく、エゴイズムそのものをもっているものなのだということをここでは教えられているのであるが、だからといって、別にショックを受けるほどのことではない。つまり、わたしたちは、みんな程度の違いはあっても、他人の利益よりも自分の利益に関心があることがふつうなのである。その結果として、右のような要求を自分や自分が愛着を感じている人びとのためにしたくなる人が多くなりがちなのである。しかし、たとえ自分たちが確信をもって一国の政治を動かしていると思えないとしても、だからといってなぜ、ある特定の人びとの本質的優越を政治の基本原理として受け入れなければならないのだろうか。

たしかに、大きな権力をもっている人物や集団は、みなさんが反対をしても、それを押し切って——文字通り、あなたの死体を踏み越えてまでも——自分たちの本質的優越性の主張を十分に実現することができる。人類の歴史全体を通じて、自分たちのもっている権力を、まさにそうしたやり方で使用した——というより、むしろ濫用した——個人や集団は数限りなくあった。けれども、むき出しの強制力の行使はおのずと限界があるので、他の人びとに対して自分たちの本質的優越性を実現しようともくろむ人びとは、自分たちの主張を必ず、神話、神秘的なもの、宗教、伝統、イデオロギー、はなやかな行列や儀式などでおおい隠してきた。そうしなければ、自分たちの主張が根拠のないものであることを見すかされてしまうからである。

しかし、みなさんは、仮に自分が特権的集団の一員ではなく、本質的優越性をはっきりと拒否できる立場にあったとすれば、そうしたばかげた原理に対して、躊躇もなく、そのことを承知したうえで同意するということがあるだろうか。わたしには、そんなことをするとは絶対に思えない。

慎慮　本質的平等の原理を、ある国家の政治の基本原則として採用したほうがよい理由を、これまで二点述べてきた。それに関連して、第三番目の理由がある。つまり、慎慮である。ある国家の政府は大きな利益をもたらしてくれるが、同時に、きわめて大きな害悪で人びとを苦しめたりもするので、慎慮を働かせて、その桁違いに大きな潜在力が発動されないように、注意深く関心を払う必要がある。もしみなさんやみなさんの属するグループがつねに優遇されるという確信がもてるならば、みなさんの善や利益を他者のそれより優先させるような政治過程は魅力的に見えるかもしれない。けれども、多くの人びとにとってそうした結果は考えられないし、少なくとも、きわめて不確かなことであるので、みなさんの利益は、他の人たちの利益と同じ程度にしか扱われないと考えておく方がどちらかといえば無難であるといえるだろう。

受容可能性　みなさんが取り入れた方がよいと思う原則は、みなさん以外の多くの人もそう思うにちがいない。したがって、次のように結論づけることが妥当だと思う。あらゆる人を平等に扱うことを保証するやり方の方が、みなさんの目的を実現するのに必要な、他の人の協力をずっと取りつけやすい。このように考えてみれば、本質的平等の原理はきわめて大きな意味をもっている。

さて、独立宣言の主張にもかかわらず、本質的平等の原理が支持されなければならない理由や、ある国家の統治においてすべての人の利益が平等に扱われなければならない理由は、たしかに実のところ、決してはっきりしているとは言えないのである。

しかしながら、本質的平等を、政治の原理、すなわち、道徳、慎慮、受容可能性という基礎にもとづいて正当化される政治の原理と解釈すれば、その方がわたしの眼には、他のやり方よりも、ずっと意味のあるものに見えるのである。

第七章　なぜ政治的平等なのか——その2　市民の能力

次のようなことを知れば、不愉快でもあるし、驚きでもあると感じる方もいるかもしれない。すなわち、仮にわたしたちが、本質的平等を認め、さまざまな人の利益を平等に取り扱うことを健全な道徳として受け入れたとしても、それだけで、ある国家の政治のしくみとしてデモクラシーが最善であるということを十分保証することには必ずしもならない。

守護者が必要だという反論

この理由を考えるために、顔見知りの市民たちでつくられている小さなグループのメンバーの一人が、みなさんや他の人びとに次のように言ったと考えてみてほしい。「みなさん同様にわたしたちも本質的平等はつくづく良いと思いますよ。しかも、わたしたちは、共通善にも自分の身をささげているだけでなく、共通善を実現する方法について大多数の人よりよく知っているのです。こうしたことから考えるに、わたしたちは、大多数の人びとよりもずっと、支配をすることに適していることになります。そこでみなさんがわたしたちを政治上の唯一の権威と認めてくれさえすれば、わたしたちは、自分のもっている知恵と労力を普遍的な善《ジェネラル・グッド》の役に立つようにささげることにいたしましょう。しかもそのさい、わたしたちは、すべての人の善と利益を平等に扱うことをお約束いたします」。

政治は、普遍的な善をめざした統治を行なうことにきわめて意欲的であり、そのうえ、全体の善を実現する方法についても他の人よりもすぐれた専門知識をもっているエキスパート――プラトンが守護者と呼ぶような人びと――にまかせておくほうがよいという主張は、いつの時代にもデモクラシーの理念にとっての最大の敵だった。一般の人びとではなく、その守護者が統治を行なうことを擁護する人は、デモクラシーの弱点と見えるところを攻撃してくる。すなわち、そうした人は、一般の人が自分で自分のことを決める能力をもっていないと、あっさりと言い切ってしまうのである。しかし、そうした人が、先にわたしたちが見たような意味での、人間の本質的平等を必ずしも否定するわけではない。プラトンの理想とする共和国に見られるように、後見的統治を行なう守護者たちは、全体の善につかえることに没頭するかもしれないし、少なくともそれとなく言われているところによれば、後見的統治にたずさわる守護者たちの統治下では、善や利益は本質的に平等であることが維持されているかもしれない。プラトンが使っている意味での守護者を擁護する立場の人は、守護者に選出された人びとの利益が、そうでない人の利益よりまさっているということを主張しているわけではないのである。そうではなく、彼らが強く主張しているのは、政治におけるエキスパートである守護者は、ふつう、全体の善とか、それを実現する最善の手段にかんする知識の点でまさっているということである。

政治的後見主義をめぐる議論は、比喩《アナロジー》を使って説得しようとする。とりわけ、専門的知識と能力をとりこんだ比喩を使うのである。つまり、たとえば、医者は病気や健康にかんしては一般の人よりすぐれた知識をもっているとか、パイロットは安全に人びとを目的地までつれてゆく能力がすぐれているとかいった具合にである。そうだとすれば政治の能力にすぐれた人に、国家を健康にする重大な決定をしてもらってもいいのではないか、あるいは、政治をその本来の目的地である、公共善の方へつれていってもらってもいいのではないか、ということになるわけである。たしかにあらゆる人がつねに自分自身の利益にかかわることについて最善の判断をなしうると仮定することはできない。子供にできないことは、はっきりしている。通常両親のように、他のだれかが、後見人として、自分で自分のことができるようになるまで世話をしなければならない。自分の利益は何であるのか、自分の目標を実現する手段として何がいちばんよいか、こうしたことについて大人でも誤ることがある点は多くの人の体験が共通して示していることである。つまり、わたしたちのほとんどが、以前に決めたことを後悔することがある。自分が失敗したと認めているのだといってよい。そのうえ、わたしたちは、そのほとんどが、自分の安寧や幸福や健康や将来のことだけでなく、さらに、生きることについてさえ自分の上に重くのしかかってくる重大な決定を行なうときには、内科医や外科医、パイロットなどの、複雑化した社会の無数の専門家に文字通り依存しているのである。このような重大なことがらにかんする決定を専門家にしてもらうにもかかわらず、なぜわたしたちは、政治を専門家に委任してはいけないのだろうか。

後見的政治を擁護する議論は、時に、魅力的に見えることもあるが、それを議論するときには、デモクラシー以上に、比喩の決定的な欠陥を十分考慮に入れて考えなければ、失敗するのである。

従属的な決定を専門家にまかせることと、主要な決定についての最終的な統制手段を専門家に引き渡すこととは同じことではない。古来言われてきているように、専門家はすぐ求めに応《オン・タップ》じるべきであるが、人のうえに立《オン・トップ》つべきではない。たしかに、専門家は、重要ないくつかの点について、みなさんよりもすぐれた知識をもっているかもしれない。すぐれた医者は、みなさん自身に比べて、みなさんの病気の原因をつきとめることは当然できるし、病気の見通し、現在の進みぐあい、最も適した治療のしかた、さらに、実際に治療ができるかどうかといったことがらについてもみなさんよりもよく知っているかもしれない。したがって、みなさんは医者の指示には従った方がよいだろう。しかしだからといって、そのことは、みなさんが、医者の奨《すす》める処方箋どおりのことをするかしないかを決める権限を、医者に譲らなければならないと言っているわけではない。同じように、政治家が専門家に助言を求めることと、政治の場でエリートが、みなさんに守るように強制する法律や政策の決定権をもつこととは、全く別のことにほかならないのである。

各個人が行なう個人的な決定は、政府によって行なわれて、強制力を持つ意志決定と同じものではない。エリート支配とデモクラシーをめぐる今の議論で根本的な問題は、わたしたちが一人ひとりの個人として専門家を信頼すべきかどうかということではない。そうではなくて、問題とされなければならないことは、だれが、そして、どの集団が、当該国家の政府が行なう決定に対して、最終的発言権をもつべきなのかという問題である。みなさんは、何かを自分で決めなければならないとき、そのことについて自分よりももっと専門的知識をもっている主治医、会計士、弁護士、飛行機のパイロットなどといった人にまかせてしまう方が合理的だと思うかもしれない。でも、そうだからといって、自動的に次のようになるわけではない。つまり、一国の政府の行なう主要な意志決定、いいかえれば、必要なときには強制力や投獄、そして死さえも使って、国民に押しつけることになる決定、それをコントロールする権威を政治的エリートに委ねることがみなさんにとって合理的である、ということにはならないのである。

ある国家を統治するためには、厳密な科学知識以上のものが要求される。政治は科学ではない。つまり、物理学、化学、そして薬学さえも科学であるが、それと同じ意味で理解されるような科学ではない。このことは真実であるが、その理由はいくつかある。第一の理由は、個人的な方針を決めるときでも、政府が政策決定を行なうときでも、重要な決定にはいずれも事実上、倫理的判断が必要とされるということである。政府の政策が、実現すべき目標(正義、衡平、公正、幸福、健康、生存、安全、安寧、平等、その他もろもろのもの)について決定をすることは、倫理的判断をすることである。倫理的判断は、通常使う意味での「科学的」判断と同じではない。(1)

しかも、よき目標どうしが相互に衝突しあったり、利用できる資源が限られていたりすることも多い。結果的に、個人的な方針を決定するときでも、政府の政策決定でも、ほとんどいつも、トレード・オフや、異なる目標間の調整について判断する必要性が生じてくる。たとえば、経済的平等を実現すれば、経済的な刺激が損なわれてしまうかもしれない。高齢者の税金を軽減しようとすれば、若年層の負担を重くしてしまうことになるかもしれない。現在生きている世代のために歳出を増やせば、将来の世代に負担を強いることになるかもしれない。自然環境保全区域を保護しようとすれば、鉱山労働者や林業従事者の仕事を奪うことになるかもしれない。それぞれ目標がトレード・オフの関係にある場合、判断は、「科学的に」くだすことはできない。経験的な証拠は重要かつ必要なことではあるが、決して、それで十分であるわけではないのである。どの程度まで、ある目標、善、ゴールといったものを犠牲にして、どの程度まで他の目標や善を実現すべきか決定する場合には、厳密な科学知が提供しうるものをうわまわる手を打つことが必要となる。

方針を決定する場合に、厳密に言えば「科学的」とは言えない判断が必要になると今述べてきたが、それには、もうひとつ別の理由をあげることもできる。たとえば、方針や政策の最終目標を決定するときに、一般論としては賛同が得られたとしても、それを実現する方法についてはほとんどの場合、不確定な要素や対立がつねに残されてしまうことになる。つまり、どうすればもっともうまく目標が実現できるのか、方法としての適切さはどうか、実現可能性はあるのか、受け入れやすい方法なのか、その方法が引き起こすかもしれない結果はどうなのか、こういうことはなかなか一致が得られないのである。貧困層や失業者、そしてホームレスの問題を解決する手段として何がもっとも望ましいのか。どうすれば、子供たちの利益が保護され、さらに促進されるのか。国防費はどのくらいの額が必要なのか。それは何のために必要なのか。こうした問題に確実な答えを出せる「科学的」な知識や「専門的」な知識をもっている一団がいるとか、そうした一団をつくりだすことができるとかいうことを示そうと思っても、それは不可能なことでしかないとわたしは見ている。つまり、自分の車を修理してもらうときに、自動車修理工ではなくて、理論物理学者を信頼する人がいるだろうか。

一国の政治をうまく機能させるためには単なる知識だけではなく、それ以上のものをもつ必要がある。たとえば、政治腐敗に手をそめないこと。政治権力の誘惑がいかなるものであれ、その巨大な誘惑に負けない強い意志をもっていること。自分自身や自分に近しい人々の利益の実現に腐心するのではなく、つねに毅然として、公共善の実現に邁進すること。こうした態度も必要になるのである。

専門家は、みなさんの代理人としてみなさんに奉仕する資格を与えられているかもしれないが、だからと言って、みなさんを支配する資格を与えられているわけではない。エリートである守護者の統治を擁護する人たちは、単にひとつのことだけを主張しているのではなく、ふたつのことをあわせて主張しているのである。まず第一に主張していることは次のようなことである。支配をするエリートというものが生み出されるのは、そのエリートたちが、よき国家のめざさなければならない目的についてだけでなく、その目的を現実化する手段として何がもっともよいか、ということについても、他の人と比べものにならないほど決定的にすぐれた知識をもっているということである。さらに第二に、そうしたエリートたちは、共通善を実現しようとして日々献身しているので、国家統治の主権を委任しても安心していられるということである。

ここまですでに見てきたように、一番目の主張は、はなはだ疑わしい。しかし、仮にこうした主張が正当化されるとしても、それがそのまま、第二の主張を正当化するものではない。知識と政治権力とは全く別のものなのである。権力が、権力をふるう人に与える影響については、イギリスのアクトン卿が一八八七年に次のように簡潔な説明をしている。その有名な指摘によれば、「権力は腐敗する。絶対的権力は絶対に腐敗する」。また、それより一世紀ほど前に、イギリスの政治家であったウィリアム・ピットは、自分の政治家としての広い経験をもとにして似たような観察を残している。彼は議会で次のように発言をした。「無制限な政治権力は、その権力の所有者の心を腐敗させる」。

以上のような見解は、一七八七年に開催された、アメリカの憲法制定会議のメンバーにも共有されたものだった。そこに出席していた人びともこの種の疑問をいだくような経験にはこと欠かなかったのである。「諸君、人間のあり方を大きく左右する情熱には二つのものがある」「すなわち、野心と貪欲、そして、権力愛と金銭愛である」。これは、代議員のなかの最高齢であったベンジャミン・フランクリンの発言である。また、代議員のなかでもきわめて若い方の一人であった、アレグザンダー・ハミルトンもこうした見解に同意している。「人間は権力を愛するものである」。さらに、ジョージ・メイスンも同様であった。彼は、きわめて豊富な経験をもっており、影響力の点でもとびぬけた代議員であったが、次のように言っている。「人間の本来の性質からいって、権力を手にしている人物は、可能なときにはつねに、自分の権力をもっと大きいものにしようとすることは確かである」(2)。

ある一国の統治を委託されているエリートたちは、はじめて権力の座についたときには、支配階級として賢明であり、かつ立派な人びとだったとしても、数年たち、数世代たちするうちに、しだいに権力を濫用しがちになってくるものである。もし人類史から教訓として学ぶものが何かあるとすれば、ひとつ確実なことは、腐敗、情実優先主義、個人ないしその個人の属する集団の利益の優先、国家のもっている強制力の独占による批判の抑圧、そして、それを通じて被支配者から富を奪おうとしたり、強制力を行使して確実に服従させようとしたりすること、こうしたことの結果として、守護者たちは独裁者になりがちだということにほかならない。

最後に、ユートピアを描き出すことと、それを現実化することとは、全く別のことがらである。守護者による統治を擁護して現実化しようとすれば、きわめて大量の難問に直面することになる。たとえば、どういう方法で守護者を就任させるのか。だれが憲法を起草するのか。だれがそれを実行するのか。最初の守護者をどうやって決めるのか。守護者による統治が、なんらかの点で、統治される者の同意を必要とするものであり、あからさまな強制にはよらないとすれば、その同意はどうやって取りつけるのか。もし仮に、守護者たちがはじめに選び出されたとして、その後の後継者たちはどうやって決めるのか。クラブのメンバーでも決めるようにできるのだろうか。したがって、このようなシステムは、能力のある人びとによる貴族政から、生まれによる寡頭政へと堕落してゆく危険性がきわめて大きいのではないだろうか。現在の守護者たちが後継者を選ばなければ、だれが後継者になるのだろうか。権力を濫用しがちな守護者や搾取をする守護者が出てきたときに、どうやって辞めさせるのがいいのだろうか。こういう問題が次々に出てくるのである。

市民の統治能力

守護者による統治を擁護する人びとの説明に対して、これまでわたしが提示してきたような疑問点をきちんと納得がゆくまで説明してもらわないかぎり、そうした人びとの言い分を拒否した方が賢明であるし合理的でもある、というのがわたしの考え方である。守護者による統治を主張する立場を拒否するということは、実際には、次のようなことを意味する。**すなわち、いかなる成人も、政治にかかわる資格は平等なので、その国の政府のあり方を左右する権限は、すべての人に全面的かつ最終的に委ねられるべきである。**

それにしても、わたしたちが守護者たちによって統治されるべきでないとするなら、だれに統治されるべきなのだろうか。わたしたち自身で統治すべきなのである。

わたしたちは、次のように思っていることが多い。すなわち、反対の言い分の方が納得できるという場合を除いて、大人である限りすべての人が、自分の善や利益は何であるのかについて判断することを認められるべきである。これを、個人的自治《パーソナル・オートノミー》のための仮説としておこう。もっとも、個人的自治は、大人だけのものであって、子供には許されない。経験上、わたしたちは、子供に対しては、両親が利益を保護する守護者としてふるまわなければならないと考えている。両親がその役割を果たせないときには、他者、おそらく政府が、介入する必要が出てくるかもしれない。

同じように、成年に達した人間でも、自分のことを自分で処理する正常な能力を欠いていると見なされる場合には、個人的自治という仮説は適用できない。その場合、大人であっても、子供と同じように守護者が必要となるかもしれないのである。ただし、たしかに子供に対しては、今まで法律上も慣習上も個人的自治の仮説は認められてこなかったが、子供と違って大人に対しては、その仮説が軽々しく無効にされるようなことがあってはならない。このような考えが濫用されやすい可能性を秘めていることはあまりにも明らかだからである。したがって、そうした可能性に左右されることのない事実認定、すなわち、なんらかの司法手続きが必要とされるのである。

さて、成人に対する場合には、何が自分の最善の利益であるかを自分で決定する権利が、ほとんど例外なく留保されるべきであるとするならば、こうした見解を一国の政治にあてはめてはいけない理由がいったいあるだろうか。いま問題にしなければならないことは、もはや成人が日々直面する個人的な決定を行なう能力があるかどうかという一般的なことではない。そうではなく、大部分の成人が、国政に参加する能力を十分にもっているかどうかという問題なのである。そうした能力はあるのだろうか。

疑問に答える予備作業として、もう一度今まで数章にわたって述べてきたことを確認しておきたい。

デモクラシーは、次にあげるように、たくさんの好ましい恩恵を市民にもたらす。デモクラシーのおかげで、たとえば、市民は独裁的な支配者からがっちりと保護してもらうことができる。基本的な政治的諸権利をもつこともできる。さらには、広範囲におよぶ自由の領域を享受することもできる。また、きわめて重要な私的諸利益を保全したり増やしたりするための手段を市民として自分のものにできる。同様に自分たちが服することになる法律の決定に参加することもできる。市民は道徳的な自己決定をかなり広い領域で行なうこともできる。しかも、自分を成長させる非日常的な機会ももっている。

デモクラシーが、民主的ではない政治システムに比べて、以上のような長所をもっていると結論づければ、ただちにいくつか、基本的な疑問が提示されるかもしれない。デモクラシーがもたらす恩恵は、なぜ、特定の人びとに限定されなければならないのか。他の人びとには許されないのか。そうしたデモクラシーの恩恵は、すべての成人にもたらされるべきではないのだろうか。

もし政府が、各人の善に対して平等に配慮しなければならないのだとすれば、全成人が、自分たちの求める諸目的を、もっともうまく実現すると思われる法律や政策の決定に、参画する権利をもつべきではないのだろうか。たとえ、その目的が自分たちの善に狭く限定されたものであっても、すべての人の善を含んだものであっても、そのことにはかかわりなく、決定に参画できる権利をもつべきではないだろうか。

だれひとりとして、統治を行なう能力が明らかにすぐれた人はいないために、全員が一国の政治に対して全面的かつ最終的な権限を委ねられた方がよいのだとすれば、法律に服さなければならない全成人以外に、政治に参加する権限をより多く与えられたほうがよい人がいったいだれかいるというのであろうか。

予想されうる疑問に対する結論を提示してきたが、そこから次のようなことが言えるだろう。**法律の保護をうけたきわめて強力な異議申し立てがなされるような、ごくまれな場合を別にして、それ以外は、その国の法律に服する成人は全員が、法律の保護によって国政の民主的な政治過程に参加するために、十分な権限を付与されるように配慮する必要がある。**

デモクラシーの五番目の基準——包括的参画

本章で論じてきたことから次のことが明らかになる。すなわち、もしみなさんが、ある国家の政治に対して平等に発言する声を奪われているとすれば、みなさんの利益が、発言する声をもっている人びとの利益と同じように注意を払ってもらえる機会は、きわめて少なくなるということである。みなさんが発言する声を奪われてしまっているとすれば、だれがみなさんに代わって意見をはっきりとしゃべってくれるというのだろうか。みなさんが自分の利益を守ることができないとすれば、だれがみなさんの利益を守ってくれるというのだろうか。それは単に、みなさん個人の利益にとどまらない。みなさんが仮に、政治参加から完全に締め出された集団のメンバーのひとりであったとすれば、その集団の諸利益はどのようにして守ったらよいのであろうか。

答えははっきりしている。政治参加の機会を認められていない成人たちにとっての基本的な利益は、統治者の側から十分に保全されたり促進されたりすることはないのである。この点にかんする証拠は、歴史上にいくらでも存在している。ここまでデモクラシーの展開をざっと振り返ってきたが、イングランドでは、貴族と都市の住民が、同意もなしに自分たちに負担を強いる国王の恣意的なやり方に不満をいだき続けてきた。彼らはその後、政治に参加する権利を要求して、それを獲得したのであった。それから数世紀後には、今度は、基本的な利益が無視されていると確信した中間層の人びとが、同じように政治への参加の権利を要求して獲得するに至ったのである。あちこちで、特に、女性、奴隷、貧困層、肉体労働者については、法律上も実際上もずっと排除が行なわれてきた。こうした人びとは、搾取から保護されることもほとんどないまま放置されてきた。イギリスやアメリカのように、その他の点ではきわめて民主的であった国々の場合でさえも、彼らは酷使され続けてきた。

一八六一年に、ジョン・スチュアート・ミルは、労働者階級が参政権を認められていないために、政治において、自分たちの利益を明確に表明できないでいる、と強い口調で訴えている。ミルは、政府を担っている人びとが、自分たち自身の利益のために労働者階級の利益を故意に犠牲にしようとしているとは考えもしなかったが、それでも、次のように疑問を提示している。「議会は、あるいは、議会を構成する議員の大多数は、果たして、つかの間たりとも、労働者たちの目で問題を直視しているだろうか。労働者たちに直接利害関係のある議題がもち上がったとき、雇用者側の見地からだけそれを見ているのではないだろうか(3)」。同様の疑問は次のような場合にも提示することができるかもしれない。たとえば、古代の共和政だけでなく、近代の共和政でも見られた奴隷の場合、さらに、二〇世紀までの全歴史における女性の場合である。また、見かけは自由であるが、実際には民主的な諸権利を奪われていた、一九六〇年代までのアメリカ南部や、一九九〇年代までの南アフリカ共和国その他の黒人たちの場合も同様である。

このようなことは実際にあったことであり、当事者たち自身にとっての最善なことを取り違えられてしまう個人や集団が時には存在するのである。何がその人たちにとって最もふさわしい利益であるのかが、時には誤解されることがたしかにあるといってよいだろう。人類の経験からわたしたちが学ぶことができることは、大人たちがつくる集団は、どれも、自分たちを支配する権力を他の集団に与えてしまうならば安全は保証されなくなるということである。このことから、きわめて重要な結論を導き出すことができる。

第四章でデモクラシーの規準を論じたときに、五番目に論ずべきこと——すなわち、成人の包括的な政治参画(51頁、図4参照)——を先送りしたことを思い出していただきたい。本章および前章から、ある国の政治が民主的であるというときは、以下にあげる基準を完全に満たしているときであると結論づける十分な証拠があると思う。そのことを以下のように定式化してもよいであろう。**すなわち、それは市民が完全に政治に参画できているかどうかである。もう少し詳しく言い換えれば、ある国で民主的な政治が行なわれていると言えるためには、その国の法律に服従する人すべてが、その国の市民でなければならないということである。短期の滞在者や自立する能力をもっていない人は例外として除外されることになるが。**

未解決の課題

守護者を擁護する議論を否定し、政治的平等を理想として選び取ったとしても、依然として問題がいくつか残ってしまう。

たとえば、市民も政府の役人も、専門家の援助や助言が必要なのではないだろうか。実際その通りなのである。専門家や専門的知識が、民主的な政治を十分に機能させるためには大切であるということは、否定しようもないのである。

公共政策は、ふつうきわめて複雑であり(しかも、いっそう複雑になりつつあることも確かである)、そのためにいかなる政府も、高度な情報を身につけたスペシャリストの助言がなければ十分な決定を行なうことができなくなっている。わたしたち一人ひとりが、個人的なことを決めるときに専門家のアドヴァイスに従わなければならないこともあるし、重要な決定を専門家に委任しなければならないことがあるのと同様で、民主的な政府も含めて、いかなる政府もそうせざるをえないのである。民主的な規準はどうすればもっともよく満たすことができるのか、政治的平等の程度を納得しうるレベルで維持するにはどうするのがいちばんよいのか、公共政策を決定する場合に専門家と専門的知識にどの程度依存するのがよいのか、これらの問題はきわめて重大である。民主的政府を擁護する人がこの問題を無視することは許されないだろう。ただ、ここではそういったことは、わきに置かざるをえない。

仮に市民たちが有能であるとしても、いっそう有能になるために、政治制度や社会制度の手助けが必要なのではないだろうか。そのことは疑う余地はない。公的なことがらを理解できるように啓蒙される機会、これは、単にデモクラシーの定義の一部をなしているだけではない。デモクラシーが成り立つための必要条件でもある。

これまでわたしが述べてきたことは、多数派の市民が誤りを犯さないという意味ではない。誤りを犯しうるし、実際犯してもいる。ここで言わんとしていることはそうではなく、正確に言えば、デモクラシーを擁護する立場の人がつねに、教育に高い価値をおいてきた理由なのである。つまり、市民教育《シヴィック・エデュケーション》には、正規の学校教育だけではなくて、公共のディスカッション、討議、ディベート、論争なども必要であるし、信頼できる情報があらかじめ利用できるようになっているなど、自由社会の多様な制度が必要なのである。

しかし、それにしても考えてみなければならないことは、市民としての能力を高めるさまざまな制度が弱体であるために、一人ひとりの市民が、自分のもっている多様で基本的な価値や利益を保全する必要がある、ということを十分に知らないのではないかということである。わたしたちは何をすべきなのだろうか。その答えを見出すためには、本書でこれまでに理解してきた結論をいろいろと思い出してみることが役に立つであろう。

本書ではこれまで本質的な平等の原理を取り上げて、それを正しいものとしてきた。すなわち、すべての人間のもっている善は、本質的に他のだれとも同等であると見なさなければならないのである。また、その本質的平等の原理を一国の政治にも適用して考えてきた。つまり、政府は決定に至るプロセスで、そうした決定によって影響を蒙ることになるすべての人の善と利益に対して、平等な配慮を与えなければならないのである。

守護者たちによる統治にかんしては、採用しうる原理としては満足のゆくものではないとして却下してきた。つまり、いかなる成人も、他の人よりも統治する資質が決定的にすぐれているということはありえないので、特定の人びとだけがその国の政治に全面的かつ最終的な権限をもつように約束されるべきだという主張は認められないのである。

守護者支配に代わって、本書が採用した原理は、包括的参画である。すなわち、ある国で民主的な政治が行なわれているといえるためには、一時滞在者と自立する能力をもっていないことが明らかな人を除いて、その国の法律に拘束されるすべての個人が主権者である市民とされる必要があるということである。

それゆえに、もし、市民教育《シヴィック・エデュケーション》を行なう制度が弱体であるとすれば、問題が一つだけ満足のゆく解決をみないまま残されてしまうことになる。したがって、市民教育を行なう制度が強化されなければならないのである。わたしたちが、デモクラシーの目標を信頼しているのであれば、市民が必要とする能力を獲得できるような道を探し出すようにせまられているのである。

おそらく、民主的な国々では、一九世紀、二〇世紀に設立された市民教育のための諸制度がすでに不十分なものになってしまっているのではないだろうか。もしそうであれば、民主的な諸国では、そうした古い制度を補うために新しいさまざまな制度を創設する必要があるように思う。

結論の要約と次章の概観

これまで図3（38頁）の左側半分について詳しく見てきた。しかし、右側半分については、若干触れた程度でしかない。つまり、図の右側半分とは次のようなことである。デモクラシーの目標の達成を促進するのに必要となる基本的な諸制度、そして、こうしたもろもろの民主的な政治制度の発展や維持に有利に作用する社会的、経済的、その他の諸条件である。こうしたことについて、以下の各章で検討を加えてゆきたい。

それではデモクラシーの目標の探究から、デモクラシーの現実へと説明を移すことにしよう。

第三部　デモクラシーの現実

第八章　大きな規模のデモクラシーにとってどんな政治制度が必要になるのだろうか

ある国で民主的な政治が行なわれているということはどういう意味なのだろうか。

本章では、大きな規模のデモクラシーにおける政治制度、すなわち、民主的な国で必要とされる政治制度に焦点をあてて考えてみたい。ここでは、委員会のようなごく小さな集団で要請されるデモクラシーがどんなものかということは扱わない。さらに、今まで見てきた基準のことも念頭においておく必要がある。すなわち、実際に存在している民主的な国が第二部や図4(51頁)で示したような規準から離れてしまった例も数多くあるからである。最後に、本章はじめ、その他の箇所でも、そこで使用されているデモクラシーという日常語が、目標や理念をさしている場合と、目標が部分的にしか実現されていない現実をさしている場合と両方あるということを承知しておいていただきたい。そこで、さしあたり、読者のみなさんには、デモクラシー(democracy)、民主的に(democratically)、民主政治(democratic government)、民主的な国(democratic country)などということばを使うとき、特徴を区別していただく必要があることを期待をこめてお願いしておきたい。

もしある国の政治を民主的にするとすれば、何が必要になってくるだろうか。最低限必要と思われることは、理想の民主主義の規準に合致する政治的な取り決めや実践や制度が存在するということである。そうすれば、デモクラシーの実現に向けて万全ではないまでも、効果は大いに発揮できるのではないだろうか。

◎用語の解説

政治的取り決め(political arrangements)などというと、どこかあいまいで一時的なもののように聞こえるかもしれないが、非民主的な支配からまさに遠ざかるほど、その国のなかの取り決めがうまくいくようになるといってよいだろう。次に実践(practices)については、ここでは、それを比較的習慣的でそれゆえに持続的でもあるようなものとして考えることにしたい。また、制度(institutions)についても、ふつうは、長期間安定を保ってきて、世代から世代へと受け継がれてきたものと考えるようにしようと思う。ある国が非民主的な政治から民主的な政治へと移行するにつれて、初期の民主的な取り決めは、しだいに実践になり、その後やがて、安定した制度へ変化を遂げてゆく。こうした区別をしておけば、本書での目的にとっては役立ってくれるはずである。しかし、そうした区別はわきに置いておいてもかまわないが、制度については受け入れていただいた方が便利だと思う。

どのようにすれば適切な政治制度を発見することができるのか

どのようにすれば、大きな規模のデモクラシーに必要な政治制度を合理的に決めることができるのだろうか。まず初めに数多くの人びとが、政府と政治の世界への参画を要求するだけでなく、実効性のある政治参加を求める要求を出し、部分的にせよそれに応ずる形で、政治制度を変えてきた国々の歴史を分析してみると何かわかるのではないだろうか。政治への参画や参加を求める運動は、初期のころには、必ずしも民主的な理念をもっていたわけではなかったが、一八世紀ごろから後になると、民主的理念や共和政的理念に訴えることで、みずからの要求を正当化するようになっていった。そこでは、どんな政治制度が求められていたのだろうか。そして、実際には、こうした国々で何が採用されたのだろうか。

次に、その国の大多数の国民や外国に住む多くの人びと、さらには研究者やジャーナリスト、その他それに類する人びとからふつう民主的と評されている国々を分析してみてもよいかもしれない。言い換えれば、ふだんの会話のなかでも、学問的論議のなかでも、民主的な国と評される国を分析してみるのである。

そして三番目に、デモクラシーの目標を実質的に達成するためにはどんな政治制度が必要となるかについてできる限り現実的に考えようとすれば、ある特定の国ないしは一定の集団を構成している国々を思い描いてみればよい。それが架空の国であってもかまわないだろう。そうすれば、わたしたちはいわばある種の精神的経験ができるようになるのである。そして、人間が直面する経験の数々、人間の性質、可能性、限界といったものを注意深く考察し、大きな規模のデモクラシーが存続するのに必要であり、かつ人間の諸能力の限界の範囲内で実現可能であり達成可能でもある政治制度をデザインすることができるかもしれない。

さいわい三つの方法のどれをとっても、結局同一の民主的な政治制度に行きつくことになる。すなわち、民主的な国であるためには、最低限備えているべき要素がそこから見えてくるのである(図6)。

大きな規模のデモクラシーには
次の要素が必要となる

1　選挙によって選出された公務員
2　自由で公正な選挙の頻繁な実施
3　表現の自由
4　多様な情報源
5　集団の自治・自立
6　全市民の包括的参画

図6　大きな規模のデモクラシーにはどんな政治制度が必要か

近代代表制デモクラシーの政治制度

近代代表制デモクラシーの政治にふさわしい政治制度を簡単に言えば以下のようになる。

1　選挙によって選出された公務員　政府の政策決定をコントロールする権限は、憲法によって、市民から選出された公務員に授けられている。このように、大きな規模のデモクラシーにおける政治は、代表制によって営まれる。

2　自由で公正な選挙の頻繁な実施　選挙で選ばれる公務員は、頻繁かつ公正に行なわれる選挙で選び出され、選挙に対する強権的な強制はふつうほとんど行なわれない。

3　表現の自由　市民は、重罰の危険にさらされることなく、自分自身の考えを表明する権利をもっている。表現の自由が及ぶ対象は、広い意味での政治的事象であって、そのなかには、公務員への批判をはじめとして、政府、体制、社会経済秩序、一般的に受容されているイデオロギーが含まれる。

4　多様な情報源にアクセスできること　市民は、自分以外の市民や専門家、新聞、雑誌、書物、遠距離通信等を使って、情報をそれぞれに独立した多様な情報源で確かめる権利をもっている。

また実際に情報源が多様に存在するとした場合、その情報源は、政府や、公共のことがらに関係する政治的信条や政治態度に対して影響力を行使しようとする、特定の政治集団の支配下にあってはならない。さらに、そうした別の情報源は法律によって実質的に保護されていることも必要である。

5　集団の自治・自立　市民は、自分たちの多様な諸権利——そのなかには、民主的な政治制度を効果的に機能させるために欠くことのできない諸権利を含む——を実現するために、かなり独立性の高い集団や組織——独自の政党や利益集団をも含む——をつくる権利も持っている。

6　全市民の包括的参画　その国に永住し、その国の法律に服している成人はいかなる人であっても、他の人が利用でき、上記の五つの政治制度のためになくてはならない諸権利を否定されるべきではない。そうした諸権利とは、たとえば、自由かつ公正に実施される選挙で、公職者の選出に一票を投じる権利、公職に立候補する権利、自由に表現する権利、独自の政治組織をつくったり、参加したりする権利、独自の情報源にアクセスする権利などである。さらにその他にも、規模の大きなデモクラシーの政治制度を実質的に機能させるために必要となる自由や機会を行使する権利も、そうした諸権利のなかに含まれる。

政治制度相互の関係

通常、こうした制度は一朝一夕に樹立できるものではない。デモクラシーの歴史を概観してきたこと(第二章)からわかるように、最後の二つの制度は、明らかにずっと後になってから実現するものである。二〇世紀以前には、普通選挙は、民主的な政治の場合でも、共和的な政治の場合でも、理論と実践の両面で否定されていたのであった。普通選挙は、その他のどんな特徴にもまして、近代代表制デモクラシーをそれ以前のデモクラシーから分かつ特徴なのである。

デモクラシーが実現する時が来ると、それに引き続いて今度は導入された諸制度がはげしく変貌を遂げるということが起こってくる。民主的な諸制度が比較的初期の時代に全面的に達成され、今日まで存続している「先行した」民主的な国々では、さまざまな要素が共通のパターンをもって現われてきている。たとえば、選挙は早くから導入されている。イギリスでは、早くも一三世紀に、また植民地時代のアメリカでは一七世紀と一八世紀に導入されている。法律を制定する要職の選出という実践に引き続いて次に行なわれるようになったことは、政治的なことがらについて市民が自分の考えを表明する権利をしだいに拡充していったことと、情報を入手して交換しあう権利を獲得していったことである。はっきりした政治的目標をもった結社をつくる権利が生まれるのは一般にもっと後になってからのことである。政治的な「派閥」と党派的な組織は一般には、政治的秩序や安定にとって危険で、分裂をもたらしやすく、破壊的であって、公共善には有害であると見なされることが多かった。しかし反面、政治的結社を抑圧するためには、ある程度強制力を使わざるをえなかったし、そうした強制力に対しては、不寛容だと考える市民の数がしだいに増えていって、大きな影響力をもつようになっていったのだが、政治的結社は、日蔭から、白日のもとに出て公認されるようになるまで、多かれ少なかれ、地下組織としてしか存続してこられなかった。立法府の内部では、以前には「派閥」でしかなかったものが政党になっていった。このようにして、その時の政府の内部で機能する「与党」に対抗する「野党」が成立したのである。すなわち、イギリスの場合には、公式に国王(女王)陛下の反対党という称号で呼ばれるようになったものが生まれたわけである。さらに一八世紀に、君主政治を支持する一派と、「田園」に居を構えるジェントリーの多くが支持し、君主政治に対抗する一派とが、しだいにトーリーとホイッグへと姿を変えていった。同じころ、スウェーデンでも、議会で対立しあう党派どうしが、自分たちを、どことなく滑稽な、ハッツ(Hats)とキャップス(Caps)という呼び方で呼びあうようになっていった。(1)

一八世紀末になると、新たに樹立された共和国であるアメリカ合衆国で、副大統領トマス・ジェファーソンと下院の指導者だったジェイムズ・マディソンが、議会内の支持者たちを組織して、フェデラリスト党の大統領ジョン・アダムズと財務長官アレグザンダー・ハミルトンの政策に反旗を翻すようになった。反旗を掲げた側がすぐに気がついたことは、対抗勢力である自分たちが成功しようとすれば、議会と閣内でフェデラリスト党に反対するだけでなくて、それ以上のことをしなければならないだろうということであった。すなわち、相手を公職から追放することが必要になると考えたのであった。そして、そうするためには、自分たちが全国レベルの選挙で勝たなければならないし、全国レベルの選挙で勝つためには、全国的に支持者たちを組織化しなければならなかった。一〇年もしないうちに、ジェファーソンとマディソンをはじめ、彼らの見解に共感する支持者たちは政党を結成した。その政党は、最小単位の選挙区ごと、郡や市ごとにさまざまに組織化され、選挙と選挙のあいだにも、選挙期間中にも、支持者の忠誠心を燃え上がらせ、支持者たちを確実に投票させる組織へと成長していった。このリパブリカン党(すぐに名称をデモクラティック・リパブリカンと変更し、一世代後には民主党になった）は、世界初の大衆的基盤をもつ、選挙に備えた政党になった。その結果、近代デモクラシーの政治制度のうち、もっとも基本的かつ特徴的な制度である政党は、市民自身を組織化し、政党の支持者たちを国政選挙のたびごとに動員する必要から、議会や立法府という限界を超えて、どんどん外へ外へと拡大してゆくことになった。

一八三〇年代に、フランスの若き貴族、アレクシ・ドゥ・トクヴィルがアメリカにやって来るまでには、前述した民主的な政治制度のうち、最初から五つ目まではすでにアメリカでは実現していた。そうした制度は、とても深く根づき、すっかり浸透しているように彼の目には映ったので、アメリカ合衆国をデモクラシーの定着した国として躊躇なく評価した。彼は次のように表現している。その国では、人びとは主権者であり、「社会は自治を行なっている」。そして、多数者の力は無限である。(2)トクヴィルがすっかり驚いてしまったのは、アメリカ人が自分たち自身をきわめて多様な集団へと組織化していることだった。しかも、彼には、その集団の目的が、あらゆる方向に向いていると思えたのであった。こうした諸集団の頂点に高くそびえているのが、主要な二大政党にほかならない。そのようなわけで、トクヴィルの目には、アメリカでは、デモクラシーが完成の域にまで達しているように映った。以前には想像しうるにすぎなかったレベルにまで発達しつつあると思われたのである。

トクヴィルがアメリカ滞在中に見た、民主的な制度の根幹をなす五つの制度は、すべて同じ一九世紀中ごろに他の一二カ国以上の国々で整備されていった。そしてヨーロッパとアメリカの研究者の多くは、どんな国でも、文明化し、進歩しようとする国は、必然的に民主的形態の政治を取り入れなければならなくなるとの結論に到達したのであった。

しかし依然としてどこでも、六番目の基本的制度――全市民の包括的参画――は実現されないままであった。たしかにトクヴィルは次のように肯定的な評価をくだしている。「メリーランド州、それは身分の高い人びとが基礎を築いた州であるが、そこが最初に普通選挙を宣言することになった」。しかし、トクヴィルは、当時のほとんどの男性たちと同様、はっきり表明はしていなくても、「普通」ということばのなかに、女性が含まれているとは考えてもいなかった[3]。それどころか、実際には、男性といっても一部にしかすぎなかった。メリーランドの「普通選挙」はたしかに実施されたが、大部分のアフリカ系アメリカ人も排除されてしまっていた。アメリカ以外の国で、アメリカと同じように、ほかの点ではほぼ民主的である国々の場合も、成人の半分は完全に国政から排除されたままであった。その理由は単純で、彼女たちが女性であるからにほかならなかった。さらに、男性のなかにも参政権を認められない人がかなりたくさんいた。その人たちが、識字能力と財産要件の点で不十分であったことが理由である。そうした人びとを排除することを支持した多くの人は、自分たちを民主的ないしは共和政的な政府の擁護者と見なしてきた。ニュージーランドが参政権を拡張して、一八九三年の国政選挙で女性が選挙に参加できるようにした。それに続いて、オーストラリアが一九〇二年に女性の参政権を認めた。けれども、ほかの点では民主的な国々の場合でも、女性は一九二〇年ごろまで国政選挙への参政権を手にすることはなかった。ベルギー、フランス、スイスというような、ほとんどの人が高度に民主的であると呼んでいたような国々の場合には、女性は第二次世界大戦後まで投票には行けなかった。

「デモクラシー」がわたしたちの先人たちにとってどんな意味をもつものであったかは、今日のわたしたちにとっては理解しがたいので、今日との相違をもう一度はっきりさせておきたいと思う。およそ二五〇〇年の長きにわたって、デモクラシーや共和政を標榜する国はいずれも、政治生活に全面的に携わる権利を少数の成人だけに限定してきた。「民主的」政治とは男性だけ——それもすべてではない——による政治にほかならなかった。ごくわずかな例外はあるにしても、デモクラシーでは、その国に永住している全成人人口に対し、政治生活に参加する諸権利を全面的に保証する必要があるとされるようになったのは、理論の面でも実践の面でもまさに二〇世紀になってからのことであった。

成人全体が考慮に入れられるようになってはじめて、先に述べた六つの政治制度すべてが、新しいタイプの政治システムの構成要素となっただけでなく、新しい種類の民衆中心の政治、すなわち新しいタイプの「デモクラシー」を構成する要件と見なされるようになったのである。こうしたタイプのデモクラシーは、アテナイの「デモクラシー」や古代ローマの「共和政」の開始以来、二五〇〇年間一度も存在したことのなかった新しいものであった。近代代表制デモクラシーの政治制度は、成人を全体として把握する点で、歴史上ユニークなものである。それゆえに、そうした制度には独自の名称を与えておいた方が都合がよい。そこで、近代になって実現した新しいタイプの大規模な民主政治を、時には、ポリアーキー型デモクラシーと呼ぶことにしようと思う。

◎用語の解説

ポリアーキー (polyarchy) は、「多数」と「支配」を意味する二つのギリシア語に由来している。それは一人による支配、すなわち王政とも違うし、少数者による支配、すなわち寡頭政や貴族政とも違っている。この用語は使用されることがほとんどなかったが、同僚とわたしとで、一九五三年に、普通選挙が実施されている近代代表デモクラシーをさすのに便利なことばとして導入したものである。これから先、ポリアーキーということばをこの意味で使ってゆきたい。もう少し正確に言えば、ポリアーキー型デモクラシーは、すでに述べてきた六つの民主的制度を伴っている政治システムということになる。したがって、ポリアーキー型デモクラシーは、一九世紀の、制限選挙下の代表制デモクラシーとは別のものである。同時にまた一九世紀以前の民主政体とも共和政体とも違っている。そうした政体では、制限選挙が行なわれていたし、それ以外にもポリアーキー型デモクラシーの主な特徴のうち、もっていないものが数多くあったのである。たとえば、政党がなかった。さらに、現政権に影響を与えたり、対抗したりする政治組織をつくる権利もなかったし、組織的な利益集団や、それ以外にも足りないものがあった。また、ポリアーキー型デモクラシーは、集団メンバーが直接集会を開いて政策や法律をつくる(あるいは推薦する)小規模なデモクラシーの実践とも異なっている(この相違についてはしばらくしてもう一度考えてみることにしよう)。

他の要素は機能していたとしても、ポリアーキー型デモクラシーの六つの制度が部分的にせよ実現したのは、政治の世界への参画や参加の要求に対応した結果であった。そのため、今日広く世界中でデモクラシーを採用しているといわれている国々は、上記六つのすべてを行なっている。しかし、みなさんは、次のような質問をなさるかもしれない。すなわち、そうした制度は歴史上の闘争によって生み出された過去の遺物にすぎないのではないだろうか。そんなものは、民主的な政治には、もう必要ないのではないだろうか。しかし、もし今でも必要なのだとしたら、それはなぜなのだろう。

規模の要因

以上の疑問に答えるまえに、あらかじめ限定づけをしておいた重要なことに注意を喚起しておきたい。つまり、すでに本章のはじめの部分で注意を促しておいたように、私たちは、民主的な国の政治にとって必要となる制度のことを考えているのである。なぜ「国」なのであろうか。**その理由は、民主的な国にとって必要不可欠な制度のすべてが、国よりもはるかに小規模な集団に、つねに必要になるとは限らないであろうということである。**

民主的に運営されている委員会や集まり、それに小さな町のことを考えてみていただきたい。その場合、投票が平等に行なわれる必要があるようにみえても、こういう小さな集団では、わざわざ選挙で役員を選ばなくてもうまくやってゆけるのではないだろうか。おそらく、会議の議事進行役をつとめる司会者と議事録を作成したり、収支報告を行なったりする秘書兼収支担当者がいれば十分なのである。構成員みずからが直接に会合で、まさにすべてを決定することができるのである。そして細かな点は秘書兼収支担当者にまかせておけばよい。小さな組織の運営には、市民が代表を選んで、その代表が完全な代議政府をつくり、法律や政策に責任を負う、こういうやり方は必要ないだろう。もちろん、こうした運営のしかたは民主的、それもきわめて民主的であるかもしれない。したがって、また、政党その他の政治的結社がたとえなくても、きわめて民主的な運営が行なわれるだろう。それどころか、小さな集団の場合には、組織化された「派閥」は必要がないだけでなく、非常に有害でさえもある。こういう古典的な民主的かつ共和的な見解にわたしたちも同意したいと思う。わたしたちが望んでいるのは、派閥争いやコーカス（政策や候補者などを決定するための政党幹部の会合）や政党によって対立が激化することではなくて、統一、コンセンサス、同意が、対話や相互に尊重しあうことによってもたらされるものだからである。

したがって、民主的な政治を実現するために必要となる政治制度は、厳密にいえば、政治単位となる集団の規模しだいで変わることになる。先に述べた六つの制度が発展してきた理由は、そうした制度が、小さな集団ではなく、一国規模の政治にとって不可欠なものだからにほかならない。ポリアーキー型デモクラシーは、大規模な国民国家もしくは国レベルでの民主的政治のあり方なのである。

もう一度、先の疑問にもどって考えてみよう。一つの国のように規模の大きなデモクラシーの場合には、本当に、ポリアーキー型デモクラシーという政治制度が必要なのだろうか。もし必要だとすれば、それはなぜなのだろうか。こうした二重の疑問に答えるために、民主的な政治過程が必要とするものがどんなものなのかをもう一度想い起こしてみよう（次頁、図7）。

選出された代表をデモクラシーが必要とするのはなぜか（そしていつか）

民主政治にかんする議論の焦点が、国民とか国とかいった大規模な集団での問題に移ってくると、困難なことが持ち上がってくる。すなわち、どのようにすれば、実際に効力を発揮できるような市民の参加が可能になるかという問題である。つまり、市民の数が数えきれないほどに膨れ上がり、また居住地域が地理的にきわめて広い範囲に及ぶようになり、一カ所に集まって法律を作成するための政治参加がうまくできなくなった場合に、どう市民の参加を確保するかという問題が発生するのである。

大きさが一つの国程度の規模の集団では，
デモクラシーの政治制度（左側）が，右
を達成するために不可欠である．

1	選出された代表	実効性をともなう政治参加 アジェンダのコントロール
2	自由で公正な選挙の頻繁な実施	投票の平等 アジェンダのコントロール
3	表現の自由	実効性をともなう政治参加 理解の啓発 アジェンダのコントロール
4	多様な情報	実効性をともなう政治参加 理解の啓発 アジェンダのコントロール
5	集団の自立	実効性をともなう政治参加 理解の啓発 アジェンダのコントロール
6	市民の包括的参画	全面的な参画 アジェンダのコントロール

図 7　ポリアーキー型デモクラシーの諸制度がなぜ必要なのか

さらに、市民にとってもっとも関心のあることがらに、官僚が適切な配慮を行なうようにさせるためにはどうすればよいのだろうか。言い換えれば、どうすれば市民は、政府が決定を行なうさいのアジェンダに影響を及ぼすことができるのだろうか。

一つの国のような大きな政治単位で、このようにデモクラシーの要請するものをもっともよく実現しようとすればどうしたらよいのか、これはもちろんきわめて困難な問題である。実際、解決できない可能性も高い。しかし、他のデモクラシーの規準がレベルの高い要求であって、評価の尺度になりうるのと同じく、この要請もまた、さまざまな可能性や解決策を評価するときの尺度として役立つものである。政府の上層部が市民の意向と無関係にアジェンダを設定し、政策決定を行なうことができるような場合には、明らかにこの要請に合致しないことになる。きわめて不完全ではあるが、実行できそうな唯一の解決策は、市民が政府の上層部を選挙で選び、なんなら次の選挙で解雇できるようにすることで、選挙を通じて、市民に対する説明責任を多少なりとも負わせることである。

この解決のしかたは、わたしたちにとっては、わかりきったことのように思われる。しかし、今日わたしたちにとって自明に見えることが、わたしたちよりも前の時代の人びとにとっては、決してわかりきったことではなかったのである。

すでに第二章で見てきたように、市民が選挙という手段を使って、立法を行なう権限をもつ代表たちを選んだり、やめさせたりすることができるという点は、かなり最近まで、デモクラシーの理論の上でも、実践においても、きわめて異質なものとしてとどまっていた。さらにまた、すでに見てきたように、代表を選出するための選挙は、主に、中世のあいだに発展をみた。つまり、君主が課税を行ない、徴兵をし、立法を行なうためには、貴族や上級聖職者や、比較的大都市の決して貧しいとは言えない少数の平民の同意をとりつける必要があると考えるようになったときに、選挙が行なわれるようになったのである。

そして一八世紀に至るまで、一般的な見解によれば、民主的な政治ないしは共和政的な政治とは、人民による支配という意味だったのである。そして、もし、人民が支配するというのであれば、人びとは一カ所に集まって、命令、法律、政策に賛否の一票を投ずることをしなければならなかった。その意味で、デモクラシーはタウン・ミーティング・デモクラシーでなければならないのがふつうだった。つまり代表制デモクラシーは矛盾したことばであったのである。したがって共和政とかデモクラシーとかいう場合に、その意味するところは、はっきり言われている場合とそうでない場合はあっても、実際には、小さな単位でだけ行なうことができるものであった。こうした見方をしていたモンテスキューやルソーのような思想家は、小規模国家の短所を知りつくしていたのである。とりわけ、自分たちより規模の大きな国家が自分たちより軍事的に優越しているような場合がそうで、そのために彼らは、純粋なデモクラシーの将来の見通しについては、きわめてペシミスティックであった。

しかし、デモクラシーを人民による支配としてみるような標準的な見解は、国民国家の圧倒的な力の前に容易に圧倒され、かたわらに追いやられてしまった。ルソー自身そのことは、はっきりとわかっていて、ポーランド(彼はポーランドのために憲法を提案した)のような大きさの国の政治には、代表が必要になるだろうと考えていた。そしてその後まもなくして、前記の標準的見解は、アメリカでデモクラシーが行なわれるようになることによって、歴史の舞台から追放されてしまった。

遅くとも一七八七年に、フィラデルフィアで憲法制定会議が開催され、大規模で、人口増加が持続的に見られる国にふさわしい憲法が立案されるようになったころまでには、議会に代表を送ることが歴史的な伝統としてすでにあったということが、はっきりと認識されるようになっていた。当時すでにアメリカ合衆国がもっと大きくなるだろうと予測した代表たちもいたが、*それはさておき、その時点ですでに到達していた大きさでさえも、十分に巨大であったことを考えれば、共和政を行なうことが本当にできたのであろうか。けれども、アメリカで共和政が成立しうるとすれば、それは、代表制的な共和政という形態を取らざるをえないだろうということに疑問をもつ人はひとりもいなかった。それというのも、植民地議会や連邦成立以来の各邦議会、それに大陸会議など、こうした長い経験のゆえに、代議制政府の実現可能性は事実上議論の余地のないものであったからである。

一九世紀中ごろになるとすでに、伝統的な見解は無視され、忘れさられていた。そしてたとえ憶えられていたとしても、現実味をもたないものとして扱われるようになってしまっていた。ジョン・スチュアート・ミルは、「以下のことは、はっきりしてきている」としながら、一八六一年に次のように書いている。

社会的国家におけるすべての急務を完全に満足させることのできる政治は、唯一、全人民が参加する政治だけである。それがたとえきわめて小さな公共の役割しか果たさなくてもいいのである。どんな参加も役立つのである。参加はどこでも、コミュニティーの改善が一般的にもたらすのと同じ程度の大きな効果をもたらすはずである。すべての人に、国家の主権を分かちもつことを認めることほど望ましいものは究極的には何もない。しかし小さな一つの町ならともかく、それよりも大きなコミュニティーになれば、すべての人が参加しても、各人は、公共の業務の非常に小さな部分しか担うことはできない。したがって、結果的に、完全なる政治の理想の形態は、代議制に

＊代表たちのなかには、究極的には、合衆国の人口は一億人ほどになるだろうと大胆な予測をした人もいた。その人口に達したのは一九一五年だった。

ならざるをえない。[4]

デモクラシーが、自由で公正な選挙の、頻繁な実施を必要とするのはなぜか

すでに見てきたように、政治的平等を望ましいものとして受け入れるならば、市民の一人ひとりがすべて、**平等かつ実際に行使できる投票の機会をもつだけでなく、すべての票が同じ重さをもつものとして数えられなければならない。**もし、投票の平等が実際に実行されるようになれば、選挙が自由で公正なものになることはまちがいなく明らかである。この場合の自由が意味していることは、投票に対する仕返しを恐れずに選挙に行くことができるということである。そしてもし、投票が平等であるというのであれば、すべての一票は、同じ重さをもつものとして数えられなくてはならない。しかし、自由かつ公正な選挙だけでは十分とはいえない。というのは、代表を選ぶ選挙が二〇年ごとにしか行なわれないというような場合を考えていただけるとわかるはずである。もし、市民が、アジェンダに対する最終決定権をもつべきだとすれば、選挙は頻繁に行なわれなければならないのである。

自由かつ公正な選挙を実施するにはどうするのがいちばんよいか、はっきりわかっているわけではない。たしかに、一九世紀末になって、秘密投票が導入され、衆人環視の中で挙手によって採択する方法はしだいになくなっていった。公開投票を擁護する人は今でもわずかながら存在してはいるが、秘密投票が一般的には標準的になってきている。はなはだしい選挙違反がなされている国は、自由かつ公正な選挙が行なわれていない国と見なしてもかまわないだろう。しかし、公正という基準にもっともよく合致する選挙方式はどんなものなのかという議論は依然として続いている。比例代表制は、

きわめて民主的な国々で採用されている方式ではあるが、イギリスやアメリカで行なわれているような、相対多数で当選者を決める方法よりも公正なのだろうか。どちらに対しても、その妥当性を主張する意見はあるかもしれないが、それについては、第一〇章でもう一度考え直してみることにしたい。ただ、さまざまな選挙方法を議論するさいに、公正な制度という要請が満たされなければならないのは当然のことである。公正とその他の目的を実現するための最善の方法は、どんな方法かという問題は、非常に技術的なことがらである。

選挙はどのくらいの頻度で行なわれるのがよいのだろうか。民主的な国々が二〇世紀に経験したことから判断して、大まかに答えれば、立法に携わる代表を毎年選挙するのは少し頻繁すぎるように思えるが、だからと言って、五年以上しないというのも長すぎるように思う。しかし、デモクラシーの立場から言えば、特定の期間を決めてしまうことは合理的でないと思う。どのようにするかは、公務の種類によってもさまざまであるし、伝統的な方法もさまざまであるから、いろいろな形がありうるように思う。大切なことは、選挙が頻繁に行なわれなければ、公職に選出した者を市民が実質的にコントロールすることができなくなるかもしれないということである。

表現の自由がデモクラシーに必要なのはなぜか

まず初めに言っておきたいことは、表現の自由は、市民が政治の世界に参加し、実際に影響力を発揮するために必要なものなのだということである。もし、市民が政府のすることに影響を与えることがら全般について、自由に自分の考えを表明することができなければ、いったいどのようにして自分の見解を広く知ってもらい、自分以外の市民や代表たちを説得して、そうした見解を受け入れてもらうようにすることができるだろうか。さらに、もし市民が他の人びとの見解を考慮に入れて考えることができるべきならば、他の人びとが言うことを聞くことができなければならない。表現の自由とは、みなさんが、自分の言うことを聞いてもらう権利だけを意味しているわけではない。それと同時に、自分以外の人びとが言うべきであることを聞く権利もみなさんは持っているのである。

さらに、政府が今後とるかもしれない行動や政策について、十分にゆき届いた理解を得るためにも、表現の自由は必要である。また、市民としての能力を獲得するためにも、市民みずからが自分の見解を表明する機会をもつことは必要なのである。さらに、表現の自由は次のような理由によっても必要となる。すなわち、市民が相互に学びあうために。討論に加わったり、じっくりと考えたりするために。さらに、専門家、立候補予定者、信頼のおける判断をしてくれる人たちの意見を読んだり、聞いたり、その人たちに質問したりするために。そして、それ以外の点でも表現の自由に依存することが多くある、ということを知るためにも表現の自由は必要なのである。

最後に、表現の自由がなければ、市民は政府の決定にかかわるアジェンダに影響を与える能力をただちに喪失してしまうことになる。声を上げない沈黙の市民は、権威主義的支配者に有利なだけの完全な臣民になってしまうだろう。さらにそれだけにとどまらず、そうした人びとは、デモクラシーにとっての疫病神でもあるだろう。

多様かつ独自な情報源を利用できることが、デモクラシーになぜ必要なのだろうか

デモクラシーの基本的な条件に照らせば、表現の自由と同様に、多様かつ独自な情報源が利用できるようになっていることが必要となってくる。ためしに、十分にゆき届いた理解の啓発が必要とされるということについて考えてみよう。仮に、政府が重要な情報源をすべて統制しているとすれば、問題になっていることを理解するために必要な情報を、市民はいったいどのようにして手に入れることができるだろうか。あるいは、さらに言えば、何か一つの集団が、情報の供給源を独占しているとすればどうだろうか。したがって、市民にとっては、政府による操作や、何か特定の集団とか見解などに支配されていない情報源を利用できるようになっていなければならないのである。

さらに実効性をもつ参加や公共性をもったアジェンダへの影響ということについても考えてみよう。この場合も、もし、市民が入手できる情報すべてが、政府や、ある特定の政党や派閥、そして特定の利害関係者など、単一の情報源から供給されるとすれば、市民の政治の世界への参加がどれほど効果のあるものになりうるかは疑問である。

デモクラシーには独立した集団が数多く必要とされるのはなぜか

すでに今まで見てきたように、政治的な結社——たとえば、利益集団、ロビー組織、政党——の必要性を認めることは、考え方の根本的な転換だった。けれども、大規模な共和政体では、代表が必要

とされるのだとすれば、選挙はどのようにして争われることになるのだろうか。たとえば、政党のような組織をつくれる集団は明らかに選挙で有利になるのである。また、ある集団がそうした有利さを自分たちのものにしようとすれば、その人たちの政策に賛同できない人びとも自分たちに有利になるようにしようとするのではないだろうか。さらにいえば、どうして、選挙と選挙のあいだに政治活動を休止するべきなのだろうか。集団が多様につくられ、政治活動が活発になれば、立法を行なう人びとがそれに動かされ、主義主張が活発に表明されるようになり、政策がさかんにつくられるようになり、公職に就くことが多くの人の関心事となる。したがって、小規模な市町村とはちがって、一つの国のように大規模な場合には、デモクラシーにとって、政治的結社は必要かつ望ましいものなのである。いずれにせよ、政治的結社が禁止されたりすれば、実効性をともなう政治参加を市民が行なえるという基本的な権利が著しく損なわれてしまうのではないだろうか。したがって、大規模な共和政体の場合には、政治的結社が、必要かつ好ましいものであるだけではなく、必然的なものでもある。さらに、独自性をもった政治的結社は、市民教育と啓蒙の源泉でもある。そうした結社があれば、市民たちに情報が提供できるだけでなく、同時に討論をしたり、じっくり考えてみたり、政治的な技量を身に付けたりする機会もまた提供できるからである。

デモクラシーにはなぜ、市民の包括的参画が必要なのだろうか

その理由は、説明の成り行き上、本書の最終章になってはじめて明らかになるはずである。それをあらかじめここで提示する必要はほとんどない。

さて、本章で詳しく述べ、図6において要約しておいた政治制度は、いろいろな角度から眺めることができる。たとえば、こうした政治制度のいくつかがまだ実現していない国、言い換えれば、まだ十分なレベルまで民主化されていない国の場合には、こうした基本的な政治制度にかんする知識があれば、近代代表制デモクラシーに完全に移行するための戦略を描き出すことが可能になる。また、そのような移行を成し遂げたばかりの国にとっては、基本的な政治制度にかんする知識があれば、強化する必要がある制度や、深める必要がある制度、そして整理統合する必要がある制度がどれなのかを見きわめることができるようになる。また、このような基本的な政治制度は、近代代表制デモクラシー（ポリアーキー型デモクラシー）には必要不可欠なものであるということからすれば、実現されなければならない民主化の最小限のレベルとして考えることもできる。

わたしたちのように古くからのデモクラシーを取り入れている国に住むものにとっては、デモクラシーへの移行は数世代も以前に行なわれたことであるうえに、図6に示した政治制度は、いまや確固としたものになっているが、それでもなお、おしなべて、さまざまな困難な変化に直面しているのである。というのも、前述した基本的な政治制度が、民主化にとってなくてはならないものだとしても、それだけで、図6に示し、第四章で説明してきたようなデモクラシーの規準を完全に実現するのに十分だということにならないのは明らかだからである。そうであれば、わたしたちはやるべきことがないどころか、現在の民主的制度が、こうした規準に反するものかどうかを査定する義務を負わされているといえるのではないだろうか。わたしの目には、現在の政治制度は、デモクラシーの規準に反しているので、不十分な点がたくさんあるように思われる。こう思っている人は、他にもたくさんいるのではないだろうか。

そこで、結論的に言えば、非民主的な国々の場合には、デモクラシーへの移行を成し遂げるための戦略が必要となるし、最近民主化された国々の場合には、民主的な諸制度をいっそう強化するための戦略が必要となる。さらに、古くからの民主的国家の場合には、現在のデモクラシーのレベルを超えていくべきかどうか、そして、どうしたら超えていけるかを考える必要があるのである。

このことを次のように言い換えてもよいだろう。多くの国々に課せられている任務は、民主化を押し進め、ポリアーキー型デモクラシーのレベルまでデモクラシーを引き上げることである。しかし、古くから民主的である国々の場合、そこの市民に求められていることは、ポリアーキー型デモクラシーを超えて、なお一層高度な民主化を実現するのにはどうすればよいか、その方法を発見することである。

第九章　多様性――その1　規模の多様性とデモクラシーの多様性

デモクラシーにはいろいろな種類があるのだろうか。もしあるとすれば、どんな種類があるのだろうか。デモクラシーとか民主的といった用語は際限なくいいかげんに扱われてきたので、『鏡の国のアリス』のハンプティ・ダンプティの見方を借りてあてはめてみたいような気持ちになってくる。

「おれがことばを使うときには」とハンプティ・ダンプティは少し軽蔑をこめて言った。「おれは、そのことばの意味を自分で決めるんだ。それだけのことだ」

「問題は」とアリスは言った。「こんなにたくさんいろいろなものがあるのに、そのひとつひとつのことばの意味をあなたが決めることができるかどうかということなの」

「問題は」とハンプティ・ダンプティは言った。「おれとことばのどっちが主人かってこと――これだけのことだ」

しかし、ことばは、まさに重要なのである

もしハンプティ・ダンプティのように考えるとすれば、一人ひとりがどんな政治に対しても、自由にデモクラシーという名称を与えることができてしまう。専制政治をそう呼んだってかまわないだろう。こうしたことは、みなさんが想像される以上によくあることなのである。権威主義的指導者は、自分たちの現体制が本当に、特殊なタイプの「デモクラシー」なのであって、それは、他のどんな種類のデモクラシーよりもすぐれたものなのだと主張することがある。たとえば、V・I・レーニンは次のような主張をしたことがあった。「労働者階級を担い手とするデモクラシーは、ブルジョワ・デモクラシーよりも百万倍も民主的である。ソビエトによる政治は、もっとも民主的なブルジョワ共和政体と比べても、それよりも百万倍も民主的である」(1)。これは、六〇年以上にわたってソビエト連邦を支配した全体主義体制の基礎を築き上げて、建国の父となった人物のことばである。

この種のフィクションは、中欧や東欧で生まれたきわめて権威主義的な「人民民主主義」の指導者や煽動家たちによって捏造された。そういった国々は、第二次世界大戦にソ連の支配下に入ったり、戦後になって支配下に入ったりした国々である。

しかしそれにしても、なぜわたしたちは、みずから本当の民主主義者だと称する独裁者の主張を認めてしまうほど臆病なのだろうか。たとえ主人がそう言っても、コブラはハトにはならないのに。たとえ、ある国の指導者や煽動家が何を主張しようとも、わたしたちは、その国が民主的であるかどうかを判断する資格がある。すなわち、その国に、デモクラシーに必要な政治制度がすべて備わってい

るかどうかという点に関してだけであっても、判断する資格をもつのである。

しかしそれにしても、前章で説明してきたポリアーキー型デモクラシーの政治制度が、完全に満たされたときにだけ、デモクラシーの規準が満たされたということなのだろうか。必ずしもそうではない。

・ポリアーキー型デモクラシーの諸制度は、特に一つの国のように大規模なシステムの場合、国政を民主化するためには欠かすことができない。しかし、もっと小さな(あるいはもっと大きな?)規模の政治単位や、政府から独立して、市民社会をつくり上げるのに役立っている小集団の場合には、不必要であったり、全く不適切であったりする。(小集団のデモクラシーについては、もっと多くのことが必要な時もあるかもしれない。)

・ポリアーキー型デモクラシーの諸制度については前の章で述べてきた。しかし、民主的な国々も、特に政治制度の点——たとえば、選挙のしかたや政党制など——で大きくいろいろと異なっているのではないだろうか。以下の二つの章ではこうした点について考えてみたい。

・ポリアーキー型デモクラシーの諸制度が不可欠だからといって、それさえあればデモクラシーにとって十分だということにはならない。もちろん、政治システムが、こうした諸制度をもっていれば、第四章で説明したデモクラシーの規準にある程度まで合致するのはたしかである。しかし、一つの国を例にとって考えた場合、そこには他に補完的な諸制度が存在していて、そのおかげでこうした規準のいくつかが十分に満たされるようになっている、ということはありえないだろうか。

デモクラシー——ギリシアと近代の比較

デモクラシーが必要とする政治制度のなかに、選挙で選ばれた代表というしくみが含まれるとすれば、自分たちのポリスの政治を、デモクラシーということばをはじめて使って特徴づけたギリシア人たちのことはどう説明したらいいのだろうか。もし仮に、レーニンやムッソリーニをはじめ、その他の二〇世紀の反民主主義者と同じように、ギリシア人も単にこの用語の使い方を誤ったにすぎないのだ、との結論を導きだすとすれば、それは、現在の観点を古代にまでさかのぼって適用するという不条理な時代錯誤を犯していることになるのではないだろうか。結局のところ、デモクラシーをはじめて生み出し、そのことばをはじめて使ったのはギリシア人たちであって、わたしたちではないのである。アテナイ人たちが民主的であったということを否定するとすれば、それは、昔ライト兄弟が発明した機械は今の飛行機とほとんど似ていないので飛行機ではないのだ、と言うようなものではないだろうか。

デモクラシーという用語の昔の使い方に適切な敬意を持ち続ければ、ことばを残してくれたうえに、そのことばが意味していることの具体例をも示してくれた人びとから、デモクラシーについて何かを学ぶことができる。ギリシアのデモクラシーでもっとも有名なアテナイの例を調べてみれば、今日のデモクラシーとは二つの重要な点で異なっていることにすぐ気がつくはずである。つまり、現代の民主主義者はほとんど、今まで挙げてきた理由で、民主的システムであると認めることができるためには、全成人の包括的参画が行なわれていなければならないと主張している。しかし、これは、ギリシア人たちには受け入れることのできなかった規準であった。さらに、わたしたち近代人は、もう一つの新しい政治制度——立法の権限をもった代表の選出——をも付け加えてきたが、これは、ギリシア人たちの目には、デモクラシーにとって必要がないし、もう少しはっきり言えば、全く望ましくないと映じた政治制度であった。ギリシア人たちがつくり上げた政治システムは、基本的《プライマリー》デモクラシー、集会《アセンブリー》デモクラシー、タウン・ミーティング・デモクラシーだったと言ってもよいかもしれない。つまり、ギリシア人たちは、明らかに今日私たちが理解しているような代表制デモクラシーを創り出したわけではなかったのである。(2)

集会デモクラシーと代表制デモクラシーの比較

わたしたち現代人は、代表制デモクラシーの正統性を受け入れることに慣れきってしまっているために、ギリシア人たちが、なぜそんなに集会デモクラシーに情熱的な愛着心を抱いていたのか理解しがたくなっているのではないかと思う。しかし、近年に至るまで、ギリシア人たちと同じような気持ちを抱いた人びとが、デモクラシーの擁護者たちのなかにはたくさんいた。たとえば、一七六二年に『社会契約論』を出版したジャン゠ジャック・ルソーがそうだし、ほかにも同じような考えの人は数多く存在する。たとえば、少し後の反連邦主義者《アンチ・フェデラリスト》たちが同様である。彼らは、連邦政府の下では、もはや自分たちを自分たちで統治することができなくなると考えて、新しいアメリカ合衆国憲法に反対の立場をとった。スイスの州《カントン》やヴァーモント州のタウンの市民たちもやはりそうで、今日まで自分たちのタウン・ミーティングを後生大事にこだわり続けている。さらに、一九六〇年代、七〇年代のアメリカの学生たちも、「参加デモクラシー」が、代表制システムに取って代わるべきだということを熱心に主張した。市民集会による民主的な政治の美点を強調し続けている人びとはまだほかにもたくさんいる。

集会デモクラシーを主張する人びとのうち、歴史を知っている人びとは、代表制度がデモクラシーの装置としてはあてにならないものだということをわかっている。第二章ですでに見たように、代議政治は、民主的な実践運動のなかから生まれたものではなかったからである。むしろ逆に、非民主的な政府——主として君主たち——が、特に戦争遂行のために、みずからが欲する莫大な財源やその他の資産を確保できるようにする目的でつくり上げた装置だったのである。したがって、代表制度は、起源の点から言えば民主的ではなかった。後になってから、この非民主的な制度を、デモクラシーの理論と実践の上に接ぎ木したのである。

このように、代表制度はデモクラシーとしての信用証明を欠いた制度であるとする疑惑は十分な根拠をもっているが、代表制度への批判のなかには、それ以上に基本的なポイントを突いたものさえある。たとえば、ある一つの町のような小さな政治単位の場合には、集会デモクラシーの方が、市民みずからが自治のプロセスに参加するという好ましい機会を提供できるのである。大きな政治単位のなかでは、代表制度を取り入れたとしても、簡単にはそういった機会は提供できない。

ここで第四章で説明した、あるべきデモクラシーの規準の一つ、すなわち、決定への参画が有効に行なわれる機会が存在していること、という規準を思い起こしていただきたい。一般の人びとが集う集会に参加する市民がみずから政治を行なうような小さな集団では、参加者たちが、自分で重要だと考える問題をディスカッションしたりディベートしたりすることができる。そして、賛成意見、反対意見の両方を聞いて、その後、自分でどちらを支持するか決心すればよい。また、自分たちの目の前にある問題に直接投票することもできる。その結果、市民は選挙区の有権者の目的や利益よりも自分たちの目的や利益を優先させかねない代表に、重要な問題を委任する必要はなくなる。

このように、集会デモクラシーは明らかに長所をいくつも持っているのに、なぜ、非民主的な起源をもつ政治制度に合わせるために、デモクラシーの旧来の理解のしかたが変わったのであろうか。

代表制度は近代デモクラシー成立以前にすでに存在していた

歴史を振り返ることで、答えをつかむきっかけが得られることがよくある。代表を選ぶことを古くから実践していた国々の場合、デモクラシーを導入しようとした改革者たちは、目の前に、まぶしいほどのデモクラシーのチャンスを発見した。つまり、彼らの目には代表制度の起源はたしかに信用できないものと映ったし、参政権が制限されたものであることもたしかであったが、それにもかかわらず、代表制度を破棄する必要はないように思えた。改革をめざす人びとは、選挙権の底辺をもっと拡大すれば、立法府あるいは議会を真に代表的なものにつくり変えて、デモクラシーの目的に役立つようにすることができる、と考えたのである。つまり、代表制度には、デモクラシーの将来を期待のもてるものへと変質させる、意義深く、まぶしいほどの可能性が秘められていると考えたのであった。

一八世紀フランスの思想家デスチュット・ドゥ・トラシーは、彼の先輩にあたるモンテスキューの研究者であったが、トマス・ジェファーソンに対して、きわめて大きな影響を与えた人物であった。トラシーは、きわめて得意げに次のような観察を書き残している。「代表制度もしくは代議政治は、新たな発明であって、モンテスキューの時代にはまだ知られていなかったように思う。（中略）代表制デモクラシーは（中略）長期にわたり、広大な領域のなかで、デモクラシーを行なうことを可能なものにしてくれた[3]」。

また、一八二〇年、ジェームズ・ミルは「代表というシステム」は「現代の大いなる発見」であると書いている[4]。新たな発明、大いなる発見——こうしたことばづかいにふれると、伝統的なデモクラシー理解によって曇らされていた考え方をかなぐり捨て、古代のデモクラシーという木に、中世の代表制度を接ぎ木して、新しい種類のデモクラシーをつくり出すことができると考えた、民主的な改革者たちが感じた興奮を多少なりとも追体験することができる。

彼らの考えたことは正しかった。実際のところ参政権の拡大が進められていくにつれて、代議政治は、ついにその基礎を、多数の民衆の上に置くようになったからである。こうして、私たち近代人がもっているデモクラシーの観念が実現するように促されていったのである。

代表制度の相対的短所がしだいにわかってきたにもかかわらず、民主的な改革者たちは、全体的にみてそれを拒否することをしなかったし、いわばギリシア風の人民集会という形態の直接デモクラシーを代わりに選び取ることもなかった。なぜなのだろうか。もちろんこうした可能性を主張する人もたしかに存在したが、アメリカ憲法の起草者をはじめ大多数の人は、民主化しようとする政治単位が、集会デモクラシーを行なうには大きすぎると結論づけたのであった。

規模とデモクラシーについて――再論

こうして見てくると、規模が重要となる。すなわち、ある政治単位の人口と領域の広さとがデモクラシーの姿を決める要因なのである。ちょっと想像してみていただきたい。みなさんは、非民主的な政府をもった国の一員で、民主化を望んでいるひとりの民主的改革者だとしておこう。その場合、みなさんは、自分の住んでいる国が、数十あるいは数百にものぼるミニ国家に分解することは望まない。たとえその一つ一つが小さくて、市民が頻繁に集まって集会を開き、主権を行使することができるとしても望まない、としておこう。しかし、今みなさんが住んでいる国は、市民の数が多すぎて集会を開くことはできない。さらに領域は広すぎて、集まろうと思っても、いつもうんざりしてしまう。みなさんならどうするだろうか。

おそらく今日の状況からみれば、将来は、領域の問題を解決できるかもしれない。すなわち、パソコンなどの電子通信機器をコミュニケーション手段として使用すれば、広範囲に広がっている市民が「集まり」、問題を議論し、投票をすることができるだろう。しかし、市民が電子機器を使って「集まる」ことを可能にすることと、膨大な数の市民が提出した問題を解くこととは全く異なることである。ある限界を越えて市民すべてが集まり、実りあるディスカッションを行なう準備をしようと試みることは、電子機器を使ったとしてもばかげたものである。

集会デモクラシーにとって、どのくらいの規模になれば、大きすぎることになるのだろうか。どのくらい小さければ十分なのだろうか。近年の研究が見積もっているところによれば、ギリシアの都市国家における成人男性市民の数は典型的な場合で二〇〇〇人から一万人のあいだであった。これは、何人かのギリシアの政治理論家の見方では、よいポリスあるいは自治的な都市国家にとってほぼ適当な数であった。しかし、アテナイでは、市民の数は、それよりはるかに大きかった。おそらく、紀元前四五〇年、つまりアテナイのデモクラシーの最盛期には、六万人前後の市民が住んでいたことになる。ある研究者によれば、「その結果アテナイは、市民の数が多すぎて、ポリスとしてきちんと機能することは全くできなかった」。一世紀後には、他国への移住、戦争や病気による死亡、市民権の制限の強化などの結果として、市民の数は半分に減少したが、それでもまだ多すぎて、アテナイの男性市民の小さな分派集団が行なっていた以上のことを民会が行なうことはできなかった[5]。

ちょっと単純な計算をしてみれば、すぐに、時間と数がもたらす非情な結果を明らかにすることができる。仮に、非常に小さな集団、たとえばちょうど一〇人のメンバーからなる委員会としておきたいが、そういうものを考えてみよう。そのとき、わたしたちは、手近な問題を論じるために、各自に少なくとも一〇分ずつ与えるのが妥当であると考えるかもしれない。そうすると、会議に要する時間は一時間四〇分になる。たしかにこれは、委員会メンバーが会議に費やす時間の総計として多すぎるということはない。しかし、議題がきわめて複雑であるために、委員会の各メンバーが三〇分を要求したとした場合も考えてみてほしい。そうなると今度は、会議には五時間を見込んでおく必要が出てくる。そうでなければ二回に分けて会議を行なうことになる――この方がまだ時間の総計としては受け入れやすいかもしれない。

しかし、かなり大きな委員会であっても、人数としては、少数の市民からなる集会という場合もある。たとえば、人口二〇〇人の村を考えてみよう。そこでは、全成人の人口は、まあ、一〇〇人程度としよう。そして全員が集会に出席する。各人が一〇分の時間を与えられたとしてみよう。最少に見積もっても、八時間の会議が二日間必要になる。これは不可能ではないにしても、実現させるとなればそう簡単なことではない。ここでちょっと一〇分の時間という想定が、参加市民数によってそれぞれ合計どのくらいになるか考えてみよう。数が増えれば増えるほど、ますます途方もなく時間がかかるようになる。全市民の人口が一万人というのが「理想のポリス」だとすれば、必要となる時間はもはや、我慢できる限界をはるかに超えてしまう。各市民に一〇分が割り当てられれば、八時間労働が二〇〇日以上必要になるだろう。割り当てられる時間が三〇分になれば、なんと、連日の会議を約二年間も続けなければならなくなってしまう(表1)。

表1　集会デモクラシーの大きな代償

人数	総時間 1人10分 分	1人10分 時間	1人10分 8時間×日数	1人30分 分	1人30分 時間	1人30分 8時間×日数
10	100	2		300	5	
20	200	3		600	10	1
50	500	8	1	1,500	25	3
500	5,000	83	10	15,000	250	31
1,000	10,000	167	21	30,000	500	63
5,000	50,000	833	104	150,000	2,500	313
10,000	100,000	1,667	208	300,000	5,000	625

たしかに、タウン・ミーティングでは、お互いのことをほとんど知らない人びとが出会うので、すべての市民が発言したいであろうと見なすことは理屈に合わないかもしれない。発言する人がごくわずかであることの方がふつうである。残りの多数者は、いろいろな理由で発言をしない。たとえば、自分が言おうと思って

いたことが、すでに十分語られてしまったからという人もいるだろうし、すでに決めてしまったという人もいるだろう。あるいはまた人前に出ることに恐怖を感じたり、準備ができていないと思ったり、問題にされていることがらに関心をもてないと思ったり、知識が十分でないと感じたりと、いろいろな理由で発言をしない人がいるのである。したがって、一生懸命にディスカッションを続ける人がいる反面、聞くだけの(あるいは聞いていない)人もたくさんいる。その人たちは時間が来れば投票をする(あるいは、棄権する)。

ただし、ディスカッションや質疑があちこちでも起こるかもしれない。表1に示した時間の多くは、実際には、公共のことがらをあちこちで勝手に話し合うことに費やされてしまうかもしれない。したがって、表1は、あまり単純化して読まない方がよい。さらに、集会デモクラシーは道理にかなった特徴をたくさんもってはいるが、それにもかかわらず、重大な問題点もかかえている。

・市民の人口が増大すれば、それにつれて急速に参加の機会が減少する。
・それぞれの集会の参加者のうち、大多数は発表者の発言を聞くだけの参加である。反対に、自分の意見を発言によって表明しそうな参加者は最大限見積もっても、やはりきわめて少数にすぎない。おそらく一〇〇人をかなり下回ってしまうだろう。
・こうした発言者たちは、投票は別としても事実上他の参加者たちの代表役をつとめている(ただこれには重要な例外があるので、後ほどもう一度戻って考えてみたい)。
・したがって、集会デモクラシーによる政治が行なわれているところでさえ、事実上ある種の代表制システムになりやすいといえる。
・しかしながら、発言を行なう参加者たちがそれ以外の参加者たちの代表であるということを根拠づけるものは何もない。
・納得できる代表選出システムを導入するためには、市民が、自由かつ公正な選挙で自分たちの代表を選出することが当然だと見なすことが前提になるだろう。

代議政治におけるデモクラシーの限界

このように見てくれば、代表制度がすぐれているようにみえるが、いかがであろうか。ただし、時間と数が組み合わされれば、この制度は、諸刃の剣になりかねないという皮肉な結果を招くのである。すなわち、実施されてまもなく、代議政治がデモクラシーとしては大きな欠陥を抱えているということがはっきりしてきたのである。表1に戻って、もう一度計算を見直していただきたい。仮に市民一人ひとりが代表にちょっとずつ会うとした場合、必要になる時間をいま計算すると仮定してみよう。表1は、代議政治では参加の可能性がほとんどない、という呆然とするような結果を明らかにしている。代表が自分の選挙区の成人市民一人ひとりと重要な問題について議論する時間を一〇分間取っておきたいと望んでいると考えてみよう。移動時間や、その他の実際的なことはここでは無視しておく。そして、その選挙区には、一万人の成人市民がいるとしてみよう。ちょうど表1で示した最大の人口である。そうすると次のことがはっきりと証明される。その代議員は、一年のうちのまさに半分以上を有権者との面会に費やさなければならないということである。アメリカの場合だと、連邦議会の下院議員は、成人市民人口が平均四〇万人の地区から一人選出されている。選挙区の市民一人ずつにちょうど一〇分ずつ時間を割きたいと思う連邦下院議員は、他のことを何かする時間が取れないことになる。その議員が一日八時間その仕事に当てて一年間毎日、そしてそれを二〇年間、すなわち一〇期以上続けなければならないことになる。下院議員のなかでこんなに長く議員を続ける人はほとんどいない。

集会デモクラシーにするか代表制デモクラシーにするか。小規模なデモクラシーにするか大規模なデモクラシーにするか。どちらの方が望ましいのだろうか。より民主的なのはどちらなのだろうか。どちらにも熱心な支持者がいる。また、すでに見てきたように、どちらの長所に対してもそれぞれを強く弁護する言い分があるのも確かである。しかしそれにもかかわらず、先ほどの、どちらかと言えば恣意的でばかげてさえいる計算からもわかるように、どちらの場合についても市民参加には、悲しいかな、限界があり、この冷酷な事実は両者ともにあてはまるのである。どちらの場合も、参加という行為に要する時間と、参加する権利をもっている市民の数との相互作用による、抜け道のない限界から逃れることはできないのである。

時間と数の法則――民主的な集団がかかえる市民が増えるにつれて、政治的な決定に市民が直接参加できる可能性は少なくなり、逆に、他の人に権限を委任しなければならない可能性は大きくなる。

以上述べてきたようなことの背景には、デモクラシーの基本的なディレンマが潜んでいる。もし追求されるべき目標が、各市民が政治上の決定に参加できる機会を最大限に提供する民主的な政治システムの樹立ということであるとすれば、小規模な政治システムのなかで行なわれる集会デモクラシーの方が明らかにすぐれている。しかし逆に、もし追求されるべき目標が、市民のもっとも大きな関心の対象になっている問題を最大限効率よく処理しうる民主的な政治システムの樹立ということであるならば、非常に大規模であるために代表制システムが必要になるような政治単位の方がすぐれていることが多い。これが市民参加とシステムの効率とのディレンマにほかならない。

デモクラシーの単位が小さくなれば、それだけ市民参加の可能性が大きくなり、市民が政治的決定を代表に委ねる必要性は減少する。単位が大きくなれば、市民にとって重要な諸問題を処理する能力は大きくなるが、市民が代表に決定を委ねなければならない必要性も増大する。

わたしには、どのようにしたらこのディレンマから逃れることができるかわからない。しかし、たとえ逃れられないとしても、それに立ち向かうことはできる。

スモール・イズ・ビューティフル、ということもある

政治システムも、人間のさまざまな行為と全く同じように、必ずしも持っている可能性をすべて実現できるわけではない。ある一つの見方の本質をうまく捉えた『スモール・イズ・ビューティフル』という名前の本がある。(6) 理論上、きわめて小規模な政治システムが、大規模なシステムでは決して対抗しえないほど高度な市民参加を実現できる可能性をもっていることは疑う余地がない。しかし、そ

うした小規模なシステムでも、内に秘めている可能性を発揮しきれないことが多いばかりか、それがふつうでもある。

たとえば、ニューイングランドのかなり小規模な町のタウン・ミーティングを見てみると、その限界と可能性がよくわかってくる。ニューイングランドでもたいがいの所でタウン・ミーティングは減少し、選挙で選ばれた代議員からなる立法機関がその主な役割を代わりに行なうようになっている。完全に立法部に取って代わられた所もかなりある。しかし大部分が田園地帯であるヴァーモント州ではまだ生き残り、機能している。

ヴァーモント州のタウン・ミーティングに共感し、参加し、研究している人物の指摘によれば、人口が四五〇〇人以下の二一〇の町で、一九七〇年から一九九四年までで累計一二一五回のタウン・ミーティングが開催されている。こうしたタウン・ミーティングのうちの一一二九回にのぼる記録から、この研究者は次のように結論をくだしている。


各集会の平均出席者数は、それぞれの集会における出席者が最大になった時点で数えて、一三九人だった。この一三九人のうち、一回だけ出席したという人が平均四五人いた。(中略)一つの町で見た場合、タウン・ミーティングに参加する資格をもっている人の平均一九パーセントが出席している。また、有資格者の七パーセント(出席者の三七パーセント)の人が、少なくとも一回は発言している。(中略)また、発言者の圧倒的多数の人は、一回だけでなく、それ以上の発言を行なっている。(中略)集会の審議時間は平均しておよそ四時間である。ということは、各出席者に二分一四秒の発言時間を与えることになる。もちろん、出席するだけの人よりも、話をする人はずっと少ないので、各発言者が自由に使える時間はほぼ正確に五分間ということになる。（中略）しかし違う見方をすれば、参加者はおよそ四倍いるので、平均して、各タウン・ミーティングでの発言の時間は一人一分二〇秒だけしか認められないことになる。(7)

タウン・ミーティングだけが参加デモクラシーのお手本ではないと思う。しかも、タウン・ミーティング、イコール、参加デモクラシーでないことはいうまでもない。市民は検討の対象となる問題が、どうでもよいこととか議論するほどのものではないと思えば、家を出て集会に参加することはないだろう。論議をよぶ議題のときだけ市民は出席するのである。コネティカットのわたしが住んでいる町では、伝統的なタウン・ミーティングはほぼ廃止されたが、ある問題をめぐって、市民どうしが鋭く対立し、非常に多くの人が集会に参加し、高校の講堂から人があふれたことを今でも思い出すことができる。一回目の集会に参加できなかった人びとのために、二回目の集会が計画されたが、同じくらいたくさんの人が参加した。タウン・ミーティングでの議論が、教育水準の高い人とか豊かな人に牛耳られるということは、ヴァーモントでもここでもみられない。また、発言者の強い信念や発言をしようとする決意が、ある特定の社会経済的集団の独占的影響下にあるということも決してない。

集会デモクラシーには限界がたくさんあるが、しかし、擁護されるべき長所も非常に数多く存在しているのである。

しかし、時には大きい方がよいこともある

すでに第二章で見てきたように、ギリシア人たちは、逃れがたいディレンマを抱えていた。つまり、小規模国家の泣き所は、大規模国家と向き合ったときの軍事力の弱さにある。アテナイの人びとは、確かに、創造的かつ勇敢であったために独立を保持し続けたけれども、結局は、紀元前三三八年にマケドニアのフィリッポス二世の圧倒的な軍事力の前に敗北を余儀なくされその後、外国による支配が続くことになった。全国を支配する中央集権国家がいったんできてしまうと、都市国家は衰退していってしまった。最後まで力を持ち続けた共和政の都市国家はヴェネチアであったが、それも一七九七年にナポレオンの軍事力の前に抵抗する術もなく崩壊してしまい、その後二度と独立を取り戻すことはなかった。

近年、特に二〇世紀には、集会デモクラシーに適した小規模な自治的政治単位の限界が繰り返し露呈することになった。それは軍事面においてだけではなかった。その他にも枚挙にいとまがないほどの例を挙げることができる。経済にかんすることがら、交通、運輸、通信、人口や富の移動、健康、家族計画、農業、食料、犯罪、教育、市民的人権、政治的人権などであるが、その他多くの重要なことがらについても同様である。

人口の急激かつ永続的な減少と、先進技術の突然かつ持続的な破壊という大変動が、世界的規模で発生するようなことでもあれば別であるが、そうでない限り、大規模な政治単位がすべて消滅することは全く考えられない。また、わずかな人口(たとえば、せいぜい五万人以下)によって完全に独立を

保持し、市民の自治が行なわれたり、自分を支配する人をみずから選出したりすることを、小さな集会デモクラシーのシステムのなかで行なえるような世界が来ると予測することもできない。むしろ、小規模で独立した政治単位から成る世界が、不安定になるようなことがあれば、事態はいっそう悪い方に向かう。なぜなら、そのときには、いくつかの小規模な政治単位だけが合同し、軍事的な侵略を行なって、小さな集団を次々に個別に狙い撃ちし、集会を開いて政治を行なうことができないほど大規模なシステムをつくるような事態が現われるかもしれないからである。この新しく、大きな政治単位を民主化するためには、民主的な改革者たち(あるいは革命家たち)は、それを代表制デモクラシーへと徹底的につくり直さなければならなくなるだろう。

闇の側面——エリートによる取引《バーゲニング》

代表制デモクラシーは長所を数多くもっているが、それにもかかわらず、闇の側面をもあわせもっている。民主的な国々の市民たちは、ほとんどが、そのことに気付いている。そして、市民たちはたいていの場合そのことを代表制のコストの一部として容認しているのである。

闇の側面とは次のようなことである。市民は、代議政体の下にあっては、きわめて重要なことがらに関する決定権を権力の巨大な裁量に委ねている。市民が権限を委ねているのは、代表に対してだけではない。それと同時に、いっそう間接的で遠回りをしてではあるが、行政官、官僚、公務員といわれる人びとや裁判官、さらにははるか遠くに隔たったところにある国際機関などにも権限を委ねているのである。政府のやり方や決定に市民が影響を及ぼせるようにしているポリアーキー型デモクラシーの制度、それと不可分の関係にあるものが、非民主的な決定過程、すなわち、エリート政治家やエリート官僚のあいだで繰り広げられる取引《バーゲニング》なのである。

原則として、エリートによる取引は、デモクラシーの制度と民主的な決定過程によって設けられた枠組みの範囲内で行なわれる。しかし、枠組みといっても、それはふつう幅の広いものであるし、市民の参加やコントロールがつねに十分に力を発揮するとは限らないうえに、エリート政治家やエリート官僚はきわめて大きな行動の自由をもっているのである。ただ、市民によるコントロールが限界をもっていたとしても、民主的な国の政治的エリートたちは、統制の効かない専制君主というわけではない。それどころか専制君主とは全く別のものである。定期的に選挙が行なわれるために、政治的エリートといえども市民の意見に耳を傾けることを怠ってはいられない。さらに、彼らが決定を行なうときには、エリート政治家やエリート官僚たちが、それぞれ相互に影響を及ぼしあったり、チェックしあったりするのである。エリートの取引には、このようなわけで、相互にチェック・アンド・バランスのシステムが存在している。また、選挙で選ばれた代表が取引の過程に参加しているとすれば、その人たちは、一般の人びとの希望や目標や価値などを、政府の決定に反映させるためのパイプとして機能する。たしかに、エリート政治家やエリート官僚は、民主的な国においても強力である。ふつうの市民と比べて、はるかに強力である。しかし、彼らは専制君主ではないのである。

国際組織は民主的でありうるのだろうか

これまで主として、一つの国もしくは国民国家ではなく、もっと小規模な集団におけるデモクラシーの可能性に目を向けてきた。しかしながら、もっと大きな集団、あるいは少なくとも、国際組織のように、まったくスケールの異なる集団の場合はどうなのだろうか。

二〇世紀後半には、民主的な国々は、国際化――経済、文化、政治、行政、軍事における――の重大性にしだいに気がついてきた。それでは、デモクラシーは将来どうなるのだろうか。たとえば仮に、独立した国々の政府がその権力をある種の世界政府に譲渡するとすれば、民主的な決定過程がただちに国際的レベルで行なわれるようになるのだろうか。もしそうなれば、世界政府が民主化されてゆくにつれて、民主的な諸価値が損なわれることはなくなるだけでなく、逆に強められさえするかもしれない。

読者のみなさんのなかには、歴史の類似性を指摘する人もいるかもしれない。すでに第二章で見てきたように、デモクラシーの理念と実践の故郷は古代の都市国家にある。しかし、都市国家は、国民国家の権力の増大に耐え続けることはできなかった。都市国家は、実体のあるものとしては承認されなくなっていったり、あるいは、アテナイやヴェネチアのように、一国の政府に従属する地方政府に甘んずるようになっていった。そうすれば、二一世紀には、一国の政府は、民主的な世界政府に従属する単なる地方政府のような存在になるのだろうか。

結局、小さな地域の政府が全国的な政府に従属したからといって、デモクラシーが終焉したわけではないと言う人も一方でいるだろう。また逆に、全国的な政府が民主的になれば、デモクラシーの範囲が大きく広がるだけでなく、従属する政治単位――町《タウン》、都市、(スイスの)州《カントン》、州《ステイト》、自治区《プロヴァンス》、地域《リージョン》など――で、民主的な決定過程が重要な役割を果たすようになるだろう、と言う人もいる。この立場に立てば、国際化を食い止める努力がなされる必要はない。それは不可能なことである。むしろ、しなければならないことは、国際機関を民主化することなのである。

この見解は、デモクラシーを評価する者にとってはとても魅力的ではあるが、残念ながらあまりにも楽観的すぎると評価せざるをえない。民主的な制度や実践が長年にわたって行なわれ、うまく存続し続けてきた国々のなかでさえも、外交にかかわる重大な決定を市民が効果的にコントロールするということは、きわめて困難なことなのである。市民が国際組織に対して同様のことをしようとすれば、困難ははるかに大きなものになる。

ヨーロッパ連合(EU)が、その動かぬ証拠を示してくれている。つまり、EUには、表面上、民主的な構造がみられ、一般の人びとによる選挙だけでなく、形式的には議会も備わっている。しかし、実質的に、大きな「デモクラシー不足」を抱えていることは多くの研究者の一致するところである。つまり、重要な決定は主にエリート政治家とエリート官僚による取引《バーゲニング》を通じてなされている。交渉の枠組みを決定する要素は、民主的な政治過程ではなく、主に、相手を説得して同意を取り付けるには交渉担当者《ネゴシエーター》がどんな人であればよいかということと、国内だけでなく国際市場に及ぼすかもしれない結果への配慮、という二点である。交渉、序列、市場が結果を方向づけるといってよい。交渉の成果を批准する場合以外、民主的な決定過程は、ほとんどなんの役も果たしていないのである。

EUの政治において、民主的な制度がほとんど効果を発揮していないことから推測すれば、それ以外の国際システムを民主化しようとしても、全く望みうすであるようにさえ思われる。国際組織を市民が統制できるようにして、おおむね、民主的な国々で今すでに実現しているレベルあたりまで統制の水準を引き上げようとすれば、民主的な国々における国際組織の現在の扱い方だけでなく、国際組織自体も問題をいくつか解決しなければならない。また、政治指導者たちは、政治制度をつくり、市民に対して、国際組織への政治参加、政治的影響力、政治的統制を可能にする道を開いてあげなければならない。しかも、それは、すでに民主的な国々の国内にあるものとほぼ同じくらいの有効性をもつものでなければならない。一方、市民がこうした機会を利用するためには、国際組織の政策決定について、国内の政策決定に現在もっているのと同じくらいの関心と情報をもつ必要があるだろう。市民が情報をもつためには、政治的エリートや情報分野の中心にいる人びとは、世論の関心をひき、公衆の気持ちを動かすことをめざして、政策についてのディベートやディスカッションを人びとの目の前で行なうことが必要になる。公共の場でディベートが行なわれるようにするためには、公職を獲得しようと努力を続けている政党や個人のあいだで行なわれる国内政治上の競争に相当するものを、国際政治の場でも創り出すことが必要である。たとえば、選挙で選ばれた代表、あるいは、機能としてそれに相当するもの(たとえ何であれ、それに類するもの)が、重要な国際組織の官僚制に対して統制を行なうようにすることが必要になるだろう。ちょうど立法府の議員と行政府の長が現在、国内政治で行なっているのと同じ機能を持たせるわけである。

仮に、世界市民団をつくるとして、その代表の数をどのようにして各国の国民に分配するかということは、さらなる問題を生じさせる。それぞれの国の人口数にきわめて大きな相違があるために、代表選出にさいし、どんなシステムを導入しても、各市民の一票の重さを平等にすることはできないし、小規模な国が大規模な国につねに票の数で敗れてしまうということを防ぐこともできない。このように、デモクラシーを取り入れている小規模な国々が問題を解決するために採用しうる方法はどれも、市民《デモス》の数が多い場合には、各メンバーの政治的平等を否定することになってしまう。アメリカ合衆国をはじめとする連邦制システムと同じように、各国がヨーロッパ連合のために存在するというようになってしまったときに、解決策が協力してつくられ、それぞれにとって受け入れ可能なものになるかもしれない。しかし仮にどんな解決策に至ろうとも、それが結果として国内的な緊張をただちに引き起こす原因になってもおかしくはない。とりわけ、強い共通の一体感がない場合にはそうなりやすい。

つまり、緊張感が高まる可能性はかなり高いのである。なぜかといえば、すでに述べたように全国規模のデモクラシーの場合は、決定の多くが、特定の人びとの利益を損ねるものとして見られやすい傾向をもっているが、同様のことが国際組織の場合にも起こるからである。場合によっては特定のグループ、宗教団体、国家といったものによってきわめて重い負担を負わされてしまう決定もあるかもしれない。こうした緊張を耐え抜くためには、制度をささえる政治文化が存在していれば、大いに役に立つ——というよりも、必ず必要になるかもしれない。しかし、政治文化を育てるには長い時間がかかる。数世代が必要かもしれない。さらに、選挙に敗れた側にも政策決定が広く受け入れられ、強制しても、それを甘受してもらえるようになるためには、民主的な国の国内に存在している一体感と同じ、なんらかの一体感が人びとの間に共通にもたれるようにしなければならないだろう。

国際組織の民主化のために必要となるこうした厳しい要求がすべて満たされるということは、とてもありえそうにないことのようにわたしには思われる。しかし、こうした要求が満たされないとすれば、どんな手続きを経て国際的な政策決定がなされているのだろうか。わたしが思うには、主として、エリート政治家やエリート官僚――大統領や首相、大臣、外交官、政府系および非政府系官僚組織のメンバー、ビジネス界のリーダーなどの人びと――のあいだの取引《バーゲニング》を通じて行なわれるだろう。民主的な政策決定がエリートたちによる交渉の領域外で行なわれることもあるが、国際システムのなかでのこうした政治的現実を「民主的」と呼ぶならば、このことばの意味をすべて骨抜きにしてしまうことになるかもしれない。

民主的国々の内部に、強固な多元的社会が存在すること

デモクラシーがたとえ世界的な規模に拡大することはなさそうだとしても、民主的な国はどこでも、小さな単位を内部にもつ必要がある、ということを心に留めておくことは大切である。近代においては一つの国のなかに、驚異的な数にのぼるさまざまな種類の小さな単位が存在している。これ以上ないというくらい小さな国の場合でも、民主的である場合には各都市に地方政府を必要としている。大きな国々の場合にはそれ以外の地方政府をもってもよいだろう。地区、郡、州、自治区《プロヴァンス》、地域《リージョン》、その他の地方政府である。世界的なものさしをあてはめれば小さな国でも、そこには独立した集団や組織が豊富に存在している必要がある。すなわち、多元的な市民社会《プルーラリスティック・シヴィル・ソサエティ》こそ欠くことができないものなのである。

国家と社会の両方に関係する小集団――たとえば、労働組合、企業、特定の目的をもった利益集団、教育組織、その他――をどのように運営していくのが最善なのかについては、正しい答えが一つしかないというわけではない。つまり、民主的な運営が、すべての集団で当然と見なされているわけでは

ないだろう。また、能力や権限に明らかな違いがあれば、集団ごとのデモクラシーの規準にどの程度適合すれば正統性を得られるかといった範囲におのずと違いがあるのではないだろうか。また、民主的な運営が妥当な場合でも、必ずしも最善なデモクラシーの形態が一つしかないというわけではない。

しかしながら、あらゆる政治の非民主的な側面は、国家とその構成単位であれ、多元的な市民社会のなかの独立した集団であれ、そのすべてが問題視されなければならない。デモクラシーの原理に照らせば、どんな集団の運営にかんしても疑問がいくつか出てくるのである。

・意志決定を行なう場合に、こうした決定に関係のある人びとすべての利益や関心事が、集団運営において、平等なものとしてしっかりと配慮されているだろうか。

・集団を統治するための能力が他の人よりもきわめてすぐれているメンバーがいても、その人たちに集団を運営する権限を全面的かつ最終的に委任する方がよいのだろうか。もしそうすべきでないとすれば、集団の運営にあたって、わたしたちは、集団のメンバーを政治的に対等な者どうしとして考慮する必要があるのではないだろうか。

・もしメンバーが相互に政治的に対等であるとすれば、そのときには、集団の運営は民主的な規準に合致しているというべきではないだろうか。もし合致しているとして、それでは、どの程度まで、集団は、実効性のある参加の機会をメンバーに提供したらよいのか。また、投票の平等やアジェンダの理解を促進したり、アジェンダに対する最終的なコントロールを行なったりすることについてもどの程度提供したらよいのだろうか。

組織はほとんど、あるいは、すべてといってもよいかもしれないが、ある程度デモクラシーの要素をもっているし、デモクラシーをいっそう押し進める余地がかなりある。

第一〇章　多様性——その2　さまざまな憲法

さまざまな規模のデモクラシーがあるように、民主的な憲法といっても、さまざまな様式や形態のものがある。しかし、民主的な国でも、その国によって憲法が違っているということが本当に問題なのか、みなさんはそんな疑問をもつかもしれない。その答えは、問題でないとも言えるし、問題であるとも言えるし、もしかしたら問題かもしれない、とも言える。

以下において、そう思われる理由を説明してみたい。まず手始めに、主に、古くからの民主的な国々の憲政上の経験を説明することから始めてみよう。そうした国々は、一九五〇年以来民主的な制度が基本的なものとして、ずっと続いてきた以下の二二カ国である。すなわち、オーストラリア、オーストリア、ベルギー、カナダ、コスタリカ、デンマーク、フィンランド、フランス、ドイツ、アイスランド、アイルランド、イスラエル、イタリア、日本、ルクセンブルク、オランダ、ニュージーランド、ノルウェー、スウェーデン、スイス、イギリス、アメリカである(1)。

これらの国々に見られる多様さを知れば、民主的な憲法にもさまざまなものがありうるという考えを十分に理解できるようになるはずである。しかしながら、新しく民主化された国々の憲法を取り巻く状況が、そうしたことがらを理解するのに重要でないということではない。実際、そうした国々は、民主化の成功を決定的に左右しうるという意味では、きわめて重要だと言うことさえできるかもしれない。

憲法と憲法上の規定について説明するにあたって以下においては、これらの用語を広い意味で使ってゆきたい。そうすることで、憲法に限らず、選挙のシステムや政党制などの現実において重要なことがらも含めて説明できるようになるからである。そうする理由は、次章で明らかにしてゆきたい。民主的な憲法といっても、重要な変種《ヴァリエーション》が多数あるが、それらはいったいどのようなもので、どの程度重要性をもっているのだろうか。

憲法の多様性

成文憲法か不文憲法か　不文憲法というのはことばの矛盾であるように思われるかもしれない。しかし、しっかりとした基礎をもっている制度や慣例が、その国の憲法として一つの文書の形でまとめられていなくても、憲法の体系を構成するものとして理解されている国々もいくつかある。古くから民主的であった国々のなかでは(さらに新たに民主的な国々に仲間入りをした国々のなかでも確実に)、イギリス、イスラエル、ニュージーランドの三つの例外的ケースからもわかるように、きわめて特異な歴史的経緯から不文憲法が成立したのである。しかし、今日では、成文憲法を採用することが一般的な慣行になってきている。(2)

権利章典　憲法というものは、はっきりとした権利章典を含んでいるものなのだろうか。この場合もまた、古くから民主的であった国々のなかには、憲法上に権利章典がはっきりと表明されていない場合もあるが、今では、権利章典を憲法に盛り込むことがふつうになっている。イギリスでは、歴史的な理由で、成文化された憲法が存在しないために、例外としてきわだっている(しかし、その場合でも、権利の理念が強力に支持されている)。

社会権と経済上の権利　アメリカ合衆国憲法をはじめとして、古くからの民主的な国において、一九世紀以来存続している憲法では、社会権と経済上の権利にかんしては、ほとんどはっきりとは触れていないが、(3) 第二次世界大戦後に採用された憲法には、それらの権利が含まれている。ただし、社会権と経済上の権利が盛り込まれていても(時には、長々と規定されている場合もあるが)、単なるシンボリックな規定の域を出ない場合もある。

連邦制か単一制か　連邦制では、ある一定の比較的小規模な地域――たとえば、州《ステイト》、自治区《プロヴァンス》、地域《リージョン》――が、一つの単位として政府をもち、永続性と重要な領域にまで及ぶ権限を保証されている一方、単一性の場合には、小規模な行政区域の有無やその権限は、中央政府の方針によって大きく左右される。古くから民主的な国々二二カ国のうち、六カ国(オーストラリア、オーストリア、カナダ、ドイツ、スイス、アメリカ合衆国)だけが、厳密な意味での連邦制にあたる。六カ国とも、連邦制度は特殊な歴史的経緯によって採用されたものである。(4)

一院制議会か二院制議会か　二院制議会の方が一院制よりも広く取り入れられているが、イスラエルでは今まで一度も第二院を設置したことはなかったし、スカンディナヴィア諸国とフィンランド、ニュージーランドも一九五〇年以後上院を廃止して今日に至っている。

違憲立法審査権　最高裁判所が、国民議会の正式に制定した法律を違憲であると宣告することができるかどうか。違憲立法審査権として知られているこのしくみは、連邦制度を取り入れている民主的な国で一般的に見られる特色である。そのようになった理由は、全国的な憲法が、州、自治区《プロヴァンス》、(スイスの)州《カントン》等の制定する法律に優越するようにするには、そういったしくみが必ず必要だと見なされたからにほかならない。しかし、もっと切実な問題は、裁判所が国民議会の制定した法律を違憲と宣告できるかどうかということである。事実、スイスでは違憲立法審査権を州《カントン》の立法に対してだけに制限している。しかしながら、さきほど確認したように、民主的な国は大部分が連邦制を採用していない。また、単一制のシステムを採用している国のうちでなんらかの違憲立法審査権を認めている国はおよそ半分にすぎない。しかも、違憲立法審査権を認めている国のうちでも、裁判所がこの権限を行使する範囲はさまざまである。たとえば、アメリカ合衆国のように、最高裁判所が時に極端に強大な権力をふるう国のような場合もあれば、反対に、裁判所が議会の決定に対してそれを最大限に尊重する国のような場合もある。多様性のなかで、おもしろい例を示しているのはカナダである。カナダは連邦制を採用しており、最高裁が州法に対しても、連邦法に対しても違憲を宣告する権限を与えられている。ところが、州議会も連邦議会も二回目の採決で賛成多数であれば、裁判所の決定をくつがえし、問題になっている法案を可決することができるのである。

裁判官の身分は終身制か任期制か　アメリカでは連邦(すなわち、全国民《ナショナル》を代表する)裁判所の裁判官は、憲法の規定によって、終身身分を保証されている。終身身分保証の利点は、裁判官が政治的圧力に屈しないような強い独立性が確保できることである。しかし、同時に裁判所が違憲立法審査権も持っている場合には、裁判所の判断がすでに古びてしまったイデオロギーを反映しているときに、国民や議会の多数意見の支持を得られなくなる可能性も出てくる。結果的に裁判所が違憲立法審査権を使って改革を妨げるという事態が発生することもあるのである。アメリカではこういった事態が時々発生するが、有名な例としては、フランクリン・D・ローズヴェルト大統領の指揮下で行なわれた一九三三年から一九三七年に至るニューディール時代のことを挙げることができる。第二次世界大戦後、アメリカの方法を模範にして民主的な国のいくつかの憲法に違憲立法審査権が盛り込まれた。しかし、裁判官の終身身分保証は採用されず、長期間その地位に留まることはあるにしても、ドイツやイタリア、日本のように任期制の方が人びとの支持を得られている。

国民（住民）投票制《レファレンダム》　全国的な規模で国民投票を行なうことは可能なことなのだろうか。あるいは、憲法を修正する場合には投票を義務化した方がよいのだろうか。部分的ではあるが、考えるヒントを提供してくれているのはスイスである。すなわち、スイスの場合には、国民全体にかかわる問題について国民投票を行なうことが認められているだけでなく、憲法を修正するさいには義務化されている。しかも、国民投票は頻繁に実施される。それと正反対なのがアメリカの場合である。国民投票にかんする規定はアメリカ合衆国憲法には存在しない（しかも、全国レベルでの国民投票は今まで一度も実施されていない）。ただ、州レベルでの住民投票はふつうのことで、多くの州で実施されている。しかしまたアメリカとは対照的に、古くから民主的な国々では、国民投票を過去最低一度は実施しているという国が大半を占めている。

大統領制か議院内閣制か　大統領制のもとでは、大統領が立法府とは別に独自の選挙で選ばれ、憲法によって、絶大な権力を与えられている。議院内閣制の場合には、首相は議会で選ばれ、時には議会によって解任されることもある。大統領制の典型的な事例はアメリカであって、議院内閣制の典型的な例はイギリスである。

大統領制は一七八七年の憲法制定会議で代議員たちによって考案されたものである。当時、代議員のなかにはイギリスの(不文)憲法を高く評価する人も多かった。その理由は、「権力分立」が確立していて、司法権が立法権からも行政権からも独立し、立法権(議会)が行政権から独立し、行政権(君主)が立法権から独立している、こうした点を高く評価したからだった。代議員たちは、イギリスの立憲政治の美点を熱心にまねようとしたが、君主制度は明らかに最初から問題外だった。したがって、彼らの頭を悩ませた問題は、執行権をどうするかということだった。役に立つモデルが歴史上になかったために、代議員たちは、この問題に二カ月間ほど悪戦苦闘して、ようやく大統領制という結論に到達したのである。

憲法制定会議は、多くの才能を結集し、憲法作成に驚異的な能力を発揮したが、時が経つにつれて、歴史上の記録が示す以上にすぐれた先見の明が代議員たちにあったのだということがわかってきた。それは常に人間が陥りがちな、誤りやすさという宿命さえも免れていると言ってもよいかもしれない。もちろん、アメリカの大統領制(あるいは、大統領と議会の相互協働システムと呼ぶ方が適切かもしれない)の創始者たちは、たくさんのことを発明したが、自分たちの発明したしくみが二世紀後にどんな進化を遂げるかについて見通すことは、そうしようと思ってもできることではなかった。また、議院内閣制が発展して、大統領制に対するもう一つの選択肢になり、広く採用されて問題解決に役立つようになるということも予想の範囲を越えたことだった。

ところで、アメリカ人にとって議院内閣制は、今となってはほとんど現実的なものとしては考えられない制度であるが、仮にもし、その三〇年ほど後に憲法制定会議が開催されるようなことがあったとすれば、代議員たちが議院内閣制を提案することもありえたかもしれない。というのは、アメリカ人(さらに言えば、イギリスの研究者たちも同様)が十分わかっていなかったことは、イギリスの憲法システムそれ自体が急速に変化を遂げてきたということである。端的に言えば、イギリスの憲法の体系は進化を遂げて議院内閣制に変化したのである。すなわち、執行権は実際には首相と内閣に帰属しており、国王に帰属しているわけではないのである。しかも首相を決めるのは名目上は国王であっても、現実には議会(後には、下院)の多数派によって選出され、議会多数派の支持がある場合にのみその地位にとどまることができるようになっていった。首相は次に自分以外の閣僚を選出する。このシステムは、一八一〇年ごろまでにはかなり多くの国で採用されるようになった。

結局のところ、古くから民主的で、今日でも安定している国々、すなわち民主的な政治制度が一九世紀から二〇世紀初頭にかけて発展し、持続してきた国々の場合には、大統領制ではなく、多彩に変形した議院内閣制が、憲法上の規定として受容されるに至っている。

選挙制度　選挙で一票を投じた有権者の選択を、国会の議席配分に正確に反映させるためにはどうしたらよいのだろうか。たとえば、ある政党の総候補者が、仮に選挙で三〇パーセントの得票率を得たとすれば、議席も三〇パーセント近くを占めることになるのだろうか。それとも一五パーセント程度にとどまるのだろうか。選挙制度について、厳密な意味での「憲法」に規定を盛り込む必要はないが、すでに前述した通り、憲法の体系の一部としてそれを捉えておいた方がよい。なぜかと言えば、選挙制度は、憲法の体系のさまざまな部分と相互に影響し合う関係にあるからである。この問題は次章でもっと詳しく考えてみたいと思う。

憲法の相違について列記しようと思えば、さらに相違点を示すこともできるだろうが、今まで挙げてきた点だけでも、古くから民主的である国々のなかで、憲法上の規定が多様であることを示して余りある。そのうえ、ここまで述べてきた相違はどちらかと言えば、一般的なものに属する。もっと具体的なレベルまで踏み込んで観察してゆけば、いっそう重大な相違が見つかるはずである。

このように見てくると、みなさんは、民主的な国々の憲法は重要な点で違っていると結論づけるかもしれない。しかし、多様であることで、それぞれの憲法はいっそうよくなっているのだろうか、すなわち、いっそう民主的になっているのだろうか。あるいは唯一最善の民主的な憲法のタイプというものがあるのだろうか。

こうした疑問はさらにまた別の問題を提起する。すなわち、それぞれの憲法を比較してどれが望ましいものなのかを評価するにはどうしたらよいか、という問題である。なんらかの判断規準がなくてはならないのは明らかである。

憲法になぜ違いが出てくるのだろうか

憲法は、一国のデモクラシーにとって、さまざまな点で重要な存在であると言ってよいだろう。

安定性　憲法があれば、第八章で説明した、デモクラシーの基本となる政治制度が安定性のあるものになるように思われる。憲法というものは、政治の基本的枠組みを民主的なものにつくり上げるだけでなく、基本的な政治制度に必ずなくてはならない諸権利やさまざまな保証をすべて確保してくれるのである。

基本権　憲法は、多数派の権利も少数派の権利も、ともに護ってくれる。この規準は、右の第一の規準のなかに暗に含まれているものではあるが、民主的な憲法といってもさまざまなので、多数派にも少数派にもともに基本的な諸権利や義務が保証されることについて、特に注意を促しておくことは意味のあることである。

中立性　憲法があることによって、その国の市民のあいだに中立の立場を維持することが可能となる。憲法のもろもろの規定は、基本的な権利や義務を保証してきたが、同時にまた、立法過程で、特定の市民や市民グループの意見だとか、彼らが正統とした利益だとかが偏重されたり、反対に排除されたりすることが絶対にないようにすることもできる。

応答責任《アカウンタビリティ》　憲法は、市民が指導者たちの行なう決定や行動や管理に対して、「妥当な」時間の範囲内で、きちんとした説明をさせるようなしくみをつくり出すことができる。

公正な代表　デモクラシーにおいて、「公正な代表」とは何を意味するのだろうか。このテーマは永遠の論争を引き起こしてきたが、その理由の一半は次の二つの規準と関係がある。

十分な情報に基づいた合意《インフォームド・コンセンサス》　憲法のおかげで、市民も指導的立場にある人も、法律や政治にかんして、十分な情報にもとづいた合意形成を行なうことを促されるように思われる。それというのも、憲法が、多種多様な利害を調整するように導く交渉や和解、それに連携へと向かう機会や動機を政治指導者たちに与えてくれるからである。こうした点については次章以下でもう少し掘り下げて検討してみたいと思う。

効果的な行動のできる政府　効果的ということばでわたしが意味していることは次のようなことである。すなわち、市民が、主要な課題であると見なすもの、すなわち、現在市民の目の前にあって解決を要する問題、しかも、それを解決するためには、政府が行動を起こすのが適切だと思われる課題、そういった課題を処理するために政府が行動するということである。効果的な行動のできる政府かどうかが特に重要になるのは、戦争が引き起こす緊急事態に直面したときだけでなく、戦争の兆し、切迫した国際的緊張、厳しい経済不況などをはじめ、それに類する危機によってもたらされる切迫した非常時である。しかし、もっと通常のときでも、市民と指導者双方が同じ主要な課題をアジェンダと考える場合には、効果的に行動できる政府が同様に大切になる。たしかに、短期的に見れば、非民主的な政府が、民主的な政府よりもはるかにうまくこの規準を満たすこともあるかもしれない。しかし、長期的に見た場合にもそうであるかどうかはきわめて疑わしい。いずれにしても、わたしたちが大切だと考えているのは、デモクラシーの限界の内部で機能する政府である。すなわち、デモクラシーの限界の範囲内で、政府が主要課題にとりくむさいに、行き詰まりや遅延をそれ以上こじらせたり、責任回避したりすることを阻止し、逆に、そうした難題の解決に向けて行動を起こすことを促す。そういう憲法システムを望むことは理にかなっていると言えるだろう。

要求にかなう決定　効果的に行動ができる政府が望ましいことは、おそらく言うまでもないだろう。しかし、政府に決断力があって、断固たる行動を取ることには向いているが、その反面、憲法のせいで、その国のかかえるアジェンダのなかの緊急課題を解決するために有用な最高の知識が利用しにくくなっているような場合には、その憲法を高く評価することはできないだろう。決断力のある行動が、賢明なる政策の代わりをすることはできないのである。

透明性と理解可能性　この二つの規準を取り上げることでわたしが言いたいことは次のことである。すなわち、政府の行なうことは、公的な目で監視できるようにオープンになっていなければならないし、そのうえ、政府が行なっていることと、その方法が市民にたやすく理解できるものであることが必要だということである。したがって政府というものは、何をしているのかが市民に理解できないほど複雑な構成になっていてはいけないのである。なぜなら、市民が自分たちの政府のしていることを理解できないし、政府の指導者たちに十分な説明責任を負わせることもできないからである。このことは、特に選挙のときには欠かすことのできないことである。

弾力性　憲法の体系は、厳格な構成になりすぎていてはいけないし、条文も運用の流儀も固定された変化の乏しいものであってはならない。なぜかと言えば、それでは、新しい状況に対応することが不可能になるからである。

正統性　以上述べてきた一〇の判断規準に合致していれば、憲法は十分に正統性をもったものになり、市民やエリート政治家の忠誠を獲得して、確実に長期間存続できるようになることはまちがいないであろう。しかしながら、特定の国の場合、他のなににもまして伝統的で広範に承認されている規範の正統性と合致することによって憲法が矛盾なく機能しているような例もある。たとえば、共和政論者の多くにとっては矛盾したものに思われるかもしれないが、国王を国家元首として存続させて、君主政をポリアーキーの要件に適合させることで、民主的な憲法にいちだんと正統性を賦与してきた国もある。スカンディナヴィア諸国、オランダ、ベルギー、日本、スペイン、イギリスである。しかしそれと対照的に、その他の民主的な国の場合には、そのほとんどが、国家元首として君主を存続させることは、市民のあいだに広く共有されている共和主義的信条と正面から対立しあってしまうのである。そのようなわけで、一七八七年の憲法制定会議での、アレグザンダー・ハミルトンの終身大統領――つまり「選挙で選ばれた国王」――という提案は、ほとんど議論の余地もなく拒否されたのだった。そのときの代議員の一人だったエルブリッジ・ジェリーは次のように述べている。「われわれの親しい市民のあいだには、君主政に可能性を開くようなやり方に反対しない人は千分の一パーセントもいなかった」(5)。

これまで述べてきた相違点が、結果としてどれ程の違いを生み出すのだろうか

憲法のこうした相違は本当に問題なのだろうか。

この疑問に答えるためには、古くから民主的であった二二カ国という証拠だけでは不十分で、さらに二種類の証拠を付け足して提出しなければならない。一つは、「新しく」デモクラシーを採用した国々の経験から引き出すことができる一連の証拠である。すなわち、そうした国々では、デモクラシーの基本をなす諸制度が二〇世紀の後半になってから樹立され、維持されてきた国々なのである。もう一つの証拠は、悲劇的ではあるとともに、輝かしい歴史をもつ国々の経験のなかにある。そうした国々は、二〇世紀のある時点で民主的な制度をいったんは樹立したが、それが崩壊し、少なくとももし

ばらくのあいだ、権威主義体制の前に屈服してしまった経験をもっている。

こうした三種類の膨大な証拠については、決して十分な報告と分析がなされてきたとは言えないが、そこから、いくつかの重要な結論を引き出すことができると考えられる。

まず第一に指摘しなければならないことは、はじめに取り上げた国々の憲法はそれぞれ多様であっても、ともかく、安定したデモクラシーのなかで長いあいだにわたって存在し続けてきているということである。そのことから結論的に言えることは、憲法の規定は多様であっても、その多様性は、第八章で説明してきたポリアーキー型デモクラシーの基本をなすさまざまな政治制度と矛盾なく両立しうるということである。このように結論づけても、それは十分理にかなっているし、論理的に当然導かれる結論でもある。ポリアーキー型デモクラシーの政治制度は多様な種類の形態を取りうるということである。

なぜそうなるのであろうか。古くからきわめて安定度の高い民主政体であるこれらの国々の場合には、民主的な諸制度の基礎を安定させるのにきわめてふさわしい条件(第一二章で説明したい)が、いくつも底流として存在しているのである。こうした有利な条件があらかじめ存在していれば、今まで述べてきたような憲法の多様性は、デモクラシーの基本的な諸制度の安定性に大きな影響を及ぼすことは全くない。判断する規準を安定性にだけ求めれば、これまで説明してきた憲法の多様性は問題ではないと言えよう。したがって、民主的な国々はかなり広範にわたって自由に憲法を選ぶことができる。

しかし反対に、底流にある条件が、デモクラシーと決定的に相性が悪い場合には、いかなる憲法をつくってみてもデモクラシーを保持することは不可能である。

やや強調して要約すれば、まず次のような二点を指摘することができるだろう。根底にある諸条件がデモクラシーにきわめて有利な場合には、その国が採用することになるかもしれない憲法が仮にどんな憲法であっても、安定性は十分に確保できる。逆に、もし根底にある諸条件がデモクラシーにきわめて不利な場合にはどんな憲法であってもデモクラシーを維持することはできない。

しかし、もっと興味をひくそそられる第三の可能性がある。それは、根底にある諸条件が、デモクラシーにとって特に有利とは言えないが、かといって特に不利とも言えないような国の場合である。そういう国では、さまざまな条件が混在しているために、デモクラシーは危うさを秘めてはいるが、だからと言って、決して不可能であるというわけではない。こうした場合には、どんな憲法にするかが重大な問題になる。要約すれば、以下のようになる。つまり、根底にある諸条件が雑多で、デモクラシーに有利な条件と不利な条件それぞれが混在しているような国の場合には、**憲法がうまく工夫されていれば、民主的な諸制度の存続を促すことができるかもしれない。**しかし反対に、**憲法がよく練り上げられてない場合には、民主的な諸制度を崩壊させる引き金になりかねない。**

最後に、安定性はたしかに重要ではあるが、それだけが唯一実際的な規準ではないということにも言及しておかなければならない。もし憲法の条文を別の規準で評価するとすれば、デモクラシーの安定にきわめて有利な条件をもっている国の場合でさえ、大きな問題をはらんでいるかもしれない。というよりも、必ず問題をはらんでいるはずである。憲法の条文というものは、民主的な国の政治制度を具体化したものなのである。すなわち、行政府、立法府、裁判所、政党制、地方自治などを具体的に定めているのである。こうした諸制度のあり方が、今度はまた、立法府における代表の公正さや、政府の統治能力に重大な作用を及ぼすかもしれないし、その結果として、憲法の条項が政府の正統性に影響を与えてしまう可能性さえもある。根底に流れている諸条件が雑多であって、デモクラシーの安定の見通しが多少なりとも不確実な国の場合には、憲法の違いがとりわけ問題になってくる。

実際この見解には根拠があると思われるので、次章で理由を探究してみることにしたい。

第一一章　多様性――その３　政党と選挙制度

民主的な国の政治のあり方を決定するうえでもっとも大きな役割を演じているものは、選挙制度と政党である。しかも、これほど多様さを示しているものは他にはない。

実際この両者とも国によって違いがきわめて大きいために、自分の国の選挙の方法や政党制になじんでいる人の目には、民主的であっても自国以外の政治のあり方は理解しがたいものに映るし、仮に理解できたとしても、あまり魅力的なものには思えないものである。二大政党だけで選挙が争われる国の市民から見れば、多党制の国は政治的カオスのように映るかもしれない。反対に、多党制の国の市民にとっては、必ず二大政党のどちらかから選択しなければならないというしくみは、政治的な選択の自由を束縛されているように感じるかもしれない。このそれぞれの国の市民が、相互に相手の国の政党制を調査する機会があるとすれば、もし違いを発見しても、それを混乱と見ることさえあるかもしれない。

こうした多様性をどう説明したらよいのだろうか。ある選挙制度や政党制が他の選挙制度や政党制より民主的だということがあるのだろうか。あるいはその他の点でよりすぐれているということがあるのだろうか。

そこでまず初めに、選挙制度の主なものを見ておくことにしてみよう。

選挙制度

選挙制度は限りなく多様である[1]。その理由のひとつは、選挙制度の善し悪しを決める規準を完全に満たす選挙制度などどこにもないからである。選挙制度には、つねにトレード・オフの関係がつきものである。特定の価値を実現するような制度を選べば、他の価値の実現を犠牲にすることになってしまう。

なぜそういうことになるのだろうか。手短に、ある程度納得できる答えを出すために、数ある選挙制度を二つだけにしぼって考えてみたい。

比例代表制　古くからデモクラシーを採用している国々で、もっとも一般的に行なわれている選挙制度が比例代表制である。この制度は、慎重に考えてつくり出された制度で、ある政党に投じられた投票総数が全投票数に占める割合と、議会で政党が獲得する議席数の割合とのあいだに緊密な対応関係をつくり出すことを狙いとしている。たとえば、全投票数の五三パーセントの投票数を得た政党は、全議席数の五三パーセントの議席を占めるようにするということである。こうした選挙のしかたがふつう比例代表制(proportional representation＝PR)といわれているしくみである。

小選挙区制　もし比例代表制が、公正《フェアネス》という評価にかなうように意図された制度であるとするならば、民主的な国々ではどこでもその制度を採用するはずだと考える方は多いかもしれない。しかし、その制度を採用していない国もある。そうした国々は別の選挙のしかたを選択し、それを維持しているのである。すなわち、選挙で最大多数の得票数を獲得した政党が占める議席の割合をできるだけ大きくしようという制度である。たとえば、ある政党が仮に五三パーセントの得票を得たとすれば、その政党に総議席数の六〇パーセントを与えることになる。この種の選挙制度はイギリスとアメリカで採用されているものである。この制度のもとでは、一選挙区から一人の候補者を選出することになるが、その場合一票でも多くの票を得た候補者が当選となる。このしくみは競馬にたとえて、一番が勝つ制度(first-past-the-post system＝FPTP)〔小選挙区制のこと〕と呼ばれている。

◎用語の解説

アメリカでは、こうした選挙方式は、相対多数制(plurality system)と言われることが多い。その理由は相対的に多数(過半数を越える必要はない)の票を獲得した候補者が当選となるからである。この選挙制度を、政治学者は「相対多数の選挙で選ばれる一人一区制」と呼ぶことが多い。事実そのままではあるが、極端に煩わしい名称である。それを表現するのに、一番が勝つ制度(ＦＰＴＰ)という言い方がふつうに使われているのはイギリスであるが、本書ではこちらの言い方を採用したいと思う〔本訳書では、すべて小選挙区制と訳す〕。

比例代表制と小選挙区制　すでに指摘した通り、自由かつ公正という必要条件をもっともよく満たすのはどのような選挙制度なのかという問題をめぐっては、依然として議論が続いている。しかし、小選挙区制の批判者たちが強く主張している点は、それが、一般的に言って公正な代表という評価にあたいしないし、時にはひどくその原則を損なうということである。たとえば、一九九七年のイギリス総選挙の結果、労働党は議会の総議席数の六四パーセントを獲得した。これは近代イギリス議会史上最大の議席数である。しかし、得票率はわずか四四パーセントにすぎなかったのである。保守党は、三一パーセントの得票率で、たった二五パーセントの議席数、そして気の毒なのは自由民主党で、一七パーセントの有権者の支持を受けたのに、なんと、議席は七パーセントしか得られないという結果だった(その他の政党の候補者は、あわせて七パーセントの得票率で、議席占有率は四パーセントだった)。

ある政党に投じられた投票数の割合と、その政党が獲得する議席数の割合とのあいだに、どうしてこのような相違が生じるのであろうか。この理由を解明するために、ためしに小規模な民主的システムを考えてみることにしよう。そのシステムのなかにはメンバーが一〇〇〇人しかいなくて、有権者数が等しい一〇の選挙区に分かれているとする。そして、有権者たちは投票によって、各選挙区ごとに一名ずつの代表を立法府に送るのである。この小さな民主的システムのなかで、五一〇人の有権者(つまり、五一パーセント)が青色党に投票し、四九〇人(つまり、四九パーセント)が紫色党に投票したとしてみよう。さて次に、(ありそうには思えないかもしれないが)この小規模な民主的集団ではどの選挙区でも各人の支持政党が一律であると仮にしてみよう。つまり、一〇の選挙区それぞれで、青色党に投票する人が五一パーセント、紫色党に投票する人が四九パーセントずついるということになる。そうすると、選挙はどんな結果になるだろうか。青色党は、すべての選挙区で当選者を出し、全議席数の一〇〇パーセントの議席を獲得することになる。その結果、議席の比率一〇対〇の議会「多数派」が形成されることになるのである（表2の事例1）。ある国全体について考えるためには、この方式が行なわれる規模を全国レベルにまで拡大し、選挙区の数をもっとずっと増やしてみればよい。結果は同じことになるはずである。

このような状況では、どんな民主的な国であっても小選挙区制を存続させることは明らかに困難で

表2 仮想例による小選挙区制度の説明
（10の選挙区に，それぞれ100人の有権者がおり，2つの政党（青色党と紫色党）支持で分かれた場合）

事例1　支持政党が一律の場合

選挙区	投票		獲得議席数	
	青色党（票数）	紫色党（票数）	青色党	紫色党
1	51	49	1	0
2	51	49	1	0
3	51	49	1	0
4	51	49	1	0
5	51	49	1	0
6	51	49	1	0
7	51	49	1	0
8	51	49	1	0
9	51	49	1	0
10	51	49	1	0
合計	510	490	10	0

事例2　支持政党が一律でない場合

選挙区	投票		獲得議席数	
	青色党（票数）	紫色党（票数）	青色党	紫色党
1	55	45	1	0
2	60	40	1	0
3	40	60	0	1
4	45	55	0	1
5	52	48	1	0
6	51	49	1	0
7	53	47	1	0
8	45	55	0	1
9	46	54	0	1
10	55	45	1	0
合計	502	498	6	4

ある。こうした奇想天外な——そして明らかに非民主的な——結果が実際に起こらない理由は、政党支持が全国で決して一様ではないからである。つまり、青色党が六五パーセントの支持を得られる選挙区もあるが、一方、四〇パーセントの支持しか得られない選挙区もあるということである。そういった選挙区では当然紫色党が残りの六〇パーセントの支持を得ることになる。つまり、政党支持は、全国平均を中心にして、選挙区によってはそれを上回ったり、下回ったりと多様なのである。それを仮想的に描き出してみると表2の事例2のようになる。

したがって、はっきりしていることは、公正な選挙という観点から見て小選挙区制の結果が受容しうるものになるためには、政党支持が全国一律にならないようにしなければならない。反対に、投票しようとする政党への支持が全国一律になればなるほど、投票数と議席とのあいだの乖離がますます大きくなってしまう。こうして、国内における地域ごとの違いがなくなってくれば、一九九七年にイギリスで起こったように、小選挙区制の歪《ゆが》みは大きなものになってしまう。

今まで述べてきたことが事実であるとして、それでは、なぜ民主的な国々は小選挙区制をやめて比例代表制に移行しないのであろうか。一つの理由としてあげることができるのは、イギリスやアメリカのような国では、歴史や伝統の重みを無視できないということである。両国の場合、このシステムは代議制度の始まりから採用されて今日まで普及してきたのである。いちばんわかりやすい例はアメリカの場合である。アメリカの小選挙区制は、主なマイノリティー集団であるアフリカ系アメリカ人が各州議会と連邦議会に公正な代表を送ることを結果的に阻止してしまいがちになっている。アフリカ系アメリカ人の有権者が、少なくとも数名の議員を確実に州議会や連邦議会に送れるようにするために、議会と裁判所は選挙区の区割りを慎重に調整して、アフリカ系アメリカ人が多数派になるような地域をつくってきたこともあった。その結果として出来あがった選挙区は、地理的にも、経済的にも、歴史的にも何の関連性も持たないものになることがあった。比例代表制であれば、もしアフリカ系アメリカ人有権者が、アフリカ系アメリカ人の候補者に投票したとすれば、投票数に比例して、代表を議会に送ることができる。つまり、ある州で、たとえば、黒人有権者が二〇パーセントいるときに、もし望むのであれば、アフリカ系アメリカ人の議席占有率を二〇パーセント前後にすることも可能になるのである。

けれどもそうであるとすれば、なぜ、問題を解決する方策として比例代表制が採り入れられてこなかったのだろうか。その理由は主として、比例代表制への反感である。すなわち、アメリカでは比例代表制への反感がきわめて根強いために、議会も裁判所も、人種を理由とするゲリマンダリングの代わりになる選択肢として、それを真剣に取り上げる配慮をしてこなかったからにほかならない。

◎用語の解説

ゲリマンダリング(Gerrymardering)とは、政治的目的を断固として達成するために、選挙区を都合よく変えることを言い、アメリカでは古くから行なわれてきた。それはエルブリッジ・ゲリー〔もしくはジェリー〕の名前に由来する。彼は、すでに見てきたように、アメリカ憲法制定会議の代議員であったが、マサチューセッツ州知事に選ばれると、一八一二年、州議会で民主党が多数派を維持できるようにするために、議員を選出する選挙区の境界線を引き直すということをやってのけた。その一つ一つの選挙区を見たとき、サラマンダー〔伝説上の動物「火とかげ」。またはサンショウウオ〕の形に似ていると言う人がいて、それ以来、批判者はそれを「ゲリマンダー」と言うようになった。ゲリマンダーという用語は、動詞でゲリマンダーする(gerrymander)という意味ももっていて、その後、アメリカ人が使う英語の語彙の一つになっている。

小選挙区制を好む古くからの偏見は、とはいえ、ある程度合理的な理由によっても支持されている。つまり、その支持者たちの見解によれば、小選挙区制は選挙で勝った政党が増幅されて議会の多数派となる傾向をもっているために、好ましい結果を二つもたらしてくれるというのである。

二大政党制と多党制　小選挙区制の支持者たちが小選挙区制の利点としてあげる一つは、多党制ではなく二大政党制になりやすいということである。小選挙区制を擁護するときによく引き合いに出されるのが、まさに、第三党にとって不利であるために、二大政党制を生み出しやすいという理由である。反対に、比例代表制はふつう多党制をもたらす。英語圏の民主政体に特有の現象として見られるのは、二大政党制が非常に賞賛され、多党制はその分だけ嫌われ貶《けな》されるということである。それでは、どちらがすぐれているのだろうか。

二大政党制と多党制をめぐっては、議論が果てしなく続けられてきたが、相対的な利点をめぐって堂々めぐりの議論が続いているように見える。概して言えることは、おのおのの長所は、裏を返せば、おのおのの短所にもなるということである。たとえば、二大政党制の一つの長所とされている点は、選択肢を二つに単純化することで、有権者が投票するときに味わう悩みや迷いを小さくしてくれることである。しかし、比例代表制の支持者の立場からしてみれば、選べる選択肢をそのように極端に減らしてしまうことは、有権者の選択の自由を著しく損なうものである。さらに彼らは次のようにも指摘するかもしれない。二大政党制の場合、選挙は完全に自由に実施されるとしても、マイノリティーの代表を否定しているために、全面的に公正とは言えない。

有能な政府　二大政党制を支持する人は、同様に小選挙区制をも支持するが、その理由は、両者がきわめて深く関連しあっているからである。小選挙区制は、選挙に勝った政党の勝利をさらに増幅したかたちで議会内に多数派をつくり出すので、少数派政党が連合して、多数派政党の綱領——すなわち、多数派の指導者たちの言うところの「民衆の命令」——の実行を妨害することが非常に困難になる。議会内では、多数派政党が過剰に議席を占めているので、もし自分の党の議員のなかに、党を離脱して野党に鞍替えする者が出てきても、多数派政党の指導者たちは、そうした議員なしで十分に賛成票を集めることができるのがふつうである。こうして、小選挙区制は、有能さという規準に合致する政府をつくり出すことを可能にするとよく言われる。それと対照的に、比例代表制諸国の場合には、時として競合し対立しあう政党や政党の連合体が非常に多く議会内に生まれるために、連立による多数派の形成がきわめて困難かつ不安定になることもある。結果として、政府の能力が極端に低下することになる。よく例として引き合いに出されるのはイタリアの場合である。

しかしながら、小選挙区制を擁護する人びとが故意に見て見ないふりをしていることは、比例代表制を採用していても、二ないし三政党の連立によって安定的な院内多数派が形成され、詳細にわたる改革計画を立法化してきた国もあるということである。実際のところ、オランダやスカンディナヴィア諸国の例からもわかるように、比例代表制を実施している民主政体のなかのいくつかの国は、安定的で現実的な改革の文字通りのモデルとなっているのである。

憲法をより民主的なものにするための基本的な選択肢

ここまでくればおわかりいただけると思うが、憲法を新しくつくったり、現行の憲法をつくり変えたりする作業は軽々に取り扱われるべきことがらではない。その作業は、宇宙空間を探査する有人宇宙衛星をつくることに匹敵するほど困難で複雑なのである。ふつうの神経の持ち主であれば、宇宙衛星を作る作業を素人に任せたりすることは決してしないはずであるが、まさにそれと全く同様で、憲法を制定するためには、その国のなかで最も能力のすぐれている人びとが作業に携わらなければならないのである。ただし、宇宙衛星の製作と違う点もある。つまり憲法の重要な部分をどうしても改正しなければならないとすれば、被治者の賛同や同意が必要になるという点である。

憲法をより民主的なものにしようとする場合に考えられる主な選択肢と、そうした選択肢の多様な組み合わせとを考えてみると、膨大な数の代替案が浮かび上がってくる。さらに、すでに注意を促しておいたこと、すなわち、どんな一般的な代替案でも、それをもっと具体化しようとすれば、ほとんど無限大ともいえるような数の選択の可能性が生じてくるということをもはや再び繰り返す必要はないだろう。

しかしここでは、そうした注意すべきことがらはしっかり心に留めながらも、憲法をより民主的にするための代替案を考えるうえで、参考になりそうな一般的なガイドラインをいくつか提示しておきたいと思う。
まず初めに、選挙制度と行政府の長との組み合わせとして考えられるものを五つ指摘することから始めてみようと思う。

ヨーロッパ大陸型選択肢——議院内閣制と比例代表制の組み合わせ　古くからデモクラシーを採用してきた国々では、議院内閣制が圧倒的に多く採用されているし、全世界的に見ても民主政体のなかでは大統領制よりも優勢であることが多い(2)。すでに見てきたように、古くからデモクラシーを採用してきた国々が好んで取り入れている組み合わせは、ある種の比例代表制と、その制度によって選出された議員からなる議会制度なのである。この組み合わせはヨーロッパ諸国のあいだで優勢であるだけでなく、新しくデモクラシーを採用した国々も、このヨーロッパ方式をモデルにして、それに従っているので、ここでは、この両者の組み合わせをヨーロッパ大陸型選択肢と呼ぶことにしたい。

イギリス(あるいはウェストミンスター)型選択肢——議院内閣制と小選挙区制の組み合わせ　この組み合わせは、アメリカを除く英語圏でデモクラシーを採用している国々にその起源があり、同時にそこで普及しているので、ここではイギリス型選択肢と呼んでおきたい(イギリス議会のある場所にちなんで、ウェストミンスター・モデルと呼んでもいいだろう)。古くからデモクラシーを採用してきた国々のなかで、長期間この組み合わせを利用してきたのはわずか四カ国だけである。その四カ国とは、驚くにはあたらないが、イギリス、カナダ、オーストラリア、ニュージーランド(ただし、ニュージーランドは一九九三年にこの組み合わせを廃止した)である(3)。

アメリカ型選択肢——大統領制と小選挙区制の組み合わせ　古くからデモクラシーを採用してきた

国々のなかで、この組み合わせを取り入れているのはアメリカ以外にはない。したがって、これをアメリカ型選択肢と呼ぶことにしたい。新しくデモクラシーを採用した国々のなかでは、六カ国程度がこの組み合わせを選び取っている。

ラテンアメリカ型選択肢——大統領制と比例代表制の組み合わせ 大統領中心の政府への指向性が強い点では、ラテンアメリカ諸国も憲法上アメリカと同じ方向を向いている。しかし、実施してきた選挙制度はヨーロッパ型のもので、二〇世紀後半には、一般的にヨーロッパの経験を手本にしてきたと言ってよい。その結果一九九〇年代初めの時点で、民主的な制度が多少なりとも存在している一五のラテンアメリカ諸国では、憲法の基本的なパターンは、大統領制と比例代表制の組み合わせになった。(4) したがってこの組み合わせをラテンアメリカ型選択肢と呼んでおこう。

しかし印象的なことは、古くからデモクラシーを採用してきた国々では、この組み合わせを採用しているところはどこにもないということである——唯一の例外はコスタリカ。たしかに、古くからデモクラシーを採用してきた国々の場合には、比例代表制への支持が強く見られるが、すでに見てきたように、大統領中心の政府は圧倒的な力で拒絶されてきた。その例外として目立っているのがコスタリカである。コスタリカは、他のラテンアメリカ諸国とは違って、一九五〇年ごろからずっと安定したデモクラシーを維持してきたので、古くからデモクラシーを採用してきた国々のなかの一つに数えたいと思う。しかしながら、古くからデモクラシーを採用してきた他の国々とは違って、大統領制と比例代表制の組み合わせを取り入れている。

混合型選択肢——その他の組み合わせ ここまで取り上げてきた選択肢は、どちらかといえば「純粋」型であったが、古くからデモクラシーを採用してきた国々では、そうした「純粋」型と並んで、重要な点で純粋型から逸脱した組み合わせを憲法上に盛り込んできた国もあった。そうした国では、純粋型の長所を保持しながら、それがもたらす好ましくない結果を最小限に押さえようと努力するなかで、純粋型とは異なる組み合わせがつくられていったのである。たとえば、フランス、ドイツ、スイスの場合がそうで、憲法を制定するさいのすばらしい創造力を示す例となっている。

フランス第五共和制の憲法は、直接選挙で選ばれ、強大な権力をもった大統領と、議会に背後から支えられている首相の両方を規定に盛り込んでいる。また、フランスでは、小選挙区制による選挙制度も修正を加えられている。つまり、国民議会議員の候補者がだれも有権者の過半数の票を獲得できない選挙区では、引き続き第二回目の投票が行なわれる。この決戦投票には、第一回目の選挙で有権者登録をした人びとのなかの一二・五パーセント以上の票を勝ち取った人だけが候補者になることができる。このようなわけで、小政党は一回目の投票では、あちこちの選挙区で議席を獲得しようと必死になるが、二回目の投票では、政党もその支持者たちも、自分たちの一票を上位二名のうちのどちらかに投じようと意を決するようである。

ドイツの場合には、連邦議会議員の半数が小選挙区制で選出され、残りの半数が比例代表制で選出される。イタリアとニュージーランドでも、ドイツ方式の変形が採用されている。

スイスでは、人口構成の多様性に対応した政治システムを採用している。すなわち、行政の長は、議会で選出された任期四年の七名の大臣からなる合議制である。合議性の行政長官というスイス方式は、古くからデモクラシーを採用してきた国々のなかではユニークな形態である(5)。

民主的な憲法を考案する——そのさいのいくつかのガイドライン

これまで二章にわたって、古くからデモクラシーを採用してきた国々について取り上げてきたが、そうした国々の経験をふまえて、ここでは、以下に掲げるような結論を提示しておきたい。

・憲法の内容を変えてみても、それによってある国の基本的問題の大部分が解決されるということはない。また、どんな憲法であっても、その国の底流にある条件がデモクラシーにとってきわめて不利な場合には、デモクラシーを維持し続けることはできない。反対に、底流に流れている諸条件がデモクラシーにとってきわめて有利な国は、憲法の規定が大きく異なっても、基本的には、民主的な諸制度を維持し続けることができる。しかしながら、英知を結集して練り上げた憲法があれば、デモクラシーの基本をなす諸制度を存続させるうえで大きな役割を果たしてくれる場合がある。それは、根底にある諸条件が、デモクラシーに有利なものと不利なものとが混在しているような国の場合である(このような場合については、次章でもう少し詳細に検討してみようと思う)。

・もちろん、本来次のように言ってよい。ある憲法がよい憲法と言えるためには、最低限の政治的な安定を確保する能力を備えていること、という条件を満たしているだけでは不十分である。公正な代表、透明性、理解しやすさ《コンプリヘンシビリティ》、問題処理能力《リスポンスィヴネス》、有能な政府を備えていることもとりわけ重要である。憲法の条文それぞれも、ここにあげた価値と密接に関わらせながらつくることができるし、通常はそのようになされているはずである。

・どんな憲法の条文でも必ずなんらかの欠陥をもっているものである。つまり、合理的な規準をすべて満たす憲法は絶対に存在しないのである。しかも、新しい憲法を導入したり、憲法を変えたりすれば、必ずなんらかの不確定要因を抱え込む結果になると言わざるをえない。したがって、憲法をつくったり、つくり変えたりするときには、達成しようとする目標間にトレード・オフの関係があることや、変化にともなって発生する危険性や不確実性が、果たして受容しうる程度のものかどうかについて判断をくだしておくことが必要である。

・アメリカでは、大統領制に小選挙区から選出された議会が組み合わされたシステム、連邦制度、強力な違憲立法審査権、こういったものが十分に機能できるようにするために、二世紀以上にわたって政治文化を育み、政治的技能を発達させ、政治的実践が積み重ねられてきた。しかし、アメリカのシステムはとてもわかりにくいうえに、他の国ではおそらく同じようには機能しないように思われる。いずれにしても、今まで、アメリカ以外の国で広く模範とされてきたということはなかったし、今後も模範にされるべきではないであろう。

・大統領制中心の政府と比例代表制の結合というラテンアメリカの方式が、中央アメリカや南アメリカできわめて頻繁に発生したデモクラシーの崩壊の元凶にほかならないと主張する研究者もいる。(6) ラテンアメリカの場合、憲法の枠組みがデモクラシーに及ぼしている影響と、デモクラシーに反し、政治的分極化や危機を引き起こす根源になっている社会的諸条件とをはっきりと選り分けることはなかなか困難であるが、民主的な国々は、おそらく、ラテンアメリカ型の選択肢は避けた方が賢明だろう。

ところで、トマス・ジェファーソンは、フランス革命とアメリカ革命に対する楽観的な感情に動かされて、革命はどの世代にとっても好ましいことである、と主張したことがあった。二〇世紀の今日、無数に引き起こされた革命が悲劇的な結末を迎えただけでなく、独裁的な体制をも生みだしてしまったことを考えれば、もう、こうしたロマンティックな見解に同意するわけにはいかない。しかし、次のようにしてみることは、必ずしも悪いことではないかもしれない。すなわち、民主的な国、あるいは、過去にデモクラシーを二〇年程度経験したことがある国で、憲法学者、政治指導者、情報を十分もった市民、このような人びとが集まりをつくって、自分たちの憲法を今までの経験に照らして評価してみることである。しかしその場合には、自分たちの国だけでなく、外国の民主的な国々の経験から得られる知識の量も飛躍的に増えてきているので、そうしたものに照らして評価してみることもあわせて行なったほうがよい。

第四部　デモクラシーに有利な条件と不利な条件

第一二章　デモクラシーにとって好ましい基礎的条件は何か

二〇世紀は、デモクラシーが失敗を繰り返してきた時代だった。デモクラシーが崩壊し、全体主義体制に道を譲った例は七〇を越える[1]。しかしまた、二〇世紀はデモクラシーが輝かしい勝利を収めた時代でもあった。二〇世紀が終わらないうちに、デモクラシーの勝利の時代が訪れた。デモクラシーの理念、制度、実践の影響力が地球規模に拡大したおかげで、今世紀は、人類史上最もデモクラシーが繁栄を謳歌した時代となった。

そこでわたしたちは二つの疑問に直面することになる。というよりも、同一の疑問を二つの方法で提示することになる。まずはじめに、民主的な制度の確立が、全世界のこれほど多くの地域で、これほど多くの国々によって行なわれたということをどう説明したらよいのだろうか。次に民主的な制度の導入に失敗した例についてはどう説明したらよいのだろうか。完全な解答を提示することは不可能であろうが、二組の要因、それも相互に関連しあっている二組の要因が、疑いもなく決定的に重要な役割を演じている。

デモクラシーに代わる選択肢の消滅

まず第一に指摘しなければならないことは、今世紀のあいだに、デモクラシーに代わる主要な選択肢の大部分がデモクラシーとの競争に敗れてしまったということである。すでに二〇世紀初頭の二五年間ぐらいまでには、王による支配、世襲貴族による支配、少数者による直接的支配といった、人類の歴史とともに古くから全世界の人びとの信条と実践とを牛耳ってきた非民主的な政治形態が、決定的に正統性を失い、イデオロギー的にも弱体化してしまった。そうした非民主的な政治形態が消滅した後に、それに代わってもっと広範な人気を集めた非民主的な選択肢が、ファシズム、ナチズム、レーニン主義をはじめとする全体主義的な信条と政治形態であった。しかし、それらが力を誇っていたのもほんのわずかな期間だけであった。特にファシズムとナチズムは第二次世界大戦での枢軸国の敗北によって致命的な傷を負ってしまった。また今世紀後半になると、特にラテンアメリカに顕著だった軍事独裁政権も、経済、外交、軍事(アルゼンチンの場合)の失敗の重みに耐えかねて崩壊してしまった。そして今世紀最後の一〇年を迎えると、レーニン主義が、内部からの腐敗と外部からの圧力とを受けて、回復不可能なほど弱体化し、突如、崩壊してしまった。それは、長いあいだ存続し、デモクラシーにとってもっとも重大なライバルである全体主義陣営としてのソビエト共産主義体制に具体化されていたものであった。

それでは、今や、デモクラシーは全地球的にゆるぎない地位を確保したのであろうか。アメリカの大統領だったウッドロウ・ウィルソンが、第一次世界大戦の終わった一九一九年、楽観的に(そして、後で誤りだとわかったが）宣言したように、世界はついに「デモクラシーにとって安全になった」のだろうか。

その答えは、残念なことに、ノーである。デモクラシーの最終的勝利は、実現されなかったし、実現が身近に迫ったこともなかった。たとえば、世界で最も人口が多く、世界屈指の強国である中国は、今まで一度も民主化されたことはなかった。中国の人びとは、輝かしい文化を築き上げた四千年の歴史を通して、一度たりともデモクラシーを経験したことはなかったのである。そして、中国が近いうちに民主化される見通しがあるかと言えば、それは、はなはだ疑わしいと言わざるをえない。さらに、世界の他の地域でも非民主的な体制はあちこちに生き残っている。たとえば、アフリカ、東南アジア、中東、ソ連崩壊後に出現した国々などである。非民主的な国々では、デモクラシーを実現しようにも、そのための諸条件がきわめて不利であったのである。その結果として、デモクラシーに移行できるのかどうか、そして、どのようにすれば移行できるのかが不明瞭だった。最後に指摘しておかなければならないことは、新しくデモクラシーに移行し、ポリアーキー型デモクラシーの基本的な政治制度を導入した国々のうち、少なからぬ国々において、それがこれからも長いあいだにわたって存続するのに有利にはたらく基礎的条件が十分には整っていないということである。

それでは、基礎的条件とは何か。すでに何度か指摘してきたように、基礎的条件ないしは背後にある条件がデモクラシーに向いている国の場合には、デモクラシーが安定する。しかし、そうした条件がごくわずかしかなかったり、全くなかったりすれば、デモクラシーは存在できなかったり、仮に存在できたとしても、不安定になりやすかったりするのである。

デモクラシーにとって不可欠な条件

1　選挙で選ばれた文民が軍と警察をコントロールしていること

2　民主的な信条や民主的な政治文化が普及していること

3　デモクラシーに敵対的な外国勢力の干渉が強くないこと

デモクラシーにとってあった方が望ましい条件

4　近代的市場経済と近代社会

5　サブカルチャーの分化が多元的すぎないこと

図8　民主的な制度に有利に作用する条件

それではいったい、こうした条件とはどんなものなのか、ここで考えておくことにしたいと思う。

この疑問に答えるためには、二〇世紀の数多くの経験を振り返って考察してみる方がよい。つまり、二〇世紀には、さまざまな国々がさまざまな経験をしてきたのである。デモクラシーに移行した国、民主的な制度をいっそう強化した国、民主的な制度を数十年にわたって維持し続けてきた国、さまざまである。また反対に、いったんデモクラシーに移行しながらも、まもなく崩壊した国もあれば、一度もそうした移行を経験したことのない国もある。デモクラシーへの移行やデモクラシーの強化、あるいはその崩壊にかんする豊富な事例からわかること、すなわち一つの国にとって、デモクラシーの可能性を左右する重要な条件とは、図8に示したような五つ（あるいはもっとあるかもしれない）のものである。

外国からの干渉

民主的な政治に敵対的な外国からの干渉にさらされているような国の場合、民主的な制度を定着させていこうとしても困難である。

デモクラシーに好都合な条件がかなりそろっているにもかかわらず、民主的な制度を発達させたり、定着させたりすることに失敗するような国があるが、その理由は、この条件から説明できる時もある。たとえば、もし、第二次世界大戦後、ソ連の干渉がなければ、チェコスロヴァキアはおそらく今日では古くからの民主国家のひとつに数えられるまでになっていたことだろう。また、ポーランドやハンガリーも、ソ連の干渉を受けたせいで民主的な制度を発展させることができなかった。

さらに意外に思う方もいるかもしれないが、アメリカも二〇世紀末まで、ラテンアメリカへの干渉を重ねるという気の重くなるような過去をもっている。すなわち、アメリカは、ラテンアメリカで、アメリカ企業の保護とか、(政府の見解によれば)アメリカの国民の安全とかを目的に、民衆が選出した政権に反対して、時には陰険な手段でそれを有名無実のものにしてきたのである。こうしてラテンアメリカ諸国では、デモクラシーが蕾《つぼみ》のまま摘み取られたので、完全に民主的になることは必然的にありえなかったのだが、もし仮に、アメリカの干渉がなかったならば――あるいは、もう少し欲を言えば、民主化に向けての第一歩に強力な支援が得られていたとすれば――遅かれ早かれ、民主的な制度が発達していたのではないだろうか。アメリカの干渉のうちで特にひどかった例は、秘密情報局による一九六五年のグアテマラへの極秘の干渉であった。その結果、ポピュリストと左派に後押しされて選出されたハコボ・アルベンス政権が転覆させられたのである。

さて、ソ連が崩壊すると、中欧諸国やバルト三国はただちに民主的な制度を導入した。そのうえ、アメリカをはじめとして、国際社会全体が、ラテンアメリカその他の独裁に異議を唱えはじめ、民主的な制度を世界中いたるところで発達させることに支持を表明するようになっていった。このように、国際的なさまざまな力《フォース》——政治的な力、経済的な力、文化的な力——が、これほどまでにデモクラシーの理念や民主的な制度を支持したことは人類史上かつて一度もなかった。その結果として、二〇世紀の最後の一〇年で、世界の政治状況に画期的な変化がもたらされ、デモクラシーが発達する見通しがとても大きく広がってきた。

軍と警察に対するコントロール

軍と警察権力が、民主的な選挙で選ばれた文民の完全な統制下にない場合には、民主的な政治制度の発達どころか存続もありえない。

外国の干渉というデモクラシーに対する外側からの脅威と対照的に、内側からの脅威があるとすれば、その最も危険なものは、物理的強制手段を大規模に行使できるリーダーたち、すなわち軍と警察による脅威である。民主的に選ばれた政治家たちが軍と警察を事実上コントロールし続ければ、両方の組織に属する人びと、特に制服組の上層部の人びとが、文民である政治家に服従せざるをえなくなる。このようにして、選挙で選ばれた指導者たちの統制下に軍や警察が徹底的に服従し、決してその服従を拒否できないようになっていなければならないのである。文民統制《シビリアン・コントロール》が発達している国とそうでない国とがあるが、その理由は、ここでは複雑すぎるので触れることができない。ただここで重要なことは、文民統制《シビリアン・コントロール》がなければ、デモクラシーは栄えにくいということである。

たとえば、中央アメリカの不幸な歴史を考えてみれば、そのことがよくわかる。グアテマラ、エルサルバドル、ホンジュラス、ニカラグアでは、一九四八年から一九八二年のあいだに合わせて四七の政権が成立したが、そのうち三分の二以上が、自由で公正な選挙で選ばれた政治権力ではないのである。大部分が軍事クーデターの結果として成立したと言ってよい(2)。

コスタリカはそれと対照的で、一九五〇年以来デモクラシーを維持し続けており、この地域においてデモクラシーの旗を掲げ続けてきた国である。近隣諸国が民主的な制度を維持、発展させることができなかった時に、なぜコスタリカの人びとだけができたのだろうか。その答えとして、ひとつ言えることは、デモクラシーに有利な条件が文民統制《シビリアン・コントロール》の他にも存在したということである。しかし、仮にそうした条件が存在したとしても、ラテンアメリカの他の国々で頻発した軍事クーデターに直面していたなら、民主的な政府は維持できなかったはずである。コスタリカは劇的な形でその危険性を取り除いた。つまり具体的に言えば、民主的に選出された大統領が国軍を廃止するという過去に類を見ない大胆な決断を行なったのである。

コスタリカの例に倣《なら》った国は他には一つもないし、そうした方向をめざそうとした国もない。しかし、もし民主的な制度が樹立されて維持されるべきだとすれば、その手段として、選挙で選ばれた文民が軍と警察に対する統制を確立し、それを続けてゆくことが決定的に大事なことであって、これ以上確実な手段は他にないと言ってよいだろう。

文化上の対立が少ないか、もしくは存在しないこと

民主的な政治制度は、文化的な一体性が高い国で発展し、存続しやすいが、サブカルチャーが極端

に多様で対立しあっているような国では、民主的な政治制度の発展は困難になるようだ。

さて、言語、宗教、人種、民族的アイデンティティ、居住地域、場合によってはイデオロギーが入ることもあるが、それらが異なれば、それに応じて異なった文化が形成されるのがふつうである。そして、その文化ごとに、人びとは共通のアイデンティティと情緒的な一体感を共有している。そのことで、はっきりと「自分たち」と「よそ者」を分けるのである。そして、一人ひとりがさまざまな個人的つながりを取り結ぶ相手――たとえば、友人や親しい仲間、結婚の相手、近所づきあいをする人、客として迎える人――を自分たちの集団内部に求めるのである。さらに、とりわけ儀式に参加できる対象は、自分たちの集団に属する人びとに限定されることが多い。こうした点などを考慮してみると、ある一つの文化は、事実上その集団の構成員にとっての「生活様式」であり、そのために国のなかのさらなる国、民族のなかのさらなる民族となる可能性をもっている。こうしたケースでは社会が、いわば縦に分断されることになる。

文化的な対立が噴出して政治化する可能性があるし、その典型的な例は以下のように多様である。宗教や言語をめぐる争い、学校での服装のきまり、教育を受ける権利の平等、さらにある集団の他集団への差別的なふるまい、等々さまざまである。また、政府が宗教や宗教団体を支援すべきかどうか、もし支援するとすれば、どの宗教や団体をどういう方法で支援するべきか、ということをめぐっても対立が政治化しうるし、また堕胎や牛の屠殺、「見苦しい」服装など、ある集団のふるまいのうち、他集団がとても不快に感じ、その行為の禁止を切望するようなふるまいをめぐって政治的対立がはじまることもある。さらに、集団の欲求や要求に適合するように領土や政治的な境界線をどのように画定したらよいか、あるいはそもそも画定すべきかどうかをめぐっても対立がはじまる。このように文化的対立が政治化する例は多種多様である。

この種の問題は、デモクラシーにとって次のようなきわめて大事な課題を提起している。つまり、ある特定の文化に一体感を抱いている人びとは、自分たちの政治的要求を、原理的な問題や、高度に宗教的ないしは準宗教的な信念にかかわる問題であると見なしたり、文化の存続や、集団としての生き残りに関係する問題と見なしたりしがちなのである。その結果、彼らにとって自分たちの要求は妥協の余地のないほど決定的なものと思われるのである。そうした人びとは交渉には応じてくれない。ところが、民主的な手続きによって、平和裏に政治的な紛争を解決しようとすれば、一般的には、交渉と調停と妥協が不可欠なのである。

したがって、古くから政治的に安定した民主的な国々が、文化的な対立が深刻化しないように長年にわたってうまく処理してきた国々であるということは当然と言うべきである。こうした国々の場合、市民のあいだに大きな文化的相違が仮にあったとしても、概してどんな時にもそうした相違は政治の領域につきもので、(たとえば、経済問題のように)交渉を通じて妥協に到達できる相違と考えられてきた。

さて、このようにものごとが一見うまく行っている状態に例外は全くないのだろうか。たしかに多少は例外もある。たとえば、文化的な多様性が特に大きな意味をもっている国として、アメリカをはじめ、スイス、ベルギー、オランダ、カナダを挙げることができる。しかし、文化的な多様性が文化的な対立を生み出す恐れがあるならば、こうした国々の場合、どのような方法で民主的な制度を維持してきたのであろうか。

こうした国々の経験は、それぞれ大きく異なっているものの、そこから次のようなことがわかってくる。デモクラシーに有利なその他四つの条件がすべてそろっている国では、文化的多様性がデモクラシーに不利な政治的帰結をもたらす可能性があっても、そうした可能性を統御しうるものに変えることができるのである。

同化　同化はアメリカ的な解決のしかたである。アメリカでは、植民地支配と独立を経験した二世紀のあいだに、イギリスから移住した白人たちが中心となって、しっかりとした基礎をもった支配的な文化がつくり上げられた。ところが、この文化が一八四〇年代から一九二〇年にかけて直面したのが、イギリス以外から移住してきた人びとの波であった。移住者たちの出身地は、アイルランド、スカンディナヴィア、ドイツ、ポーランド、イタリア、その他の地域であって、彼らは、言語が異なり(ただし、アイルランド人は除く)、宗教や食べ物、服装、作法だけでなく、近所づきあいのしかたや性格までが異なっていて、お互い容易に区別することができた。一九一〇年にはすでに、アメリカに住む白人の五人に一人はアメリカ以外で生まれた人であった。さらに、アメリカで生まれた白人の四人に一人強の両親が外国生まれだった。しかし、アメリカに移民した人びとから一世代ないし二世代ほどたつと、彼らの子孫は早くも支配的文化に同化してしまった。しかも心底から同化しているので、先祖が移民する前に住んでいた国や文化になんらかの愛着を抱き続け(あるいは、その愛着をさらに募らせ)ていても、まずなによりも政治的忠誠心の対象はアメリカであって、アメリカ人であることにアイデンティティをもつのである。

たしかに、場合によっては大量の移民が引き起こしかねなかった文化的な対立を押さえ、同化を成功させたことには感銘を受けるが、それにもかかわらずアメリカのこうした経験は、問題の解決という観点から見れば、重大な短所をいくつか露呈している。

まず第一に指摘しなければならない点は、同化という難題がいともたやすく実現したということである。その理由は、移住してきた成人のうちの大部分が、アメリカの約束した、よりよい生活を求めて来た人たちであって、同化すること、すなわち、「本物のアメリカ人になる」ことを心から切望していた人びとであったからにほかならない。しかも、彼らの子孫たちも負けず劣らず同じ希望をもっていた。したがって、同化は主に自発的に行なわれるか、もしそうでないとしても、社会的メカニズム(たとえば、不名誉に対する恐れ)によって強いられるか、そのどちらかであった。つまり国家による強制の必要はほとんどなかったのである。(3)

大量の人口の移民が、全体としては同化に成功したとしても、まさにその時に、アメリカ社会はより深刻な人種的ないし文化的差異に直面し、同化という解決方法の限界がまもなく露呈することになるのである。すなわち、白人たちが、その新世界に長いあいだ居住してきた土着の人びとに出会った時に、同化は強制に道を譲り、強制移住による表社会からの隔離が行なわれたのであった。あるいはまた、アメリカ社会は、アフリカ系アメリカ人奴隷とその子孫たちという巨大な人口にのぼる人びとの同化にも失敗したのである。しかも皮肉なことに、この人びとは移民の大部分が来るまでは、アメリカ先住民と同じようにアメリカのなかでうまく生活をしてきたのだった。人種を基礎にして、力によって強制的につくられたカーストの壁が、同化を邪魔する役割を果たしているのである。またややそれと類似した失敗は、一九世紀後半にアジアからの労働者が鉄道や農場で働くためにアメリカにやってきた時にも再び繰り返された。

しかも、同化という発想では橋渡しできないさらに大きな裂け目もアメリカにはあった。つまり、南部諸州が一九世紀前半、奴隷制度を基盤とする独特のサブカルチャーや経済や社会を発展させたのである。南部諸州に住むアメリカ人と北部や西部諸州に住むアメリカ人は、基本的に両立できない二つの生活様式によって引き裂かれてしまったのである。その結果、多大な努力が払われたにもかかわらず、平和的な交渉や妥協によっては解決できない「抑えがたい対立」が最終的に引き起こされるに至った(4)。その結果起こった内乱は四年間続き、人びとの生活は甚大な損失を蒙ることになってしまった。また、南部が敗北し奴隷制が廃止されても対立は収まらなかった。当時生まれた南部独特のサブカルチャーと社会構造のもとで、アフリカ系アメリカ市民は脅迫だけでなく、暴力やテロが実際に行なわれたために、服従を余儀なくされていた。

過去における同化の失敗についてはこのくらいにしておきたい。ところで今日の問題としてひとつはっきりしない点は、ヒスパニック系のマイノリティー以外にも自意識の強い他のマイノリティーが着実に増加しているが、二〇世紀が終わるまでに、同化というアメリカの伝統的な対応のしかたでうまく対処することができるかどうか、ということである。それにしても今後、アメリカは、ますます多文化社会《マルティカルチュラル・ソサエティ》になってゆくだろうが、その時、同化という手法がもはや機能しなくなって、文化的対立を平和的かつ民主的な手続きで処理することができないほどの多文化社会になるのだろうか。あるいは、文化的相違があるおかげで、きわめて高いレベルで相互理解や寛容や和解が実現するよう

な多文化社会になってゆくのだろうか。(5)

合意《コンセンサス》を経たうえでの決定　スイス、ベルギー、オランダの場合、サブカルチャーがきわめてはっきりと存在しており、しかも対立しあう可能性を秘めている。こうした三つの民主的な国々の経験から何か学ぶことがあるかどうか検討してみたい。

まず指摘したいことは、それぞれの国が、内閣と議会が行なう決定には、満場一致か、そこまで行かなくても大多数の合意が不可欠となるという政治的ルールを生み出したということである。つまり、多数決原理の代わりに、全員一致の原則が導入されているのである。こうして、サブカルチャーのなかのどれか一つにとって重大な利害関係をもつ決定がなされるときには、内閣と議会内部で、それぞれのグループの代表者のはっきりした同意を得てはじめて政府の決定となる。こうした解決のしかたが容易になったのは、比例代表制によって各集団の代表が議会に公平に送られたからである。また、内閣にも同様に各グループの代表が入った。しかも、こうした国々では、合意にもとづいた実践が行なわれる場合には、各サブカルチャーを代表する閣僚たちに、自分が賛成できない政策に対しては拒否権を行使することが認められてきたのである(こうした申し合わせは、政治学者が「連合《コンソシエーショナル》デモクラシー」と呼ぶものであるが、細かな点ではそれぞれ三カ国できわめて大きく異なっている。より詳細な説明は、補遺Bを参照していただきたい)。

ところで、このような合意にもとづくシステムが、きわめて特殊な状況下でなければ生まれなかったし、うまく機能もしないものであることははっきりしている。こうした特殊な状況には、調停の能力をはじめとして、以下のような条件が含まれる。まず、妥協を容易にする高度な寛容の精神、次に、信頼に足る指導者が存在していることである。こうした指導者は、対立を解消するさいに、集団の構成員が快く賛同してくれるような解決方法を、交渉によって導き出す能力も持っていなければならない。さらに、基本的な目標や価値についての合意があることも必要である。そうした合意のおかげで広範囲におよぶ一致を得ることが可能になるのである。また一方で、国民としての一体感《ナショナル・アイデンティティ》も必要である。そうしたものがあれば、公然と分離を求めるような要求は出てこなくなるからである。最後に、暴力や革命的手段を排して、民主的な手続きをとろうとする明確な意志の存在も、重要な条件となる。

このような条件はふつうに存在するものではない。しかし、こうした条件がなければ、合意による妥協は不可能となる。しかもそうした条件が一応は存在していたとしても、レバノンの悲惨な例からわかるように、鋭い文化的対立の圧力に晒《さら》されて潰れてしまうこともある。レバノンは、かつて、政治学者たちが、「連合デモクラシー」のきわめて成功した例として記述してきたが、一九五八年に内乱に陥ってしまった。こうした内乱という国内的圧力があまりにも大きかったために、合意にもとづくシステムは持ちこたえることができなかったのである。

選挙システム　文化的な相違は、政治家が自分への支持を獲得しようとしてこの相違に介入するようになると、煽られて手に負えないものに変質することがよくある。権威主義体制下では、文化上の対立を克服したり抑えつけたりするために、大規模な強制力を動員することもあるが、強制力が弱まれば、今度は民主化に向かうにつれて文化上の対立が突然噴き出すことになる。政治家は、文化的一体感を利用すれば、簡単に自分に有利な状況を生み出すことができるかもしれないと考えて、計算ずくで特定の文化的グループに属する人びとにアピールしそうなことを言い出すこともある。その結果、潜在的な敵愾心《てきがいしん》が煽られて、憎悪の感情に変質し、最終的には、「文化浄化《カルチュラル・クレンジング》」に行きつくことになってしまう。

こうした結末に至らないようにするために政治学者たちがこれまでに提案してきたことは、政治家が対立を利用して行動するのではなく、調停をめざすことを行動の動機とすることで、結果として、得るものが大きくなるように、選挙のしくみを変える、というものであった。政治学者たちが提案するしくみによれば、どんな候補者も一つだけの文化集団の支持では当選できないことになっているので、大きな文化集団のうちのいくつかから票を獲得する必要が出てくる。しかしこの場合、民主化の初期の段階で、こうした選挙のしくみを取り入れるように政治指導者を説得することが、当然、やっかいな問題となる。もしいったん分裂を招きやすい選挙のしくみができてしまえば、文化的な対立に至る悪循環が引き起こされ、よほどのことがない限り、取り返しがつかなくなってしまうのである。

分離独立　もし仮に、文化的亀裂がきわめて大きく、今までのような解決のしかたでは克服できないような場合には、残されている解決方法は、文化を同じくするそれぞれの集団が分離独立して、相互に別々の政治単位をつくり、どこからも干渉されずに自分たちのアイデンティティを維持し、自分たちの文化が目標とするものを達成してゆく以外に方法はない。また場合によっては、連邦制度が解決をもたらしてくれる場合もある。つまり、連邦を構成する各単位――州《ステイト》、自治区《プロヴァンス》、(スイスの)州《カントン》――は、十分に自主性を保ちながら、相互に異なる集団どうしで融和を生み出してゆくのである。たとえばスイスについて見てみると、きわめて調和のとれた多文化社会《マルティカルチュラル・ソサエティ》が成立しているが、そのなかの不安定要因は連邦制度なのである。ほとんどの州《カントン》は、文化的一体性がかなり高い。

住民からなる州《カントン》もある。しかも、各州《カントン》は、文化的な要求を実現するのに十分な力をもっているのである。

たとえば、フランス語圏に属しカトリックである州《カントン》もあれば、ドイツ語を話し、プロテスタントの住民からなる州《カントン》もある。しかも、各州《カントン》は、文化的な要求を実現するのに十分な力をもっているのである。

多文化主義《マルティカルチュラリズム》の提起する問題を民主政治によって解決しようとすれば、特別な条件が必要になるが、スイスの場合についても同じことがあてはまる。特にスイスの場合には少なくとも次の二点をその条件としてあげることができる。まず第一に、それぞれのサブカルチャーに属する市民が、地理的な境界線によって州《カントン》ごとにすでに分割されていることである。そのおかげで、厳しい強制を加えなくても、多文化主義が引き起こす問題を解決することができる。第二に、市民は独立性の高い地域ごとに分割され、それぞれに目標を追求しているが、国民としての一体感《ナショナル・アイデンティティ》をもち、目標と価値を共有していることである。それが、連邦制を存続させる十分な力を発揮している。スイスの場合、この二つの条件がどちらもそろっているが、どこでもそうした条件が望めるとは限らない。

ところで、こうした二つの条件のうち、最初の条件が仮にあったとしても二つ目の条件がない場合には、文化的な相違がただちに完全な独立への要求となって現われてきやすい。ただ、もし一つの民主的な国が、平和的に分裂して二つの国になったのならば、民主的な見地から純粋に判断して、この解決のしかたには全く問題はないと言ってよいだろう。その例としては、ノルウェーとスウェーデンの場合をあげることができる。ノルウェーは、独立に近いかたちで、ゆるやかな連合をスウェーデンとのあいだに、ほぼ一世紀にわたって続けてきたが、一九〇五年、平和的に完全な独立を達成したのである。

しかし、いくつかの集団が相互に入り混じって住んでいるために、第一の条件が完全には満たされていない場合には、独立して新しい国ができたとしても、ある特定のマイノリティー(場合によっては複数のマイノリティー)に過大な苦しみを押しつけることになってしまう可能性もある。そのために、独立を主張する立場も、ともかく今の国に留まろうとする立場も、そのそれぞれの主張を正当化できるかもしれない。この問題が、カナダにおけるケベック州の分離独立という問題を複雑なものにしてきた理由である。ケベックに住んでいてフランス語を母語としている人びとは、完全な独立を実現させたがっているが、同時にケベックには、フランス語を話さない人びと——英語を母語とする人びと、先住民、その他の移民——も相当多数が住んでいる。この人たちは、カナダの市民として留まることを希望しているのである。カナダに残りたい人は、その大部分が残れるようにしてあげれば、この複雑な領土問題を解決することは、理論的には可能である。しかし、政治的にもはっきりと可能かといえば、それは断言できない(6)。

さて、これまで民主的な国々が潜在的に抱えている多文化主義の問題点についていくつか述べてきたが、おそらく、他にも問題点はあるだろう。しかも、そうした問題点を解決するためには特殊な条件、それも、めったに存在しない特殊な条件が必要になるという事実には落胆させられてしまう。もちろん、古くから民主的であった国々は、そのほとんどがほどよく異質な社会だったので、深刻な文化対立に悩まされる必要はなかった。しかし、二〇世紀末に向けてあまり好ましくない変化が起こり始めている。そして、二一世紀にはこの幸運な状況は、ほぼ確実に終わってしまうだろう。

民主的な信条と文化

いずれ必ず、どの国もかなり深刻な危機——政治、イデオロギー、経済、軍事、国際関係などさまざまな分野で——に事実上陥ることがあるはずである。したがって、もし民主的な政治システムがそれになんとか耐え抜こうとするならば、目の前に提起されるさまざまな挑戦や混乱を乗り越えることができなくてはならない。安定したデモクラシーを実現することは、穏やかな天候のなかを航海することとはまったく異なるのである。時化《しけ》や嵐のなかを航海しなければ、デモクラシーを安定させられないこともある。

重大な危機が長引けば、その危機を、強力かつ独裁的な手法で終結させることを人びとに約束する権威主義的な指導者の手で、デモクラシーが転覆させられる可能性が増大してくる。そうした独裁的指導者が採用する手法は、デモクラシーの基本をなす諸制度や手続きを当然のごとく無視することを要求する。

本章の冒頭で言及したデモクラシーの崩壊にかんする七〇の事例が証明してくれるように、二〇世紀には、デモクラシーが挫折するという事態が頻繁に発生した。けれども、強風やハリケーンに遭遇しながらも、なんとかそれらを切り抜けてきた民主政体もある。しかも、一度ならず何度も切り抜けた例もあった。またすでに見てきたように、はげしい文化的亀裂から生ずる危険を克服した民主的な国さえある。さらにまた、国家という船を、以前にもまして航海に適した民主的な形態につくり変えて脱出した国もある。まさに、こうして、嵐の季節を乗り越えて生き延びてきた国々こそ、わたしたちが古くからのデモクラシーを採用してきた国と呼ぶ国々にほかならないのである。

ところで、民主的な制度をもった国々のなかでも、危機という悪天候を乗り切った国もあれば、乗り切ることができなかった国もあるのはどうしてなのだろうか。民主主義にとっての有利な条件についてはすでに述べてきたが、ここでさらにそれにもう一つ付け加える必要がある。つまり、ある国が安定したデモクラシーを実現できる可能性は、その国の市民とリーダーがデモクラシーの理念や価値体系や慣行を強く支持している場合には高くなるということである。特に、そうした信条や思考傾向が、その国の文化のなかにしっかりと根をおろし、世代から世代へと着実に受け継がれてゆく時には、デモクラシーにとってきわめて信頼できる支えになってくれる。言い換えれば、その国が民主的な政治文化をもっているときに、デモクラシーは安定したものになるのである。

要するに、民主的な政治文化があれば、市民が次のような信条をもつようになるのである。すなわち、まず、デモクラシーと政治的平等は実現すべき望ましい目標であること。次に、選挙で選ばれた指導者が、軍隊と警察を完全に監督下に置くべきであること。三つ目に、第八章で説明したようなデモクラシーの基本的な諸制度が維持されなくてはならないこと。最後に、市民相互のあいだにある差異や不一致は、寛容に扱われる必要があるばかりでなく、相互に保護されるべきであるということ。

しかし、わたしが言いたいことは、民主的な国に住む人間は、すべての人が完全に民主的な市民にならなければならないということではない。さいわいにも、そうではないのである。もし、それが必須の条件ならば、もはや、デモクラシーは存在できなくなってしまうだろう。しかしながら、市民のなかで実質的な多数派を構成する人びとが、いかなる非民主的な体制よりもデモクラシーと民主的な政治制度を歓迎し、しかも民主的な慣行を維持しようとする政治的指導者を支持しなければ、デモクラシーは必ず直面することになる危機を克服することはできないだろう。実際のところ、少数の好戦的で暴力的な反民主主義者が、一国の民主的な制度を維持する能力を完全に破壊してしまうほどの力をもつ可能性すらあるのである。

ある国に住む人びとは、どのようにして、民主的な理念や実践のしかたに信頼を置くようになるのであろうか。あるいはまた、民主的な理念や実践のしかたは、どのようにすれば一国の文化の本質的な部分になるのであろうか。この疑問に答えようとすれば、その国の歴史的発展を、一般的な側面においても、特定の側面においても、念入りに、深く探究しなければならなくなるだろう。こうした作業はこの著作の範囲を越えるものである。ここでは、次のようにだけ言っておくことにしたい。デモクラシーが定着するという幸福な結果をもたらしてくれた歴史をもつ国は、幸運に恵まれた国である、と。

しかしながら、もちろん常に、歴史がそれほど寛大であってくれるわけではない。それどころかむしろ反対で、多くの国の政治文化は、民主的な制度と理念を支援してくれても、せいぜいあまりあてにならないほどか弱いのが関の山で、最悪の場合は権威主義的な支配にきわめて好意的であったりするのである。

市場経済における経済成長

歴史的に見て、民主的な信念と民主的な文化は、大ざっぱに市場経済と呼ばれるものと密接な連関を保ちながら発展してきた。もう少し限定して言えば、民主的な制度にきわめて有利に作用する条件は、市場経済が行なわれているということにほかならない。つまり、経済活動を行なう企業が、国有ではなく、主として私的に所有されている場合である。換言すれば、資本主義経済であって、社会主義経済ないしは国家統制経済ではないということである。しかし、デモクラシーと資本主義市場経済のあいだにはきわめて密接な結びつきがあるにもかかわらず、その裏側にはある逆説が秘められているのである。すなわち、資本主義市場経済は、不可避的に、政治的資源の不平等を生み出さざるをえない。政治的資源を手にすることのできる市民とできない市民とに分かれてしまうからである。その結果、資本主義市場経済は、政治的平等を著しく損なうことになる。つまり、市民のあいだに経済的不平等が生じれば、政治的平等が存続できなくなってしまうのである。資本主義市場経済を採用している国では、次のような現象が現われる。完全な政治的平等が実現不可能となり、その結果、デモクラシーと資本主義市場経済のあいだには永遠に緊張関係が生じてくるのである。それでは、実現可能性が高く、しかも政治的平等をあまり損なわずに、資本主義市場経済の代わりになりそうな案はあるのだろうか。もう一度この問いにもどって、もっと全般的に、デモクラシーと資本主義市場経済の関係について、以下の二つの章で考えてみることにしたい。

ただし、一方では、次のような結論に至るのも事実である。すなわち、資本主義市場経済とそれがつくり出す社会、さらには市場経済こそが典型的に生み出す経済成長、こうした要素はそのすべてが、民主的な政治制度の維持、発展にとって、きわめて有利な条件となるということである。

ここまでの要約

本章の冒頭に示した五つの条件以外にも、デモクラシーを促す条件がおそらくあるかもしれない。たとえば、法の支配とか長期間にわたる平和とか、その他もろもろである。しかし、五つの条件はそのなかでも決定的に重要である。

この章で論じてきたことは、要約すれば以下の三つの一般的な命題にまとめることができる。第一に、五つの条件がすべて存在している国の場合には、民主的な制度をほぼ確実に、維持、発展させることができる。第二に、五つの条件すべてが存在しない国では、民主的な制度を発展させることはきわめて困難である。あるいは、たとえ、なんとかして存在できたとしても、そうした制度を維持することはきわめて困難である。それでは、デモクラシーに有利な条件と不利な条件とが混在しているような国の場合はどうだろうか。しかし解答を出すのは、もう少し後回しにしておこう。この解答がすなわち第三の一般的な命題であるが、インドという奇妙なケースを検討した後でその解答を提示することにしたい。

インド——信じがたいデモクラシー

みなさんはすでにインドについてあれこれ思いめぐらしはじめているかもしれない。たとえば、デモクラシーに有利な条件はひとつもないのではないかと考えている方もいるかもしれない。もしそうなら、わたしが言おうとすることと全く反対のことになるのではないだろうか。実は、有利な条件が全くないわけではないのである。

民主的な制度が長く持ちこたえるということは、インドでは、一見、限りなく不可能なことのように思える。インドの人口は二〇世紀末には、ほぼ一〇億に達しようとしており、その人びとは、世界の他の国よりも多くの境界線で分断されている。こうした境界線とは、言語、カースト制、階級、宗教、地域――さらにそれぞれの境界のなかで無限に小さく分割されている――を意味している[7]。そこでこの点を次に考えることにしよう。

さて、インドには、唯一の公用語というものがあるわけではない。インド憲法では、公式に、一五の言語を公用語として承認している。しかし、言語をめぐる問題は、控えめに見積もっても巨大な数にのぼる。つまり、三五の互いに異なる特徴をもつ言語のなかのひとつを話す人びとは、少なくとも百万人は存在するからである。さらにそのうえ、インド全体で、一万二〇〇〇にのぼる独特な方言が話されているのである。

次に宗教について見てみると、人口の八〇パーセントはヒンドゥー教徒(残りは、主としてイスラム教徒である。ただし、ケララ州だけは多くのキリスト教徒が住んでいる)であるが、ヒンドゥー教の統合力は非常に弱いものでしかない。それは、ヒンドゥー教それ自体が、およそ紀元前一五〇〇年ごろからインドの人びとに押しつけてきたカースト制のためである。そして、カースト制さえも、言語と同じように、無限に細分化されているのである。そのうえ、まずなによりも言っておかなければならないことは、きわめて巨大な数にのぼる人びとが、あらかじめ世襲によって決められた四つのカーストから除外されているということである。除外された人びとは「社会的地位のない人びと《アウト・カースト》」であり、

「不可触民(アンタッチャブル)」と呼ばれ、接触すると穢(けが)れるとされている。そしてもうひとつ付け加えなければならないことは、各カーストが、さらに無数の世襲のサブ・カーストに細分化されていることである。各サブ・カーストのメンバーたちは、社会的にも居住区域のうえでも境界によって区別されており、職業も厳しく制限されることが多い。

インドは、世界的に見て、きわめて貧しい国である。いくつか数字を列挙してみよう。一九八一年から一九九五年までで、一日一ドル以下に相当する額で生計を立てている人が、全人口のおよそ半分にのぼる。この尺度で見れば、インドより貧しい国は世界に四つしかない。また、一九九三年から一九九四年にかけて、公式発表によれば、インドの人口の三分の一以上——およそ三億人以上——の人びとが貧困層である。そういう人びとは、主に小さな村に住み、農業に従事している。一九九六年には、開発途上国七八カ国のうちで、インドは「人間貧困指数」(Human Poverty Index)が四七番目にランクされていた。次の四八番目は、ルワンダであった。それから、一五歳以上のインド人のおよそ半数は文盲である。また、女性に限ってみれば、文盲の割合は、六歳以上の女性の六〇パーセント以上にのぼる。

インドは、一九四七年、独立を達成し、一九五〇年には民主的な憲法を採択した。しかし今述べてきたような状況があるために、デモクラシーの観点から見て、インドの実際の政治が実にひどい欠点をいくつも示してきたとしてもだれも驚かなくて当然である。インドの政治は、繰り返される基本権の侵害に苦しめられてきた。(8) そのせいもあって、ビジネスに携わる人びとからは、世界でもっとも腐敗した一〇カ国のなかのひとつと見られている。(9) さらに悪いことに、一九七五年には、インドの民主的な制度は転覆させられて、独裁政治に取って代わられてしまった。すなわち、インディラ・ガンディー首相がクーデターを計画的に実行し、国家非常事態宣言の発令によって市民の政治的権利を一時停止し、反対派の指導者数千人を投獄したのである。

しかし、ほとんどいつの時代にも、インド人の大半は民主的な制度を支持しているのである。インディラ・ガンディーが権力を簒奪してから二年後に行なわれた非常に公正な選挙で、彼女は投票によって公職を追われたが、こうしたことは、デモクラシーに習熟していない人びとにはとうていできない行動なのである。エリート政治家たちだけでなく、インドの人びと全体が、インディラ・ガンディーが勝手に思い込んでいた以上に民主的な制度と慣行に共感していたのだと思う。だからこそ、インドの人びとは、彼女が権威主義的な手法で統治することを認めなかったのである。

インドでは、政治の世界が非常に混乱し、暴力が横行することも多い。しかし、ともかくも民主的な制度が基本にあって、欠陥をいくつも持ちながらも、その他もろもろのものを巻き込んで機能し続けている。こうした観察結果を述べれば、合理的にものごとを考える人は、全く混乱してしまうかもしれない。いったい、どのようにすれば、インドの政治を説明することができるのだろうか。インドの政治という難題に対しては、たとえどんな答えを出したとしても、それは仮説でしかありえない。しかし、驚くべきことではあるが、なぜインドでは民主的な制度がなんとか維持されているのか、という疑問に説明を与えてくれるような事実もいくつか存在しているのである。

そこでまず初めに、デモクラシーに有利な条件としてこれまで説明してきたものが、まさにインドにも存在しているのだ、ということから説明してみたい。たとえば、インドはイギリスの植民地としての歴史を基礎にして成長してきているので、軍隊は、選挙で選ばれた政治指導者《シヴィリアン・リーダーズ》に従属するという慣行を発達させ、現在でもそれを守り続けている。そのおかげで発展途上国の多くが抱えている、軍隊の介入という民主的政府への大きな脅威に晒《さら》されずにすんできたのである。このことはラテンアメリカと比べてみるとわかりやすい。たとえばインドの軍隊は、ラテンアメリカと違って、軍事クーデターや軍事独裁にはほとんど関与してこなかったのである。警察も、たしかに腐敗はひどいが、クーデターを実行できるような独自の政治的勢力ではない。

さらに付け加えれば、インドを独立へと導き、憲法と政治制度を創設した近代インドの指導者たちは、いずれも民主的な信条に信頼を置いていた人たちであった。こうした指導者たちが率いた政治運動は、民主的な理念と民主的な制度を強力に擁護したのである。デモクラシーは、インドの国民的イデオロギーと言っても過言ではないかもしれない。それ以外のイデオロギーは存在しないのである。インドでは、たしかに、国民としての一体感は弱いかもしれないが、それでも、そうした一体感が、民主主義の理念や信条ときわめて密接な関係を保っているので、非民主的な対案を支持する人はほとんどいない。

さらに、インドは文化的に多様な国であるが、ヒンドゥー教の信仰と慣習がきわめて広く人びとに浸透している世界で唯一の国である。なんと言っても、インド人の一〇人に八人はヒンドゥー教徒なのである。カースト制が国民を分断し、ヒンドゥー教に基礎を置いた国民としてのまとまりが少数派のイスラム教徒に脅かされているとはいえ、それでも、インドの人びとの大多数になんらかの共通のアイデンティティを与えているものは、ヒンドゥー教をおいて他にはないのである。

しかしながら、たとえ、こうした条件のおかげで民主的な制度が支えられているとしても、インドには貧困が広範囲に広がっていて、それがはげしい文化的な亀裂と相俟《あいま》って、デモクラシーを転覆できる力を反民主的な運動に提供する肥沃な土壌となったり、権威主義的な独裁体制を導入するように作用したりすることがありそうにも思える。しかし、なぜこうしたことが起こらないのであろうか。インドについて詳しく調べてみると、さらに驚くようなことが、いくつかわかってくるのである。

まず第一に、インド人はだれでも文化的なマイノリティー集団の一員であるが、そのマイノリティー集団はどれもきわめて小規模であるために、その構成員だけでインドを統治しようと思ってもとうてい不可能だということである。インドは、文化的にはきわめて数多くの断片に分裂しているので、そのためにどの集団も小規模なのである。したがって、どれも、絶対的な多数派にはなれないし、また小規模すぎて、あの広大で多様性に満ちたインド亜大陸を支配することも絶対にできない。だから、インドではマイノリティーを統治しようとすれば、軍隊や警察といった、圧倒的な強制力を使用しないわけにはいかない。しかし、軍隊や警察は、すでに述べたように、この目的には役に立たないのである。

第二に、多少例外はあるが、文化的なマイノリティーを構成する人びとは、それぞれ一つの地域にまとまって居住しているのではなく、むしろ、インド中のあらゆる地域に分散して居住する傾向が強いということがある。その結果、各マイノリティー集団は、インドの支配を離れて、独自の国家をつくる望みをもつことは不可能になっている。つまり、インド人の大半は、好むと好まざるとにかかわらず、インドの市民として留まることを運命づけられているのである。インドという連合体から離脱することは不可能であり、ただ一つだけ残されている選択肢は、連合体、つまりインドのなかに残ることしかないのである。[10]

最後に単純なこととして、インド人の多くの人にとっては、デモクラシーに代わる現実的な選択肢がないということを指摘しておかなければならない。つまり、インドのマイノリティーの集団は、どれ一つとして、それ自体では次のようなことをしようと思ってもできないのである。すなわち、まずはじめに、民主的な制度を転覆し、権威主義体制を樹立すること、次に、権威主義的な政府を維持するのに必要な軍隊と警察をあてにすること、さらに、インドから分離して、別の国をつくろうとすること、最後に、デモクラシーに代わる魅力的なイデオロギーや制度を提示すること、である。また、多様なマイノリティー集団が連合してかなり大きな集団になろうとしても、亀裂があまりに激しいので大きな集団を維持できない、ということが経験的に示されている。まして、権威主義的な政府など維持しようがないのである。したがって、多くのインド人にとって、現実的に考えうる唯一の選択肢はデモクラシーしかないということになる。

インドのデモクラシーについて全面的な説明を行なおうとすれば、もっと複雑になる。それはインドだけでなく他の国についても同様である。しかし、こうしてインドについて調べてみると、あらかじめ約束しておいた第三の命題が次第に明瞭になってくる。すなわち、デモクラシーに有利に働く五つの条件のうち、一つないしはいくつかは欠けているが、すべてが欠落しているわけでもないような国の場合には、デモクラシーが危うい状態にあり、ひょっとしたら実現しないかもしれない。しかしだからといって、必ずしも不可能ということでもないのである。

デモクラシーはなぜ全世界に普及したのだろうか

この節を始めるにあたって、まず特に言及しておきたいことがある。それは、二〇世紀にはデモクラシーが崩壊するということが何度となく繰り返されてきたが、しかし、同じ世紀の終わろうとしている今日に及んで非常に広範囲にデモクラシーが受容されるに至ったということである。まさにデモクラシーの勝利の訪れと解することもできるだろう。つまり、わたしが説明してきた、デモクラシーに有利な条件が、世界中のますます多くの国々に、広範に浸透するようになってきたということである。

・民主化に敵対する外国勢力による干渉の危険性が、植民地帝国の解体にともなって低下し、多くの国民が独立を達成した。また、主な全体主義体制が崩壊し、国際社会が民主化を広範に支援するようになった。

・軍部を背景にした支配が、近代社会の難題を解決する能力をもっていないということ、そのことが単に文民《シヴィリアン》だけでなく当の軍事指導者たち自身にもはっきりしてくるにつれて、軍事独裁政権の魅力はしだいに薄れてきた。実際、軍事指導者たちは何度となく、ひどい無能さを露呈してきたのだった。こうして多くの国で、デモクラシーに対する伝統的できわめて危険な脅威が、多少なりとも減少し、なかには大幅に危険度が下がった国もある。

・民主化が進んだ国の多くは、同質性がきわめて高くなり、深刻な文化的対立を回避できるようになってきている。ただ、こうした方向に進んでいる国は、比較的小さな国が多く、多様な文化の集合体のような大きな国ではない。もう少し文化的に分裂した国の場合には、合意による妥協が準備され始められているところである。しかし、少なくともインドだけは、いかなるマイノリティー集団の文化も、統治できるほどにしっかりしたものではなかった。同質化が進みつつある国とは対照的にアフリカのいくつかの地域や旧ユーゴスラヴィアのように、文化的に鋭く対立しあっているような所では、民主化はほとんど大失敗しているという状態である。

・全体主義体制や軍事独裁政権をはじめとして、多くの権威主義体制がだれの目にもはっきり失敗したとわかるようになったために、反民主的な信条やイデオロギーも、これまで全世界に対してもっていたような人を動かす力を喪失してしまった。そのために、人類史上かつてなかったようなきわめて多くの人びとがデモクラシーの理念や民主的な制度を支持するようになった。

・資本主義市場経済というしくみが、次々に世界中の国々に導入されていった。その結果、高度経済成長や人びとの豊かな暮らしがもたらされただけでなく、デモクラシーの理念や民主的な制度に共感する中間層が増加し、大きな影響力をもつようになったことで、その国の社会基盤も変質してきた。

二〇世紀は、他にも理由があるかもしれないが、主に右に述べてきた理由によって、最終的には「デモクラシーの勝利の世紀」になったのである。しかし、この勝利は注意してじっくりと見なければならない。なぜかと言えば、「民主的」と言いながらも、基本的な政治制度が弱体であったり、欠陥をはらんでいたりする国が数多く存在するからである。図1(10頁)を見ていただきたい。私の計算では、民主的な国が世界に六五カ国存在している。しかし、そうした国々は、三つのグループに分けて考えた方がよいだろう。つまり、もっとも民主的な国が三五カ国、かなり民主的な国が七カ国、ぎりぎり民主的である国が二三カ国ということになる(その根拠としては、補遺Cを参照していただきたい)[11]。こうしてみれば、「デモクラシーの勝利」は、ふつう考えられているよりも、かなり不完全なものでしかないということになるのである。

さらに付け加えれば、デモクラシーの成功が二一世紀にも維持されうるかどうかについても疑ってみた方がよい。もしそうした疑問に答えるとすれば、それは、民主的な国々が、自分たちに対して向けられる挑戦にいかにうまく対処できるか、ということにかかっていると言ってよい。そうした挑戦の一つとして挙げられるのが、すでに触れたように、資本主義市場経済がもたらす二つの相矛盾する結果から直接提起される難問である。つまり、資本主義市場経済は、たしかに一面ではデモクラシーにとって有利な条件をつくり出すが、その反面、デモクラシーと相容れない側面をもっているのである。以下の二つの章でこうしたことの理由を考えてみることにしたいと思う。

第一三章　資本主義市場経済はなぜデモクラシーに有利なのか

デモクラシーと資本主義市場経済の関係は、たとえて言えば、喧嘩を繰り返しながらも結婚生活を続けている夫婦のようなものである。すなわち、喧嘩をしながらも、どちらも離婚をすることまでは望まないのでなんとか持ちこたえて一緒にいる、そんな関係である。植物の世界にたとえれば、この両者は一種の敵対的共生《アンタゴニスティック・シンビオシス》を維持しながら関係を取り結んでいるといえるのである。

このように両者の関係は極端に複雑である。しかし、政治システムと経済システムにかかわる経験的事例が豊富に蓄積されていて、ますます着実に増えつつあるので、それに照らして考えれば、この両者の関係について以下の五つの重要な結論を引き出すことができると思われる。そのうち、二つについてこの章で取り上げ、残りの三つについては次章で考えることにしたいと思う。

1　ポリアーキー型デモクラシーは、資本主義市場経済が支配的な国々でのみ存続してきた。そして反対に、非市場経済が優勢な国では、決して存続してこなかった。

この結論を今、ポリアーキー型デモクラシーに限定して述べたが、ギリシア、ローマ、中世イタリアで発展した民衆中心の政治に対してもかなりあてはまるし、同様に、ヨーロッパ北部の代議制度の展開や市民参加の拡大についてもあてはまる。しかし、ここでは歴史的なことがらについては取り上げずに、近代の代表制デモクラシー――すなわち、ポリアーキー型デモクラシー――の諸制度に話題を限定したい。歴史については、第二章で触れておいたので、そこを参照していただきたい。

さて、記録によれば曖昧な点は全くなく、驚くほどである。すなわち、ポリアーキー型デモクラシーは、資本主義市場経済が支配的な国だけに存在してきた。また逆に、非市場経済が優勢な国では決して(あってもきわめて一時的)存在したことがなかったのである。理由は何なのだろうか。

2 こうした密接な関係が両者の間に成立する理由は、資本主義市場経済のある基本的な特徴が、民主的な制度にとって好都合であるからにほかならない。反対に、非市場経済が優勢である場合には、その基本的な特徴のいくつかが、デモクラシーの発展を阻害するのである。

資本主義市場経済の場合には、経済活動の主体は個人か企業(会社、農場、その他もろもろ)である。そして企業は、個人やなんらかのグループによって私的に所有されているのがふつうで、大部分が国有ではない。経済活動に携わるこうした主体がめざしている主な目的は経済的利益であって、それは、賃金、利潤、利子、賃貸料とさまざまな形態をとる。企業を経営する人びとは、公共の福祉とか共通善とかいうような普遍的で高尚な人の役に立つ目標に向かって努力する必要は全くない。そうした人びとは、単に自己の利益の追求という動機に導かれて行動しているにすぎない。しかも、市場が、企業の所有者や経営者、労働者、そしてその他の人びとに対して、必要かつ重要な情報を大量に提供してくれるので、その人たちが決定を行なうさいに、中央の指示というようなものは全くなくてよいのである(しかしだからと言って法律や規制が全くなしでよいということにはならない。この点については、次章でもう一度触れることにしようと思う)。

わたしたちの直観に反して、市場は各経済主体の決定を調整し、制禦する機能を果たしているのである。歴史的経験に照らしてみれば、結論として、ほぼ次のようなことが言えそうである。すなわち、相互に独立し競争しあっている無数の活動主体が、どちらかと言えば自分の狭い利害関係にもとづき、市場から提供される情報に従って行動しながら経済的決断を数限りなく積み重ねてゆけば、そのシステムは、他のしくみと比べてはるかに効率よく財とサービスを提供することができる。しかもそこには、本当に人を驚かせるような規則性と秩序がある。

こうしたことの結果として、長い目で見れば一般的に経済成長は資本主義市場経済によって実現されてきた。しかも、経済成長はデモクラシーにとって有利に作用する。とりわけ、きわめてひどい貧困をなくし、生活水準を改善できるので、結果的に社会的対立や政治的紛争を減らすことができるのである。さらに、もし経済的な対立が生じたとしても、経済成長が見込めるならば、対立しあう双方がそれぞれ何かを手に入れて満足できるような解決の道を実現することが可能となる(経済成長がない場合には、経済的紛争は、ゲーム理論で言うところの「ゼロ－サム」になってしまう。つまり、わたしが得をすれば、その分あなたが損をする、あなたが得をすれば、その分わたしが損をする。そういう関係になってしまうのである)。また、経済成長は、分配できる資源を増やしてくれるので、個人にとっても、集団にとっても、また政府にとってもいろいろな恩恵をもたらしてくれる。たとえば、教育を充実して、識字率が高く教育の行き届いた市民たちを育むことができるようになるのである。

また、資本主義市場経済は、それがもたらす社会的ないしは政治的な成果の点でも、デモクラシーにとって好ましい役割を果たしてくれる。つまり、市場経済は財産所有者である中産階層を大量に生み出す働きをもっているのである。そういった階層に属する人びとは一般に、教育、自立、個人の自由、財産権、法の支配、政治参加といったものを追求するという特徴がある。中産階層は、アリストテレスが初めて指摘したようにデモクラシーの理念や民主的な制度を本質的に支持する傾向がある。最後にもっとも重要だと思われる点は、資本主義市場経済は、経済的な意志決定の多くを脱中央集権化し、それを独立性がかなり高い個人や会社に任せるので、強力かつ権威主義的でさえあるような中央政府を必要としないということである。

非市場経済が存続できるのは、分配すべき資源が少なく、そのために経済にかんする意志決定があまり必要ではなく、なおかつ、明解に決定ができるような場合である。しかし、社会がもっと複雑になってくれば、経済的なカオスを回避し、少なくともそこそこの生活水準を維持するために、調整を行なう機関か経済をコントロールする市場が不可欠になってくる。調整を行なう機関として現実に考えられるものは中央政府だけである。したがって、非市場経済の場合には、法律上公式的な企業の所有形態がどうであれ、意志決定は実際のところ政府によってなされることになる。要するに、市場による調整機能がない場合には、限られた資源——資本、労働、機械、土地、建造物、消費財、住居その他のもの——すべてを分配する仕事は、必然的に政府の仕事にならざるをえない。そうした仕事を遂行するために、政府は詳細で包括的な政府案をつくる必要が出てくるし、政府の役人は、計画の立案をし、その計画を執行し、執行を監視するという役目を任されることになる。こうしたことは桁はずれに大変な仕事であり、驚くほど大量に信頼できる情報を必要とする仕事である。また、政府の役人は、自分たちの出す指示に従ってもらうために、人びとが従おうという気持ちになるものを見つけ出して、それを飴として与えてやる必要がある。そして、こうしたきっかけに対して何か見返りがあれば、人びとは動いてくれるかもしれない。見返りには、合法的なもの(たとえば、給与とかボーナスなど)もあれば非合法的なもの(たとえば、賄賂)もある。また、強制や罰則(たとえば、「経済犯罪」に対する厳罰)で人びとが動いてくれることもある。しかし、例外的で一時的な場合を除いては、中央政府による経済統制というこの困難きわまる任務を問題なく成し遂げた政府はなかった。この例外状況のことはすぐ後で取り上げてみたいと思う。

ところで、政府主導の計画経済が、必ずしも非効率であるわけではない。ただ、デモクラシーにとっては、きわめて悪い影響をもたらす。つまり、経済の社会的、政治的帰結が問題なのである。経済にかんするすべての資源を政府の指導者たちが勝手に使える状態に置いておくこと、それが政府主導による計画経済なのである。政治家にとって、これはすばらしい棚ぼたなのであるが、その結末を考えてみると、次のような有名なアフォリズムが思い浮かんでしまう。「権力は腐敗する。絶対的権力は絶対に腐敗する」。つまり、中央集権的な計画経済を行なえば、政府の指導者たちに、大きな字ではっきりと次のように書いた案内状を送ることになる。「**あなたの権力を強化し、維持するために、あらゆる経済資源をあなたのご自由にご使用下さい**」。

こうした誘惑に打ち克とうとすれば、政治指導者は超人的な自己克服の能力をもたなければならないだろう。しかし、残念ながら歴史にはっきり残っている記録は、暗く悲しいものばかりである。つまり、政府主導の計画経済がもたらしてくれる巨大な資源を自由に動かせる立場にある支配層の人びとを見ると、右に掲げたアフォリズムにこめられた知恵のすばらしさをますます確信させられるのである。たしかに、専制的権力を手にした指導者たちは、その権力を悪いことだけではなく、よい目的のためにも使うかもしれない。歴史を振り返ると両方の場合がある。しかし、全体的に見て、独裁者たちが行なってきたことは、よいことよりも悪いことの方がかなり多いと思う。いずれにしても、中央集権的な計画経済は、つねに、権威主義的な体制と密接な関連性をもってきたのである。

ここまで述べてきたことに対する留保

先に示した二つの結論は正当なものではあるが、いくつか留保しておかなければならない点がある。まず第一に、経済成長は、民主的な国々に限られたことではないし、経済の停滞が非民主的な国々に固有のことでもない、ということである。実際、経済成長と、一国の政府や体制のタイプとのあいだに相互関係があるとは思えない。(1)

さらに、次のことも言える。デモクラシーはたしかに、資本主義市場経済を採用している国々だけで存続してきた。しかし、資本主義市場経済は、非民主的な国々でも存続してきた。経済成長が市場経済に付随しがちな要因について先にいくつか述べたが、それらの要因が、非民主的な国々――たとえば、特に台湾や韓国――に民主化をもたらすうえで、次々に大きな役割を演じたのである。この両国の場合、権威主義的な指導者が、市場経済を定着させ、専門性の高い産業を育成し、経済成長を促し、教育水準の高い中間階層を大量に生み出そうとする刺激策を採用したが、それは同時に、はからずも自分たちを破滅させる種を播くことになってしまったのである。このように、資本主義市場経済と経済成長はデモクラシーを促進する働きをするが、長期的に見た場合、非民主的な体制を促進するということはなく、そういった体制とは絶対に相容れないのである。こうして見てくると、二一世紀に繰り広げられるかもしれない歴史劇の最後で最大の見せ場は、中国の非民主的な体制が、市場経済の生み出す民主化の流れにどこまで逆らい続けることができるかどうかという点になるだろう。

しかしながら、資本主義市場経済が存在するためには、必ず二〇世紀型の都市型産業社会やポスト工業化社会でなくてはならないというわけではない。農業社会にも存在するかもしれないし、実際、少なくとも過去には農業社会にも存在したのである。民主的な制度——ただし、女性の参政権は除外される——が一九世紀には数カ国——アメリカ、カナダ、ニュージーランド、オーストラリア——で発展したことについてはすでに第二章で見てきた通りであるが、こうした国々は、その当時農業が産業の中心だったのである。一七九〇年は、アメリカの共和政が新しい(そして現在まで続いている)憲法の下で始められた最初の年にあたるが、その年には、わずか四〇〇万人足らずの全人口のうち、二五〇〇人以上の人口を擁する都市に居住する人の割合は五パーセントにすぎなかった。残りの九五パーセントの人は農村に住み、主として農業に従事していた。そして、一八二〇年までには、(白人男性による)ポリアーキー型デモクラシーの政治制度がすでに出来上がっていたが、その時点でも、一〇〇〇万人に満たない全人口のうち一〇人中九人以上が依然として農村地域に居住していたのである。南北戦争前夜の一八六〇年になると、アメリカの人口は三〇〇〇万人を超えるが、それでも一〇人のうち八人のアメリカ人は農村居住者だった。アレクシ・ドゥ・トクヴィルが『アメリカのデモクラシー』で描き出したアメリカは、農業社会であって、工業社会であったわけではないのである。そうした農業社会では、経済活動の単位は、もちろん、主に農場であるが、そうした農場は、個人の農民やその家族の所有物であり、彼ら自身によって経営されていたのである。そこで生産された物は、大部分が個人消費にあてられていたのである。

けれどもここで重要な点は、経済が(工業化される傾向をもっていたかということではなく)著しく分権化されていたということである。そのおかげで、政治指導者が経済資源を自由に扱うことができにくかったのである。しかも、分権化されていたおかげで、自由農民という中産階層を大規模に輩出することができた。こうした分権化された経済が、デモクラシーの発展にきわめて有利に作用したと言ってよい。実際、トマス・ジェファーソンが描くアメリカ像のなかでは、デモクラシーにとっての欠くことのできない基盤は、独立した農民によって構成される農業社会だったのである。

このように、工業化社会以前に起源をもっている、古くからデモクラシーを採用してきた国の政治的経験は、ポスト工業化の時代にはもう有効性を失っているのだろうか。そんなことはないはずである。それどころか、古くからのデモクラシーの経験の本質的な部分が、ポスト工業化時代のデモクラシーを決定的に重要な点で補強してくれるのである。すなわち、経済活動の主要な部分が農業であろうと工業であろうと、自立した市民からなる国民の創出を促す分権化された経済が行なわれていれば、民主的な制度の発展と維持にきわめてよい影響を及ぼしてくれることになるのである。

さて、しばらく前に、「まれで一時的にだけ成立した条件」として政府が、中央集権的に作成された計画を効率よく実施したこともあった、というケースに言及した。そのうえ、その政府は民主的でもあったのである。そうした政府とは、第一次世界大戦時の、そしてもっと強調しなければならないのは、第二次世界大戦時のイギリス、アメリカ両国の戦時内閣である。しかしこの場合、計画と経済資源の分配の目標は、はっきりとしていたうえに、限定されたものであった。すなわち、まず民間の需要を満たすために財とサービスの基本的な供給を行なったうえで、さらにそれに加えて軍事的需要を確実に満たさなければならないというものだったのである。また、戦争の目的は広範な支持を得ていた。たしかにブラックマーケットが広まっていたという事実もあったが、資源の分配と価格統制を行なうためにつくられた中央集権的なシステムの効果を損なうほどまでに広まったわけではなかった。このシステムは再び平和が訪れると、最終的には解体された。そのために、政治指導者たちは、自分たちが担っていた経済上の優越的な役割を、政治的な目的のために利用する機会を奪われる結果になってしまったのである。

さて、今見てきたような戦時体制をひとまずわきに置いて考えてみれば、中央集権的な計画経済は、指導者たちが基本的には非民主的であるような国でだけ存在してきたと言ってよい。したがって、経済体制のもたらす非民主的な帰結を、政治指導者の信条のもたらす非民主的な帰結から切り離して評価することは難しい。たとえば、レーニンとスターリンは、デモクラシーに対しては非常に敵対的だったので、仮に中央集権的な計画経済のもとであろうがなかろうが、民主的な制度の発展は彼らによって阻害されたかもしれないのである。中央集権的な計画経済が果たした役割は、ただ単に、資源を彼らに与えて、自分たちの意志を国民に押し付けやすいようにしただけだったのである。

もう少し厳密に言い直せば、民主的な制度を、中央集権的な計画経済と平和時において結合させてみようという歴史的実験は、まだ一度も試みられていないのである。わたし個人としては、それが試みられないことを望む。好ましい結果がもたらされるだろうと予測することはできないからである。そして、結果はデモクラシーにとって悪い前兆となるであろう。

このように資本主義市場経済が、これまで存在してきた非市場経済と比べて、民主的な制度にとってはるかに好ましい作用を営むとしても、一方で民主的な制度に対して実に好ましくない結果をいくつかもたらすことも事実なのである。次章ではその点を検討することにしたいと思う。

第一四章　資本主義市場経済はなぜデモクラシーを阻害するのか

資本主義市場経済をデモクラシーの観点から詳しく分析してみると、そこに二つの側面が見えてくる。つまり、ローマのヤヌス神が示しているような、相互に相反する二つの顔を持っているのである。一方は友好的な顔で、デモクラシーの方を向いている。もう片方は敵対的な顔で、デモクラシーとは違う方を向いているのである。

3　デモクラシーと資本主義市場経済とは、常に対立しあう関係にあって、相互に影響を与えあったり制約しあったりしている。

さて、市場経済では、労働力、土地、貨幣の分野で市場が自律的に機能するが、そうした市場経済は、一八四〇年までにイギリスでは完全に導入されていた。資本主義市場経済が、すでにあらゆる分野で敵に勝利を収めていたのである。たとえば、経済理論や経済行為は言うに及ばず、政治、法律、理念、哲学、イデオロギーの面でも同様であった。市場経済に反対する立場は、すべて完全に打ち砕かれてしまったように思われた。しかし、なかには、そうした完全な市場経済の浸透には堪えられないという声を上げた人びともいた。イギリスでは、デモクラシー以前の時代でさえ、そうした声は強かった。(1) いつの時代でも、資本主義市場経済で得をする人もいれば、反対に損をする人もいるのである。

当時、参政権はまだ厳しく制限されていたが、それを除けば、代議政体が政治制度としてほぼ定着していた。その後、一八六七年と一八八四年の二度にわたって参政権が拡大された。さらに、一八八四年以降になると、ほぼすべての成人男子が投票できるようになった。このようにして、無秩序な資本主義市場経済に反対する立場の人も、意見を効果的に表明できる機会が、政治システムによって与えられたのである。その結果、無秩序な市場のせいで損害を蒙ったと感じた人びとは、政治や行政の指導者たちに援助を申し入れることによって保護してもらおうとするようになった。自由放任《レッセ・フェール》主義経済に異を唱える人びとは、政治指導者、運動や政党、さらに、綱領、理念、哲学、イデオロギー、書物、雑誌、そして最も重要なものとして選挙があるが、こういった手段を使えば、自分たちの不満を効果的に表明できるということを発見したのである。そこで、労働者階級の苦境に照準を合わせた労働党が新しくつくられることになった。

自由放任主義に反対する人びとのなかには、資本主義市場経済になんらかの規制を加えることだけを要求する勢力もあったが、なかには、完全な廃止を求める勢力もあった。そしてまた、妥協をした勢力もあった。つまり、今は規制を加えて、将来廃止することにしようという主張である。資本主義を廃止しようと主張した勢力は、その目的を果たすことができなかった。反対に、政府の介入と規制を要求した勢力は、かなり要求を実現させてきた。

イギリスと同じことは、他の西ヨーロッパ諸国や他の英語圏の国々でも見られた。人びとの不満から生じる運動の影響を政府が受けたところでは、それ以上自由放任経済を続けることはできなかった。つまり、政府の介入や規制が行なわれなければ、資本主義市場経済は、民主的な国々では、少なくとも以下の二つの理由で不可能になったのである。

まず第一の理由は、資本主義市場経済の基本的な制度それ自体が、政府の広範囲にわたる介入や規制を必要としているということである。たとえば、自由競争市場、企業の私有、契約の遵守、独占の排除、財産権の保護、これらだけでなく、その他の面でも資本主義市場経済は、法律、政策、命令、その他さまざまな政府の行為に全面的に依存しているのである。市場経済といえども、完全に自動制禦で動いているわけではないし、そんなことは不可能である。

第二に、政府による市場への介入や規制がなければ、市場経済のせいで重大な損害を蒙る人が必ず出るのである。そして、損害を蒙った人や蒙る可能性の高い人は、政府に市場への介入を要請することになるのである。経済活動の主体は、自己利益を追求して行動するために、他者の善に対して配慮しようとする気持ちはほとんど持ち合わせていない。それどころか、他者の善を無視することで、自分の利益を得ることができそうだと思えば、そうしようとする止みがたい誘惑に突き動かされて行動することがふつうである。他者に害を及ぼしても、次のような理屈をつけて、それを正当化しようとする誘惑の前に良心は簡単に沈黙させられてしまうのである。つまり、「わたしがそうしなくても、どうせ他の人がそうするだろう。もしわたしが自分の工場の廃液を川に流させないようにしても、あるいは煤煙を大気中に放出させないようにしても、どうせ他の人がそうするだろう。もし仮にわたしが、安全の確認できない製品を販売することをやめても、どうせ他の人がそういう品物を売るだろう。

もしわたしが……しなくても、どうせ他の人がするだろう」。多少なりとも競争が行なわれている経済においては、実際のところ、他の人がそうする、ということはたしかにその通りである。

さて、無秩序な競争や規制のない市場によってなされる決定のせいで、結果として損害がもたらされるとすれば、いくつかの疑問が生ずるはずである。たとえば、そうした損害を取り除いたり、少なくしたりすることはできないだろうか。もしそうできたとして、極端に大きな負担を負わずにすむ結果を実現することができるだろうか。さらに、特定の人びとに不利益が集中し、他の特定の人びとが得をするような場合には、何が妥当なことであるかをどうやって判断したらよいのだろうか。もっともよい解決のしかたは何なのだろうか。あるいは、最善ではないにしても、少なくとも満足できる解決のしかたはあるのだろうか。そうした決定は、だれが、どうやって行なったらよいのだろうか。そして、その決定を実施するには、どういう方法でどんな手段で行なったらよいのだろうか。

こうした問題が、単なる経済的問題でないことは明らかである。つまり、道徳的な問題であり、政治的な問題でもある。民主的な国において、市民がこれに対する解決を探ろうとすれば、自然に政治や政府の方に関心を向けざるをえなくなってくる。市場経済が引き起こす有害な結果に修正を加えるために、市場にいちばん介入しやすく、同時に、いちばん効果を上げられそうな候補は何なのだろうか。それは、政府をおいて他にはないのである。

不満をもった市民たちが、政府を介入させることに成功するかどうかは、市場経済に反対する人びとの政治力がどのくらい強いか、ということをはじめとして、その他さまざまな要素によって大きく影響される。しかし、歴史の示しているところは明解である。つまり、民主的な国ではどこでも、*無秩序な市場が有害な結果を引き起こしたり、引き起こしそうになったりした場合には、市民に被害をもたらしかねない結果が起こらないように、修正を加えるべく政府が介入してきたのである。

資本主義市場経済に積極的に関与してきたことで有名なアメリカの場合には、連邦政府、州政府、地方政府が、数えきれないほど数多くの市場介入を行なっている。以下にそのうちのいくつかを例として掲げてみたい。

・失業保険
・老齢年金
・インフレや経済不況を回避するための財政政策
・食品、薬品、航空機、鉄道、高速道路、一般道路における安全の確保
・公衆衛生、感染症の防止、学童への強制的予防接種
・健康保険
・教育
・株式、債券、その他の有価証券の売買
・産業地区、居住地区、その他の区分け
・建築基準の設定
・市場における競争の確保、独占の排除、取り引きに関するその他の規制
・関税や輸入数量の割り当てを課したり引き下げたりすること

・医師、歯科医、弁護士、会計士、その他の専門的職業に従事する免許の交付
・州立公園、国立公園、レクリエーション施設、自然保護地区の設立と維持
・環境破壊の防止や環境を修復するために工場を規制すること
・そして、遅きに失した感もあるが、タバコ常用癖やガン、その他の有害な影響を除去するためにタバコ会社の販売を規制すること

等々である。

要約すれば次のように言うことができる。民主的な国家の場合には、政府が広範囲にわたって、市場経済のもたらす有害な影響に修正を加えるための規制や介入を行なわなければ、資本主義市場経済は決して存続できない（あるいは長期にわたって存続することはできない）。

それにもかかわらず、ある国において、民主的な政治制度の存在が資本主義市場経済の作用に大きな影響を与えるとすれば、逆に資本主義市場経済の存在も民主的政治制度の作用に多大な影響を及ぼす。たとえて言えば、原因を引き起こす矢は双方向に向いていることになる。つまり、政治から経済へ、そして、経済から政治へ、である。

4　資本主義市場経済は不可避的に経済的不平等を生み出す。そしてそれは、政治的資源の配分の不平等をもたらす。その結果、ポリアーキー型デモクラシーが潜在的にもっている民主的な可能性は

＊非民主的な多くの国々も同様である。しかし、ここでは問題をデモクラシーと資本主義市場経済に限定して考えることにしたい。

制限されてしまうことになる。

◎用語の解説

政治的資源(political resources)とは、ある個人やある集団が他者の行為に対して、直接、間接に影響を及ぼそうとする時に利用できるあらゆる手段のことである。人間社会には無限に多様な側面があるが、時と場所に応じて、そういったさまざまなものが政治的資源になる。たとえば、肉体の強さからはじまって、武器、お金、富、財貨とサービス、生産資源、収入、地位、名声、尊敬、親愛の情、カリスマ、名声、情報、知識、教育、通信、情報伝達手段、組織、職場での地位、法的地位、教義や信念に対する抑制、参政権、そのほか数多くのものが政治的資源になるのである。ある理論上の可能性に限定して言えば、政治的資源は、民主的な国々における投票権と同じように、すべての人に平等に配分されているはずである。また別の理論上では、政治的資源があるひとりの手中に集中したり、あるひとつの集団に集中したりする可能性もある。しかし、現実的には、政治的資源は平等に分配される可能性と完全に独占される可能性とのあいだを無限に揺れ動いているのである。

今右に掲げておいたような政治的資源は、あらゆる場所で、きわめて不平等に分配されているのが現実である。資本主義市場経済だけが唯一の原因とは断定できないが、カギとなる多くの資源——富、収入、地位、威信、情報、組織、教育、知識、その他——の不平等な分配を引き起こす原因として重要な要因であることは確かである。

政治的資源は不平等に分配されているので、政府の政策、決定、行為に対して、ある市民集団が他の市民集団に比べてはるかに大きな影響力を行使するということが起こる。平等に対するこうした侵害は瑣末なことではない。その結果、市民は政治的に平等でないことになる。断じて平等などとは言えない状態なのである。そのことはさらに、デモクラシーの道徳的基礎をなす、市民相互間の政治的平等を著しく侵害する結果を招くことになる。

5　資本主義市場経済は、デモクラシーの発展にとっては好都合で、特に、ポリアーキー型デモクラシーに至るまでの発展に大きく寄与する。しかし、ポリアーキーのレベルをさらに超えてデモクラシーが発展しようとするときには、市場経済は、政治的平等を損なう帰結をもたらすために不都合なものとなる。

資本主義市場経済は、以下に述べる理由で、権威主義体制を弱体化させるうえで大きな力を発揮する。まず、第一に、地主と小作人からなる社会を、雇用者、被雇用者、労働者からなる社会へと変質させる。第二に、田舎に居住し、生きるのに必要な教育さえほとんど受けられない人びとを、必ずしも一様にいかない場合も多いが、教養があり、適度に非宗教的な都市の住民へと変質させる。第三に、少数のエリートや政府に圧力をかけることのできる一握りの集団や支配階級だけが、ほとんどあらゆる資源を独占している状態を変えて、はるかに多くの人びとが資源を所有できるような状態にする。第四に、少数者による上からの支配にほとんどだれも楯突くことができないシステムから、多くの人びとが自分たちの政治的資源（とりわけ投票権）を効果的に連携させることができるシステムへの移行を可能にする。そうすることによって政府にはたらきかけ、自分たちに役に立つ行動を引き出すことができるようになる。市場経済が、以上述べてきたような変化をもたらす媒体になれば、経済成長を持続させることが可能になるだろうし、社会と政治を革命的に変えることも可能になるのである。

近代化の遅れた国々の権威主義的政府が、活発な市場経済の導入に乗りだすとき、その政府は最終的にみずからの破滅につながる種をまいているようなものである。

しかし、資本主義市場経済によって、いったん社会と政治が一変し、民主的な制度が定着すれば、基本的に様相が変わってしまうのである。すなわち、今度は、市場経済が大量につくり出す資源の配分が不平等になり、市民相互間にきわめて重大な政治的不平等が発生することになってしまうのである。

さて、ポリアーキー型デモクラシーと資本主義市場経済の緊密な結合が、さらなる民主化にとって有利に作用するような可能性があるかどうか、そして、どうすればそうできるかという問いは、きわめて難問であるので、簡単に答えを出すこともできないし、手短に答えることも絶対にできない。一方、民主的な政治システムと非民主的な経済システムが同居している場合には、デモクラシーの目標と実践に向かうように要求する恐ろしく粘り強い挑戦が、二〇世紀を通じて繰り返し大規模に繰り広げられてきた。その挑戦は二一世紀にも持続されることになるはずである。

第一五章　終わりのない旅

さて、わたしたちの未来にはどんなことが待ち受けているのだろうか。すでに触れたように、二〇世紀を生きてきた人びとの目には、時として、この世紀がデモクラシーにとって暗く悲惨な時代に暗転しそうに見えた。しかし、最終的には、デモクラシーの大勝利の時代になりそうなことがはっきりしてきた。そしてわたしたちは、二一世紀も二〇世紀と同じように、デモクラシーに好意的な時代になってくれるだろうと考えれば、安心できる。しかし、歴史を振り返ればわかるように、人類がデモクラシーを経験したことは、あまり多くはないのである。そう考えると、二一世紀になるとデモクラシーはもう一度、非民主的なシステムによって転覆させられる運命にあるのではないだろうか。そして、エリート政治家やエリート官僚が支配する、二一世紀型の守護者支配が出現することになるのではないだろうか。それとも逆に、デモクラシーが全世界に広まり続けるということになるのだろうか。さらにまた次のような変化が起こる可能性も考えられないだろうか。いわゆる「デモクラシー」と言われるものが、ますます拡散してゆき、それにともなって、むしろ深みが失なわれ、底の浅いものになってしまうということである。つまり、デモクラシーがますます多くの国に広まってゆくにつれて、その質がどんどん希薄なものになるということは起こらないだろうか。

いずれにしても、将来のことを完全に見通すことはできないので、確実な答えをここで出すことはできない。第三章で提示した問題についてはこれまで十分に検討を加えてきた。その結果、そろそろ、海図のない世界に入り込んできてしまったようである。今わたしたちが知っている世界は、経験をもとにして地図がつくられた世界である。その世界は未来に道を譲ることになるが、そこには十分に信頼に足る地図は存在しない。そこにあるのは、せいぜい、遠い所にある島についてのあてにならない報告をもとにしてつくられたスケッチ程度の地図でしかない。しかしそれにもかかわらず、次のように予測を立てても、それほどはずれているとは思えないのである。つまり、民主的な国々が今直面している問題は、おそらく将来も未解決なまま残るであろうし、いっそう解決の難しい問題になっていきさえするかもしれないということである。

この最終章では、今後、努力して達成しなければならない課題を四つほど簡潔に提示しておくことにしたい。主として古くから民主的である国々に限定して議論を進めてゆこうと思う。というのは、部分的には、議論を単純化しようという理由によるが、それだけではなく、いずれ――そう遠くないうちに――新しく民主化された国々の場合も、まだ民主化されていない国々の場合も、古くからデモクラシーを採用してきた国々が抱えているのと同様の問題に直面することになると思われるからにほかならない。

そうは言っても、今までに直面してきた諸問題を思い出してみれば、これから述べる問題はいずれも、そう驚くほどのものではないだろう。また、以下に提示するもの以外にそう多くの問題があるとも思えない。ただ残念ながら、今ここに解決を提示することは望むべくもないことである。解決を示そうとすれば、また別に本を一冊、あるいは何冊も書く必要があるかもしれない。ただひとつだけ確実に言えることがある。それは、デモクラシーの活力とデモクラシーの質は、わたしがこれから述べようとする課題を、民主的な市民や指導者たちがどのくらいうまく処理できるか、ということにきわめて大きく依存しているということである。

課題　その一――経済秩序

民主的な国々の場合、資本主義市場経済が何か別の経済体制に移行することはおそらくありえないだろう。したがって、第一三章、第一四章で説明したような対立しあうものどうしは、それぞれがどんな形になるかはともかくとして、対立しあったまま存続し続けることが確実であるといえよう。

市場中心の経済よりもすぐれ、それに代わる可能性のある新たな選択肢は、まったく見当たらない。二〇世紀が終わろうとしている今日、将来の見通しに対する地殻変動が起こってしまったのである。すなわち、民主的な国々では、市民のなかに、デモクラシーと政治的平等を今以上に促進し、そのうえ、人びとに財とサービスを効率よく提供してくれそうな非市場経済を発見し、それを実施に移せる可能性があるとの確信を抱いている人びとはほとんどいなくなってしまったのである。この二世紀のあいだに、社会主義者、経済計画の立案者、テクノクラートといった人びとをはじめとし、その他多くの人びとが、大規模かつ永久的に市場経済に取って代わり、もっと秩序があって、計画的で、財とサービスの生産、価格、分配が正当な手続きにのっとって行なわれると自分たちが考える見取図を描き続けてきた。しかし、今となっては、そうした見取図のほとんどは忘却の彼方に消え去ってしまった。したがって、市場中心の経済には欠陥がいくつもあるかもしれないが、それでも二一世紀の民主的な国々にとっては、それが唯一の選択肢となるだろうと思われる。

そうは言っても、市場中心の経済にとって、企業の所有や経営の形態が、今後とも現行の資本主義と同じように行なわれ続ける必要があるかどうかという点になると、きわめて不確実である。企業の社内「政治」は非民主的な特徴をもっていることが多く、時には、事実上、経営者が独裁者としてふるまっているところもなかにはある。それだけでなく、企業の所有、そして所有の結果得られる利潤やその他の利益が、非常に不平等な形で分配されることも多い。主要企業の所有と経営の両面が不平等に行なわれていることが次々に原因となって、第一四章で言及したような政治的資源の不平等が大規模にもたらされ、その結果として、デモクラシーを採用している国々の市民の間で政治的平等性が大きく侵害されることになる。

市場経済にともなうこうした欠点にもかかわらず、資本主義的所有や経営に代わる選択肢として歴史に現われてきたものは、二〇世紀末までにそのほとんどが支持されなくなってしまった。労働党も社会党も社会民主党も、産業の国有化を目標にすることをやめてから久しい。それどころか、そうした政党が組織する政府や、あるいは、強力な連立の相手としてそうした政党を含む政府は、現存していた国有企業を急速に私企業化してきたのである。かつてユーゴスラヴィアは、社会主義国でありながら、ほぼ唯一市場経済を行なっていた国であった。すなわち、「社会的に所有された」企業が、(少なくとも原則的には)労働者の代表によって経営されながら、市場のなかで機能していたのである。しかし、それとても、ユーゴスラヴィアが崩壊し、共産党政府がヘゲモニーを喪失すると、完全に消滅することになってしまった。たしかに古くから民主的であった国々では、雇用者が共同で所有している企業があり、しかもただ存在しているだけでなく、実際に収益を上げている例もいくつか見られる。しかし、概して、労働運動も労働党も、そして労働者自身も、雇用者や労働者が所有し、経営する企業が中心となって構成される経済秩序を強力に擁護しているわけではないのである。

したがって結論は次のようになる。デモクラシーの目標と資本主義市場経済とのあいだの緊張関係は、今後も引き続き、なくなることはほぼ確実にないと思われる。政治的平等を阻害する資本主義市場経済のマイナス面を少しでも減らしながら、一方でそのプラス面を保持し続ける何かよい方法はあるのだろうか。おそらく、民主的な国々の市民と指導者がそれに対してどんな解答を出すかによって、新しい世紀におけるデモクラシーの性格と質がほぼ全面的に決定されるであろう。

課題　その二――国際化

国際化が進むにつれて、政治や行政の指導者たちが、なぜ民主的なコントロールを無視して自分たちの裁量の範囲を拡大する傾向に陥りやすくなるか、という理由についてはすでに見てきた通りである。第九章ですでに指摘したことではあるが、デモクラシーの視点から言えば、意志決定が国際的なレベルにシフトするときには、デモクラシーを犠牲にすることがあるということをしっかりと考慮に入れるとともに、政治や行政の指導者たちの決定を説明可能《アカウンタブル》なものにするための手段を強化しなければならなくなる。しかし、残念なことではあるが、こうしたことがそもそも行なえるのか、そして、どうすれば行なえるのか、この点は全く明らかではない。

課題 その三——文化の多様性

古くから民主的である国の場合、文化的同質性がかなり高い国が多いので、デモクラシーが発展し、安定したものになっている、ということについては第一二章ですでに触れた。しかしながら、二〇世紀最後の一〇年間には、こうした国々でも、二つの理由でしだいに文化的多様性が増大してきている。

まず一つ目は、日ごろから差別を蒙ってきた市民のなかに、自分たち以外の人びとと手を組んで、文化的なアイデンティティを求める運動を起こし、自分たちの権利や利益を実現しようとする動きが出てきたことである。こうした運動の例としては次のようなものがある。すなわち、有色人種の運動、女性の運動、ゲイやレスビアンの運動、さらには、イギリスに編入されているスコットランド人やウェールズ人、ケベックのフランス語を話す人びとなどのように、歴史的にゆかりの深い地域に住む、言語的マイノリティーや民族集団《エスニック・グループ》の運動、などである。

二つ目に、古くから民主的であった国々の場合にも、移民の増加のせいで、文化的な多様性が増大しているということをあげることができる。移民してきた人びとは、民族、言語、宗教、文化が異なるために、多数派の人びとから区別されることが多い。移民にはさまざまな理由があり、合法的である場合もあれば非合法の場合もあるが、いずれにしても、古くからのデモクラシーを採用している国々の文化的多様性を増大させる役割を果たしている。一例をあげるならば、経済格差が存在している場合には、貧困から逃れたいと思っている貧しい国の人びとは豊かな国に移住したいと思うようになる、というようなことである。また単に、豊かな国へ移住することで、生活の質を変える大きなチャンスを手に入れられると考える人びともいるかもしれない。古くからデモクラシーを採用している国々に移住したいと考える人びとの数は、二〇世紀の最後の数年で飛躍的に増加した。その理由は、暴力や抑圧やジェノサイド的なテロリズム、すなわち「民族浄化《エスニック・クレンジング》」、そして飢餓、その他にも自国内で直面するさまざまな脅威から逃れようとして、絶望に打ちひしがれ、恐怖に脅えながらも難民として脱出しようとする人びとが洪水のごとく出現したからにほかならない。

しかも、こうした外からの圧力に加えて、内からの圧力も増してきている。すなわち、雇用者側でも、自国民がもはや見向きもしなくなっている賃金水準や労働条件で働いてくれる移民労働者を雇うという傾向である。また近年の移民労働者は、外国にいる一族を呼び寄せたがる傾向もある。しかも、人道的配慮や純粋な正義感に動かされて、難民を難民収容所に放置したり、難民の母国で悲惨な目に遭わせたり、テロや直接的な殺人の潜在的な可能性に晒《さら》したりしたままにすることに反対する人びとも多数存在している。

民主的な国々では、こうした内外からの圧力に直面して、国境というものが、今まで考えていたよりもはるかに容易に飛び越せるものだということを認識した人びとも多い。陸続きに侵入したり、海から上陸したりして、不法に入国してくる人びとを阻止しようとすれば、国境警備に莫大な支出をしなければ不可能である。また、支出は別にしても、入国を阻止することには、不快感を感じたり、非寛容で非人道的だという感情を抱いたりする市民もかなりの数にのぼる。

ところで私には、文化的な多様性とそれにともなってもたらされる難問が二一世紀になれば減少するとは思えない。むしろ、どちらかと言えば、増加するのではないだろうか。

これまで民主的な国々が、デモクラシーの実践のしかたや価値観と常に一致する形で文化的な多様性を処理してきたとは必ずしも言えないとすれば、将来、今までよりうまくやっていけるのだろうか。あるいは、そもそもうまくやっていく意志があるのだろうか。第一二章と補遺Bの説明のように、たとえば、同化という方法から、果ては独立という方法まで、さまざまな解決法が可能性としては考えうるのであろう。それ以外の解決法もあるかもしれない。いずれにせよここでもう一度確認しておきたい点は、デモクラシーの性格や質は、民主的な国々が、自国に居住する人びとの文化的多様性にうまく対処するしくみを発展させせられるか否かに大きく左右されるということである。

課題　その四――市民教育

本書ではこれまで、市民教育について多くのページを割いてこなかったが、民主化がうまくゆくか否かは、基本的に、市民の理解力が十分に高められて《インライトウンド》いるか否かにかかっていると考えてさしつかえないであろう。すなわち、時間的にかなり限られたなかで、各メンバー(市民)は、実際に採用できそうなさまざまな政策や、それぞれが引き起こしそうな結果について知る機会を、平等かつ効果的に確保できていなければならないのである。

実際、市民はどのようにして市民教育を受けているのであろうか。古くから民主的であった国々の場合には、政治についての理解力を高めるために多様な方法が生み出されてきた。まずはじめに、そうした国々では、市民の大部分が十分に読み書きができるようになるまで正規の教育を受ける。その後、広範かつ安く利用できるメディアを使って自分たちに役に立つ情報を入手することにより、さらに政治についての理解力を高めてゆくのである。また、各政党のなかで繰り広げられる政治的ポストをめぐる競争のおかげで情報はいちだんと豊富になる。つまり、政党も候補者自身も、過去の実績やこれから行なおうとすることというかたちで、情報(時には誤った情報が織り交ぜられることもあるが)を熱心に有権者に提供するのである。市民が、十分な知識をもち、活発に政治に参加し、実効性のある働きかけを政治に対して行なうために必要とする情報の量は、政党や利益団体のおかげで、比較的入手しやすいレベルにまで絞り込まれるのがふつうである。そもそも政党というものは、生い立ちが有権者にもよく知られているのがふつうであるし、現在めざしている方向も、過去の延長上にあることが多い。したがって、将来どうなるかもある程度予測しやすいのである。こうしたことの結果として、有権者が、公共性のある課題をすべてにわたって理解している必要は必ずしもないことになる。そのかわりに有権者は、自分たちが支持する政党の候補者は、当選後には、自分たちの代表として、おおまかに自分たちの利益にかなった政策を全体としては遂行してくれるだろう、という確信を抱いて一票を投じることができるのである。

さらにまた、市民のなかには、自分たちの特殊な利害関係を保護し、促進するために組織した集団――利益集団やロビー組織や圧力団体――に加入している人びとも数多く存在している。利益団体をつくることで、資源や政治的技能や専門的知識を利用できるようになれば、市民は、政治の世界で、大きな効力を発揮する一種の特別な代表機能を手中のものとするのである。

政治を動かす人びとが、綱領やキャンペーンで示した政党の公約を実際に行なったり、あるいは、少なくとも行なおうと努力したりすることに責任をもとうと決意する理由は、政党が相互に競い合ったり、利益集団が影響力を行使したり、選挙のさいに候補者が競り合ったりするからなのである。しかも、一般に広く信じられていることとは逆に、古くから民主的であった国々では、政治を指導する人びとは、たいていそういうことを実行してきたのである。(1)

さて最後になるが、政府の行なう重要な決定というものは、少しずつ修正《インクリメンタリー》を加えながら策定されてゆくのがふつうであって、未知の世界に飛躍して飛び込んでゆくのではないということを指摘しておきたい。一歩ずつ修正を加えながら着実に進められてゆくので、すべてを台無しにしてしまうような失敗を回避することができるようになっているのである。市民も専門家も指導者も、過ちから学ばざるをえない。つまり、非常に多くの修正が加えられて政策が練り上げられてゆくのである。必要ならば、もう一度最初からやり直すことだってある。つまらない些細なことの積み重ねのように見えても、長いあいだには、それがしだいに巨大な変化、あるいは、革命的とでも言えそうな変化をもたらすこともありうる。ただし、こうした細かな変更の積み重ねは、平和のうちに行なわれてこそ、公的な支持を広範な人びとから受け、しだいに受容されていくようになるのである。

こうした漸進主義《インクリメンタル》的な試行錯誤《マドリング・スルー》の繰り返しに対しては、展望のない非合理的なやり方だと批判する向きもあるが、長い目でみると、実は、不確定性の高い世界に重大な変化をもたらす方法としては、かなり合理的な進め方であることがわかってくるのである。(2) たとえば、デモクラシーのこうした制約された決定のしかたを無視した権威主義的な支配者が行なった決定は、今となってみれば、明らかに二〇世紀最悪の不幸な決定であった。民主的な国々が試行錯誤的な決定の進め方をしているときに、独裁的な支配者たちは、世界を狭い視野で独善的に理解して、盲目的で、自己破壊的な政策を実行し、足をすくわれることになってしまったのである。

市民の能力を高い水準に引き上げる方法としては、今述べてきたような方法が、欠点は多くあるにしても標準的なやり方であって、これについては指摘しておかなければならない点がまだたくさんある。[3] しかし、わたしが心配している点は、この方法が将来も十分に機能し続ける保証はないということである。つまり、現在一般的なこうした方法は、次に掲げるような、相互に関連しあった三つの理由によって、深刻な欠点をもつものになってしまいそうなのである。

規模の変化　国際化がいちだんと進んできているせいで、市民一人ひとりの生活が、きわめて大きな領域のなかに住む、きわめて多数の人びとの動向によって影響を受けるようになってきている。

複雑さ　民主的な国々ではどこでも、学校教育の水準が平均的に上がってきているし、今後も上がり続けるように思われる。しかしながら、同時に、公的なことがら《パブリック・アフェアーズ》もますます複雑化し、理解が困難になってきているので、教育が高度化しても追いつかなくなってしまっている。民主的な国ではどこでも、過去五〇年ほどにわたって、政治や政府や国家に関係するさまざまな出来事が数多く発生するようになってきている。事実、どんな人であっても、そうしたことすべてに専門的知識を持っているわけではない。いや、ほんの少しのことにしか専門知識を持っていないというのが実際のところであろう。最後に言っておくべきことは、政策についての判断は不確実性をともなっているだけでなく、トレード・オフについての難しい判断を迫られることがふつうであるということである。

コミュニケーション　先進国では二〇世紀に、人間のコミュニケーションの枠組みが、社会的にも技術的にも、きわめて大きく変化した。電話、ラジオ、テレビ、ファクス、双方向テレビ、インターネット、大きな出来事が起こるとほとんど同時に行なわれる世論調査、特定の関心を持った人びとの集まりなどの出現である。こうしたかなり低価格のコミュニケーション手段や情報が出現したおかげで、政治的なことがらに関しても、その複雑さの程度はきわめて多様であるが、利用可能な情報が巨大な量になってきている。[4] しかし、利用しうる情報のこうした増大にもかかわらず、政治的能力を引き出したり、政治的理解力を高めたりすることにはなっていないのである。つまり、規模、複雑さ、巨大な量の情報は、市民の能力に、実に強い要求を課しているのである。

　こうしたことから結果として言えることは、民主的な国々で今緊急に必要となってきていることは、市民が政治の世界に関与できるように知的能力を向上させることである。そのことは、決して一九世紀、二〇世紀に発達してきた市民教育《シヴィック・エデュケーション》の制度が廃止されるべきだということを意味しているわけではない。そうではなく、わたしは次のようなことを切実に考えている。つまり、来るべき新しい時代には、二一世紀にも役に立つ一連の手法やテクノロジーを創造的な形で利用し、市民教育、政治参加、情報伝達、審議などの手法を刷新し、昔ながらの古い制度をさらに向上させる必要があるということである。わたしたちは今まで、こうした可能性を真剣に考えてみようとはしてこなかったし、ましてや、その可能性を小規模な単位で試験的に試してみるということは全く行なってこなかったのである。

それにしても、民主的な国々は、今述べてきたような課題をはじめとして、その他の直面する課題に真正面から取り組んでゆくことができるのだろうか。それは、古くから民主的である国だけでなく、新しく民主化した国にしても、移行期にある国にしても同様である。もし、それができなければ、すでに広がっているデモクラシーの理念と現実との乖離は、ますます拡大したものになってしまうかもしれない。そして、デモクラシーの勝利の時代は、デモクラシーの質の低下と没落の時代に変化することになってしまうに違いない。

二〇世紀全体を振り返ってみると、民主的な国々は、デモクラシーが危機にあるとか、危殆に瀕しているとか、滅びる運命にあるとかさえも言われるような、確信を込めた批判につねに晒《さら》され続けてきた。たしかに、瀕死状態に陥ったことも時にはあったかもしれない。しかし、最終的には死滅することはなかった。今になってはっきりとわかったことは、ペシミストたちはいずれも、デモクラシーになんとか見切りをつけようとしていただけだったということである。そうした暗澹《あんたん》たる予測を克服してゆくなかで、経験的にはっきりとわかってきたことがある。それは、民主的な諸制度がひとたび強固に樹立された国では、そうした制度がとても力強くて、柔軟性に富むものになってゆくということである。デモクラシーというものは、一度樹立されれば、何か問題に直面した時には、それに立ち向かう予期せざる能力を発揮するものなのである。その能力の発揮のしかたはたしかに洗練されてもいないし、完璧でもないが、しかし、それなりに十分なものであることがはっきりした。

さて、最後に申し上げておきたいことは、もし、以前からデモクラシーを採用してきた国々が、今直面している諸問題を二一世紀に克服できれば、ようやく、本当の意味での高度な民主体制へとまさに生まれ変わることになるだろうということである。そして、高度な民主体制が樹立されれば、デモクラシーに信頼を寄せる世界中の人びとの希望の灯となるだろうということである。

補遺A　選挙制度

選挙制度について、本文で説明した以上に詳しく知りたい方は、手はじめに、*The International IDEA Handbook of Electral System Design*, edited by Andrew Reynolds and Ben Reilly (Stockholm: International Institute for Democracy and Electoral Assistance, 1997) にまず目を通してみるとよいだろう。

この本によると、「世界の選挙制度」は大きく三つに分類することができる。つまり、第一に、多数代表制、第二に、比例代表制(ＰＲ)、第三に、準比例代表制である。多数代表制はさらに四つに細分できるが、小選挙区制(ＦＰＴＰ――これについては、比例代表制と比較しながら、第一一章ですでに説明した)は、その四つに細分したなかの一つにしかすぎない。多数代表制には他にも、優先順位投票制(Alternative Vote(ＡＶ)、選択投票制と言われることもある)や、フランスで行なわれている二回投票制などが含まれる。

優先順位投票制が行なわれているのは、オーストラリアだけである(ただ、その変形は太平洋上の島国ナウルでも採用されている)が、この制度を強く支持する政治学者は少ないながらも確実にいる。

この制度は、小選挙区制と同じで、一人一区制で候補者を選出する。ただ、小選挙区制と異なる点は、有権者が候補者に優先順位をつけて投票することである。すなわち、一位に一、二位に二、三位に三という具合に順位をつけてゆくのである。どの候補者も、有権者の過半数を獲得しなかった場合には、総得票数のもっとも少ない候補者を切り捨てる。そして、二番目の順位をつけられた候補者の票が数えられるのである。こうした作業を、有権者の五〇パーセントを超える候補者が出るまで続けてゆく。フランスの二回投票制も、同様の効果をねらったものである。いずれの場合も、小選挙区制のもつ潜在的な欠陥——つまり、二名以上の候補者が一つの議席をめぐって争った場合に、大多数の有権者が支持しない候補者が当選して、議席を獲得する場合があるということ——を避けようとしているわけである。優先順位投票制であれば、事実上、有権者がこうした結果を回避する機会を手に入れることになる。

比例代表制はさらに、三つに細分化して、分類できる。そのうち、圧倒的に多く採用されている方式は、名簿式である。つまり、有権者は、あらかじめ政党が提出した名簿のなかから候補者を選んでゆくのである。当選者数は、候補者の所属政党の得票数の割合に厳密に比例して配分される。混合型の比例代表制はドイツ、イタリアで行なわれており、最近では、ニュージーランドでも導入されたが、この方式は、たとえば、当選者の半数を全国的な名簿から選び、残りを一人区の選挙区から選んでゆく。この方式の支持者たちが強調するところによれば、名簿式の部分では比例代表制の特徴である民意の反映の役割を果たし、同時に、純粋型の比例代表制に比べて、はるかに議会での多数派を生みだしやすい点で、小選挙区制にも似ている。

ところで、比例代表制のなかで、それを盛んに奨《すす》める政治学者は多いものの、実際にはほとんど使われたことのない(唯一の例外はアイルランドで、そこでは一九二一年以来採用されてきている)タイプの比例代表制がある。単記移譲式比例代表制(Single Transferable Vote system(ＳＴＶ))がそれである。すでに説明した優先順位投票制と同じように、有権者は候補者に順位をつける。しかし、単記移譲式が優先順位投票制と違っている点は、二人区、三人区などの複数人区で行なわれることである。得票数の数え方は複雑すぎるので、ここで説明してゆくことは差し控えたいが、単記移譲式を採用すれば、複数人区での議席は、きわめて高得票数を獲得した候補者に割り振られるうえに、各政党間の議席数は、ほぼそれぞれの政党の得票率に比例した形になりやすい。アイルランドの有権者は、この単記移譲式比例代表制に不満はないようであるが、他の国々が採用を差し控えているのは、おそらく制度上複雑すぎるためだと思われる。

さて、この本では、九つの選挙制度とそのそれぞれがもたらす帰結についても解説が加えられている。しかも、「選挙制度をつくりあげようとする人へのアドヴァイス」もなされている。これがまたなかなか賢明なアドヴァイスなのである。以下、そこでなされている忠告(多少の解説が加えられている)を少し紹介してみることにしよう。

・単純なものであること。
・恐れずに改革を行なうこと。
・参加の包括性に関して重大な誤りを犯さないようにすること。

・選挙にかかわる主要な行為者（有権者、候補者、支持者など）すべてから正統なものとして受容してもらえるようにすること。
・有権者の影響力を最大化するように心掛けること。
・しかし一方で、そのことが、政党の凝集力を損なわないようにバランスをとること。

以上見てきたように、選挙制度がかなり多様に存在しているということから、以下の三つのことがわかってくる。まずその第一は、選挙制度が、自国の必要性に合致しなくなった場合には、民主的な国であれば、その制度を変えるべきだということ。そして、第二に言えることは、選挙制度はその国固有の特徴――たとえば、歴史、伝統、文化などにおける特徴――に見合ったかたちでつくられるほうがおそらくよいだろうということである。最後に、三番目として言えることは、どの国も新しい選挙制度を導入しようとする（あるいは、既存のものを引き続き維持しようとする）場合には、選挙制度にかんして十分な専門知識をもったエキスパートにいろいろな可能性を探ってもらってから、どれを選ぶか決定をすべきであるということである。

補遺B　文化的、民族的に分断された国々における政治のあり方

多様なサブカルチャーがある場合に、民主的な国々でかなりの程度満足できる政治的対応をしようとすれば、そのあり方は、おおまかに見て、ほぼ二つのタイプに分類できる。ひとつは「多極共存型《コンソシエーショナル》デモクラシー」であり、もうひとつは選挙のしくみによる対応である。

まず、多極共存型デモクラシーであるが、それは、政治指導者たちの大連合の結果として生じてくる。ただし、そうしたことが可能となるには、それぞれのサブカルチャーの得票数におおよそ見合った数の議席数が議会で配分されることを保証する選挙制度として、比例代表制が導入されていることが必要である。しかもそうした大連合は選挙後にはじめて行なわれるのである。この問題についての第一人者は、アーレント・レイプハルト（Arend Lijphart）であるので、全体的な見通しを得るためには、彼の手になる *Democracy in Plural Societies: A Comparative Exploration* (New Haven and London: Yale University Press, 1997, chap. 3, 53–103)〔内山秀夫訳『多元社会のデモクラシー』三一書房〕を読むことをお薦めする。

多極共存型デモクラシーが実際に実現したのは、一九一七年から一九七〇年代までのスイス、ベル

ギー、オランダと一九四五年から一九六六年までのオーストリアである。サブカルチャーの存在のしかたや、コンセンサスを得るための政治の対応のしかたは国ごとに違っているし、過去においても違っていた。まず、**スイス**では、日常的に話されていることばが違っている(ドイツ語、フランス語、イタリア語、ロマンシュ語)うえに、宗教も違っている(プロテスタント、カトリック)し、州《カントン》もたくさんに分かれている。ことばの違いと宗教の違いはある程度相互に交錯しあっている。たとえば、ドイツ語を話す人びともプロテスタントだけではなくカトリックもいるし、フランス語を話す人びとのなかにもカトリックだけでなくプロテスタントの人もいる。このように相互の相違点が混じりあってきたおかげで、言語と宗教をめぐる対立が緩和され、その結果、スイスでは、近代以降ほとんど対立は見られなくなってきている。ただ、比較的小さな州の場合には、概して言語と宗教についての同質性がかなり高い。これは、歴史に由来するだけでなく、意図的にそのようにつくられてきた結果でもある。合意に基礎を置くスイスの政治体制は、主として、スイス連邦憲法の指示によるものであるが、しかし同時にスイス人の精神態度や政治文化によっても強力に支えられているように思われる。

ベルギーの場合には、まず、カトリック、自由主義、社会主義という三つのサブカルチャーを中心にして、独立した政党が誕生した。その後、ワロン人居住地域ではフランス語が優位であり、フランドルではフラマン語が優勢にあるという言語の違いと、部分的には地域の違いに応じて、こうした政党は、さらに分裂していった。さらに、サブカルチャーごとの自治の要求が拡大するにつれて、連邦化が広範囲にわたって推し進められるに至った。そして、言語と地域ごとにそれぞれの公権力をもち、首都ブリュッセルは両方の言語を使用する特殊な立場に置かれることになった。また、連邦レベルで内閣を組閣する場合には、フラマン人とワロン人を厳密に同数入閣させることが普通の形になっている。

次に、**オランダ**であるが、ここには、オランダ連邦共和国(一五七九―一七九五年)に由来する、エリート主義的後見主義の長い伝統があるものの、自由主義、カルヴィニズム、カトリック、社会主義という個別のサブカルチャーの発展が次第に促進されていった。そうしたサブカルチャーは、実際に、政治からはじまって、婚姻、地域の付き合い、集会、労働組合、新聞などに至るまで、あらゆる人間関係や活動の領域に浸透するようになった。こうしたサブカルチャーは、主に、宗教と階級の相違に沿って分かれながら展開していったのである。しかし、一九一七年になって、国民的妥協が成立し、宗教系の学校にも、公立学校にも同等の財政支援が保証され、普通選挙が導入され、徹底的な比例代表制が採用されることになった。もっとも、そうなってくると、イデオロギーごとに固まったそれぞれのグループは、さらに強固に結集するようになっていくことになった。政治のこうした方式が、つねに全政党による連合政権を樹立することになったわけではなかったが、それにもかかわらず、各サブカルチャーが同等の権限を持って政策形成に参画し、マイノリティーの利益を相互に承認しあい、グループごとの自治権を認めあい、しかも同時にかなり実効力の高い政府をつくりだしていったのである。

一九六八年に、アーレント・レイプハルトが、*The Politics of Accommodation: Pluralism and Democracy in the Netherlands* [Berkeley: University of California Press, 1968] で描き出して、大きな反響を巻き起こした、多極共存型デモクラシーの原形になったものが、オランダのこうしたしくみだった。しかし、その時点ではすでに、サブカルチャーはすでにその個性を失いかけていたのである。たとえば、社会主義者は、しだいに、全国的な組織に統合されつつあったし、宗教上の二つのサブカルチャーは大規模に浸透しつつある世俗化の荒波にまともに晒《さら》されていた。ただ、各サブカルチャーが同等の権限を持って参画するという、その時点までにすでに確立されていた方式と、自律的な集団の主張に対して敬意を払う一般的な傾向は概して存続し続けていたのである。

　多極共存型デモクラシーがうまくゆくことはあまりない。その理由は、明らかに、それをうまく機能させる条件がめったには存在しないからである。分断された社会の問題を解決する方法としての多極共存主義に対する批判としては、以下のようなものが考えられる。(1)文化的に分断された数多くの国々の場合、多極共存型デモクラシーにとって望ましい(おそらく不可欠でさえある)条件はごくわずかしか存在しないし、場合によっては全く存在しない、(2)多極共存型方式は、民主政治において野党が果たす重要な役割を著しく損なうものである、(3)政策決定にかかわる集団が拒否権を相互に持ち合っていることと、コンセンサスが必要とされるために、むやみに決定が暗礁に乗り上げやすくなること、である。しかしながら、オランダをはじめ、その他かつて存在した多極共存型システムの経験に照らしてみれば、第二の批判の妥当性は疑わしいし、第三の批判が誤りであることは明らかである。

　分断された国々の現状を変えるには、選挙のしくみを変えて、指導的立場にある政治家たちが、議会の選挙や大統領選挙の前やその最中に、継続性のある選挙協力をお互いに実行しあわなければならないことを強く感じさせるようにしむけるべきだ、と主張する政治学者も存在する(たとえば、Donald L. Horowitz, *Ethnic Groups in Conflict* [Berkeley: University of California Press, 1985] や *A*

Democratic South Africa? Constitutional Engineering in a Divided Society［Berkeley：University of California Press, 1991］を参照）。しかし、このことを最もうまく実現するにはどうしたらよいのか、という点になると全くはっきりしていない。はっきりしていることは、小選挙区制が最悪のしくみであるということである。その理由は、小選挙区制を採用すれば、ある集団が圧倒的多数の議席を占有してしまい、連立の可能性をさぐる必要性も感じずに交渉して、折衷案をつくるようになるからである。補遺Aで述べたような優先順位投票制がよいのではないかと考える人びともいる。また、大統領職をめざす候補者には、主要なサブカルチャーや民族集団の少なくとも二つ以上から、それぞれ最小限度の得票率を獲得するように義務づける得票分散要件(distribution requirements)を課することを考えてもよいかもしれない(ただし、たとえばケニヤでは、「大統領に選出されるためには、各候補者は、八つの州のうち最低五つの州で、少なくとも二五パーセントの得票がなければならない」との要件を課しているにもかかわらず、「一九九二年には、野党が分裂したために、ダニエル・アラプ・モイが、わずか三五パーセントの得票率で大統領に当選することを許す結果になってしまった」［前掲、*The International IDEA Handbook of Electoral System Design*, edited by Andrew Reynolds and Ben Reilly (Stockholm：International Institute for Democracy and Electoral Assistance, 1997), 1090］)。さらには、主要な民族集団のすべてが同意するようなある一定の原則を設定し、それにのっとって各集団に主な官職を割り振るということも考えられるかもしれない。そうは言っても、この方式で、分裂含みの文化的な対立状態に確実に終止符を打てるという保証が得られるわけではない。たとえば、レバノン、ナイジェリア、スリランカでは、独創性にあふれた対応が功を奏していっ

たんは安定が得られたが、いずれの場合にも、民族対立の緊張が再び高まり、安定は崩れ、結果的に、内乱や権威主義的支配に陥ってしまった。

こう見てくると、次のように結論づけざるを得ないかもしれない。つまり、文化的に分断された国々が抱える課題を解決する普遍的な方法は存在しない。それぞれの体つきの特徴に合わせて注文服を仕立てるように、それぞれの国にそれぞれ個別の解決策を見つけだしてゆくことが必要になってくるのではないだろうか。

補遺C　民主的な国を数えてみる

民主的な国はいくつあるのだろうか。そして、ある特定の国、たとえばみなさんが住んでいる国は、もし「デモクラシー」から「独裁政治」まで目盛を刻まれた物差しがあったとすれば、どの辺りに位置づけられるだろうか。

この本の読者のみなさんのなかで、世界中に民主的な国がいくつあるか、精確に、しっかりした根拠をもって、最新の数を知る必要があると思っている方はほとんどいないのではないか、と思うが、二番目の問いに対しての答えを知りたいと思っている方はかなりたくさんいらっしゃるのではないだろうか。しかし、その答えを探しだすためには、一番目の問いに答えることがまず必要になるのである。

ところで、この作業がそう簡単ではないのである。というのは、たしかに一方で、民主的な国は第八章で説明したポリアーキーの制度をすべて備えていなければならないと言えるが、実際にある特定の国にそうした制度が存在しているかどうかを判断することは、全く別問題にほかならないからである。ある国が、ポリアーキー型デモクラシーの政治制度を備えているという意味で民主的だと結論づけるためには、少なくとも二つの判断をくだすことが必要になる。すなわち、そうした制度が、その国に実際にいま存在しているかどうかということと、一定の低めに設定された限界ないし境界上かそれを超えた所に位置するかどうかということ、この両方の点についての判断が必要になるのである。そして、それよりも下の場合には、その国を民主的と呼ぶことは差し控えたいと思う。第一番目の判断をくだすためには、独立した観察機関から世界中の国についての情報が大量に供給され、入手できるのでとても参考になる。しかし、二番目の点について判断をくだすことは、かなりの注意を要するし、そのうえ、どちらかといえば、恣意的になりやすい。そうした難点を回避する方法の一つは、おおまかに、ヨーロッパないしは英語を日常語とする国——古くからの民主的な国々——に実際に存在しているレベルを、境界として設定すると決めてしまうことである。明言するしないはともかくとして、こうした方法がほぼふつうのやり方だと認めてもらえるのではないだろうか。したがって、主な民主的政治制度が、ヨーロッパや英語圏に匹敵するレベルで存在している場合にだけ、その国を「民主的」であると判断することにする。

近年、ある国がデモクラシーの規準に十分合致するか合致しないかについて判断をくだす場合に、合理的でかつ適切な判断の根拠を明確にしようと試みる研究者や研究機関が増えてきている。その場合、そこで使用される規準は、完全に同一のものではないが、類似したものになりやすい。そして、「デモクラシー」と「非デモクラシー」とのあいだに正確な区別を設けようとすれば、少々恣意的になってしまうことがあるにしても、判断結果が、同意しやすいものになるのはありがたいことである。説明のために、こうした試みを三つ紹介しておきたい。まずはじめは、私自身の著書である*Democ-*

racy and Its Critics (New Haven and London: Yale University Press, 1989) では、一八五〇年から一九七九年までにポリアーキー型デモクラシーの数がどれだけ増加したかを表にして示しておいた。そして、その表をもとに図式化してみたものが図1(10頁)である。また、同書のそれとは別の表(同書241頁、表17-3)では、一六八カ国を取り出し、一九八一年ごろから一九八五年までの間の資料をもとにして、デモクラシーの主要な政治制度のうちの四つをもっている完全なポリアーキーをはじめとして、そのうちのどれも持っていない極端な権威主義体制までの範囲で、七つのカテゴリーに分類している。どちらの表とも、マイケル・コペジ (Michael Coppedge) とウォルフガング・ライニッケ (Wolfgang Reinicke) の業績をもとにして作成したものである。二人は、デモクラシーの四つの基本的な制度——自由かつ公正な選挙、表現の自由、多様かつ独立度の高い情報源、集団の自律性——のそれぞれについて、各国を相関的に同一水準で判定するために、利用しうるかぎり最高の情報を使って分類を行なっている。彼らが使っている方法は、*Studies in Comparative International Development* 25, 1 (Spring 1990): 51–72 所収の論文 "Measuring Polyarchy" のなかで説明されている。そこには、膨大な量にのぼる周到な調査が紹介されているが、完全には再現されていない(ただし、コペジは、*Inequality, Democracy, and Economic Development*, edited by Manus I. Midlarsky [Cambridge: Cambridge University Press, 1997], 177–201 に収められている "Modernization and Thresholds of Democracy: Evidence for a Common Path" のなかで、簡潔に尺度を解説して、以前の研究の成果である評価の格付けを有効に使用している)。

また、広範に出回っているために容易に利用でき、有用性の高い、別の情報源として、Freedom

House という党派性に染まっていない組織が毎年刊行している、*Freedom in the World: The Annual Survey of Political Rights and Civil Liberties, 1996-1997* がある。もし、みなさんがインターネットにアクセスできるようであれば、ネット上で国ごとのリストを閲覧することもできる。アドレスは以下の通りである。http://www.freedomhouse.org/political/frtable1.htm. Freedom House の格付けは、二つの尺度で評価を行なっている。一つは、「政治的権利」(Political Rights)であり、もう一つは「市民的自由」(Civil Liberties)である。そして、そのおのおのに、もっとも自由(1)から自由がない(7)までのランクづけをしている。政治的権利が、1、すなわちもっとも自由にランクされていて、市民的自由が1、2、3のいずれかにランクされている国をすべて数えてみると、五六カ国が両方の規準を満たしている。そして、私の見るところでは、そのいずれの国もそれぞれの国の民主的制度について、別の機関がくだした判定とちょうど一致している。しかし、インド、ブラジル、ロシアはいずれもこの水準には到達していない。Freedom House のランクによれば、インドは政治的権利が2、市民的自由が4、ロシアは政治的権利が3、市民的自由が4となっている。仮にこの両者を含めたとしたら、総計は五八カ国になる。

最後に、もう一つ別の情報源を紹介しておきたい。それは、コロラド大学が、一九九四年に一五七カ国を対象として行なった分析である。コロラド大学は、Polity III をインターネット上で運営している。以下のサイトにアクセスすればそれを利用できる。http://isere.colorado.edu/pub/datasets/polity3.

ここでは、一五七カ国が、10点満点のデモクラシーの尺度(デモクラシーの度合がもっとも高い10点、全くなし0点)と10点満点の独裁政治の尺度(独裁の度合いがもっとも高い10点、全くなしが0点)によって評価されている。その結果、一五七カ国中六五カ国が、独裁政治の度合いは0点とされ、デモクラシーの度合は8点、9点、10点とされている。図1で、一九九〇年の数字として示されているのはこの数にほかならない。こうした国のすべてを「民主的」と呼ぶようにしても、それは合理的なことかもしれない。しかし、ひとくちに「民主的」といっても、その程度はさまざまであると判断してよいだろう。そう考えてみると、デモクラシーの尺度が10点満点で「きわめて民主的」と分類できる国が三五カ国、そして9点で「かなり民主的」と分類できる国が七カ国、8点で「ぎりぎり民主的」と分類できる国が二三カ国ということになる。

しかしながら、Polity IIIは、微小国家、たとえばサンマリノ(人口二万四〇〇〇人)のような小さな国、あるいはバルバドス(人口二五万六〇〇〇人)やミクロネシア(人口一二万三〇〇〇人)のように、カリブ海や太平洋に浮かぶ小さな島をほとんど除外している。一方で、Freedom Houseの規準にもとづくなら、サンマリノもバルバドスもミクロネシアも、すべての国が政治的権利においても、市民的自由においてもトップクラスにランクされている。したがって、「きわめて民主的」な国と見なすに値しているのである。

まとめてみよう。全世界の民主的な国々をすべて説明してあって、しかもそれが、全面的で、信頼度が高く、さらには、最新のものであるような説明はたぶん見込めないだろうが、前述の二つの情報源は、いずれもかなり満足できる判断材料を提供してくれている。しかし、そうしたことよりも、本書の読者の方々にとって、おそらくとても重要な点は次のことである。すなわち、二つの情報源を利用してみることで、それぞれ独自の視点をもった専門家たちが、デモクラシーに直接関係の深い尺度を使って、ひとつひとつの国をどのようにしてランク付けて行くかが、みなさんに見えるようになっている、こういうことである。

訳者あとがき

本書は、Robert A. Dahl, *On Democracy* (Yale University Press, New Haven and London, 1998) の全訳である。ダールの著作は、すでに、日本でもその多くが翻訳されており、著者についてもあらためてここで紹介するまでもないほど広く知られているかもしれない。しかし、本書が一般読者を対象とした内容になっていることとは対照的に、これまでの著作は、どちらかといえばアカデミックな色彩が強かった。そのため、本書ではじめてダールの著作に接する機会をもった読者も多いかと思われる。そうした方々のために、以下に簡単に著者のプロフィールを紹介し、あわせて内容の簡単な紹介もしておきたい。なお、これまでの著書で邦訳されているものは、巻末の「さらなる読書のために(日本語文献)」に示しておいたので、そちらをご参照いただきたい。

さて、ダールは、著者自身の語るところによれば、一九一五年アメリカのアイオワ州インウッドという小さな農村に生を受けている。父親は医者であったが、父方の両親はノルウェーからノースダコタ州に移住してきた農民であった。また、母親はスコットランドとイングランドの血を引く女性であったということである。ダールは自分自身を、アメリカの特徴である「メルティング・ポット」的存在の典型と評している。その後、父親の仕事の関係で、一〇歳から大学入学まで、アラスカで生活している。多感な十代をアラスカで過ごしたことは、彼の政治理論に消しがたい刻印を残したようである。

大学は、比較的家から近いという理由で、シアトルにあるワシントン大学を選んだ。それでも家からシアトルまでは五日かかったということである。そこで学部教育を受けたのち、さらにイェール大学大学院に学び一九四〇年博士号を取得している。しばらく政府機関に勤め、一九四三年にヨーロッパ戦線に送られた後、帰国後の一九四六年以来、一九八六年の定年までイェール大学で教鞭をとった。この間、六六年から六七年まで、アメリカ政治学会の会長も務めている。現在は、イェール大学名誉教授(Sterling Professor of Emeritus at Yale University)である。

ダールの学問的業績に対する評価はきわめて高く、「デモクラシー理論にかんする数多くの画期的な著作《ランドマーク》」を発表し、政治理論の発展に多大な寄与をなした政治学者として広く知られている(*American Political Scientists—A Dictionary*, ed. by Glenn H. Utter and Charles Lockhart, Aaron Wildavsky, Advisory Editor, Greenwood Press, 1993 参照)。著書としては、本書以外に、*A Preface of Democratic Theory*, 1956(邦訳『民主主義理論の基礎』)、Modern Political Analysis, 1963, fifth edition, 1991(邦訳『現代政治分析』)、*Dilemmas of Pluralist Democracy*, 1982; *Democracy and Its Critics*, 1989 などがある。特に、最後の著作は、非常に高い評価を受けており、ダールの主著と評することもできるかもしれない。また、ダールの政治理論の全貌を知るためには、*Toward Democracy: A Journey—Reflections*: 1940–1997 (2 vols. Institute of Governmental Studies Press, University of California, Berkeley, 1997)がある。これは、彼のアンソロジーであり、作品の変化の軌跡を知る最良の文献である。

アラスカでの生活について、ダールの思想を理解するうえで、参考になりそうなエピソードを紹介しておきたい。彼の住んでいた町は、三方を山に囲まれ、一方だけ海に開けた小さな町であったということであるが、ここでの生活環境は著者にきわめて大きな影響を及ぼしたようである。著者は多くのことをそこでの生活から学んだという。場所がら、フライフィッシングをはじめその種のことには最適の環境であったということであるが、ダールは、この地で人間に対する尊敬の念をいだくようになったと回想している。気候が厳しく、冬にはほとんど外部との接触もなく閉ざされてしまう寒村で、自然の猛威に耐え、緊密な交流をもちながら生き抜く人びとのたくましさにふれたことがその原因であったようである。しかしながら同時にここで著者は、人種差別にも直面する。人口の四分の一を占めるネイティヴ・アメリカンの人びとに対する差別である。彼らは、社会的にも、経済的にも、文化的にも差別されていた。もちろん著者は、彼らの立場に同情をするが、それと同時に、ほかでもなくまさに自分自身の意識のなかに、特権階級の壁を打ち壊せずにいる自分を発見したことで、その後みずからを苦しめることになるのである。それから、ここでは子供たちもドックや鉄道で働くことが多かったそうであるが、その経験から、労働者の人びとのつらくて制限された人生へのシンパシーを自然に抱くようにもなったということである。こうしたエピソードは、ダールの政治理論の根底にあるリベラルな態度の背景をうかがわせてくれるものであり、本書の理解の助けにもなってくれるのではないだろうか。

もうひとつふれておかなければならない点は、こうした生活環境のために、社会生活や政治生活における「規模の問題」についての意識を獲得したことである。ダールが、オランダ、ベルギー、スウェーデン、ノルウェーなどのヨーロッパの小さな国々のデモクラシーに関心をはらい続けている背景にはこの問題意識がある。また、一九六一年に出版され、後にリッピンコット賞を受賞した『統治するのはだれか――アメリカの一都市における民主主義と権力』の背景にあるのもこの問題関心である。この著作で、ダールは一躍注目を集めることになったが、そこで彼は、自分自身の住むニューヘヴンの権力構造についての実証的な研究にもとづいて、アメリカの一地方都市におけるデモクラシー論を展開している。本書でも、「大きな規模のデモクラシー」と「小さな集団におけるデモクラシー」の比較をしながら論理展開を行ない、「大きな規模のデモクラシー」のあり方に独自の説明を加えている。

さて本書は、内容的には *Democracy and Its Critics* と重なる部分も多く見られるが、前著がどちらかといえば、歴史的な説明に重点が置かれ、より理論的で専門家向けであるのに対して、本書は、どちらかといえば、現状をわかりやすく記述し、専門家よりも一般読者を想定した内容になっている。先にあげた「規模とデモクラシー」というテーマが、本書の背景にある問題意識でもあることは、一読していただければ容易に理解できるはずである。つまり、図式化して言えば、規模の小さな人間集団の場合には、ルソーに代表されるような、旧来の直接参加型のデモクラシーが可能かもしれない。しかし、国民国家のような大規模な集団の場合には、デモクラシーを実現する方法は代表制デモクラシーしか存在しない、というのがダールの基本認識である。そこで問題は、いかにすれば代表制デモクラシーをデモクラシーの名に値するものにできるか、すなわち、いかにすれば代表制における政治参加の実質を確実なものにできるか、ということになる。

ダールは、まずデモクラシーがもたらす利点を一〇項目列挙している(62頁、図5参照)。この表にもとづき、彼は、「基本的人権」の実現や「個人に本来属する利益の保護」をデモクラシーが可能にしてくれると説明する。さらに、とりわけ近代デモクラシーがもたらす恩恵として「平和の追求」や「繁栄」を可能にしてくれる点を説明する。ルソーに代表される従来のデモクラシー論が、デモクラシーは質朴な人びとにこそふさわしい政治システムである、とすることに反して、ダールは、近代デモクラシーが経済的繁栄と密接にかかわっている点を指摘するのである。

しかし、この図でもっとも注目しなければならない点は、デモクラシーのもたらす価値として、「普遍的な自由」「自己決定」「道徳的自律」「人間性の展開」というような道徳的項目があげられていることである。われわれは、デモクラシーということばを政治のしくみ、すなわち、議会、選挙、政党というしくみと一体のものとして理解しがちである。しかし、この図は、本来それが、個人の生き方と切り離しては考えられない概念であることをあらためて気づかせてくれる。すなわちそれは、「心の習慣」(N・R・ベラー)でなければならないのである。

日本における戦後デモクラシーとは、その始まりにおいて、そもそも、そのようなものであったはずである。すなわち、個人の生き方の転換までを視野に入れた課題としてのデモクラシーだったはずである。それが、時の経過を経ることによって、意識的ないしは無意識的に、政治制度のあり方へと矮小化されてしまい、今日に至ってしまっているのではないだろうか。しかし、本来このことばが、個人の生き方に大きくかかわる概念であることを、新世紀の初頭に再確認をしておくことは意義深いことであるように思う。ハーバーマス的に言えば、依然としてデモクラシーは、「未完のプロジェクト」なのである。

本書の後半で、ダールは現実のデモクラシーに目を向けるが、アメリカをはじめ、多くの「ポリアーキー型デモクラシー」において、こうした価値は十分に実現しているのであろうか。もちろんそれは、実現していないのである。その意味で、デモクラシーはさらに深化させられなければならないのである。

そうであれば、そうしたデモクラシーのいっそうの深化を、だれが実現するのであろうか。つまり主体はだれなのか。政府なのだろうか、あるいは自治体なのだろうか。ダールの答えは、そのいずれでもなく、それは一人ひとりの市民にほかならない、というものである。第二章の末尾で彼は次のように指摘している。

「それがうまくいくかどうかは、わたしたち自身が何をするかにかかっている（中略）デモクラシーには何が必要になるかを正しく理解し、その要求に応えようとする意志があれば、わたしたちは民主的な理念と実践を保持し続けることができるだけでなく、さらに、それらをもっと前進させることもできるのである。」

そこで、ダールの関心は市民のあり方に向かうことになる。彼は、「規模の大きなデモクラシー」に必要な政治制度として、六つの項目をあげている（116頁、図6参照）。いずれもデモクラシーに不可欠な条件であることに変わりがないが、そのなかで特に注目しておきたい項目は、六番目の「全市民の包括的参画」である。古代ギリシア以来、デモクラシーが市民の参加を前提とする政治体制であることは明らかである。そうであれば、一つの政治体の内部にあって、参加する市民は多いほうがよいのは当然のことである。

「ある国で民主的な政治が行なわれていると言えるためには、その国の法律に服従する人すべてが、その国の市民でなければならない」(106頁)。

「すべての個人が主権者である市民とされる必要がある」(109頁)。

こうして、デモクラシーは生き方の問題と深く切り結ばざるを得なくなるが、そうであれば、そうした個人の生き方と表裏一体の政治文化を育むことがデモクラシーに欠かせない条件となる。すなわち、それが、「「民主的」である国を、よりいっそう民主的にする方法」(41頁)なのである。

「デモクラシーは、市民がデモクラシーを支える政治文化を創造し、維持することに成功しなければ長続きできない。(中略)民主的な文化は、個人の自由という価値を断固として重視するのがふつうである」(70頁)。

「ある国が安定したデモクラシーを実現できる可能性は、その国の市民とリーダーがデモクラシーの理念や価値体系や慣行を強く支持している場合には高くなる(中略)その国が民主的な政治文化をもっているときに、デモクラシーは安定したものになるのである。」(215頁)

最後に、ダールが市民的な政治文化を育成するために今後ますます必要になると考えているものが、市民教育である。

「民主化がうまくゆくか否かは、基本的に、市民の理解力が十分に高められている《インライトウンド》か否かにかかっている(中略)各メンバー(市民)は、実際に採用できそうなさまざまな政策や、それぞれが引き起こしそうな結果について知る機会を、平等かつ効果的に確保できていなければならないのである。」(254頁)。

「市民教育《シヴィック・エデュケーション》には、正規の学校教育だけではなくて、公共のディスカッション、討議、ディベート、論争なども必要であるし、信頼できる情報があらかじめ利用できるようになっているなど、自由社会の多様な制度が必要なのである。」(108頁)。

「民主的な国々で今緊急に必要となってきていることは、市民が政治の世界に関与できるように知的能力を向上させることである」(258頁)。

さて、ダールも言うように、私たちは前世紀の中ごろデモクラシーを採用し、いわば「古くからのデモクラシー」のなかに暮らしている。しかし、ダールの基準に照らして現状を正視してみると、それは決して満足のゆくものではない。それどころか、デモクラシーに反するような政治的な出来事が頻繁に見受けられる。また、そもそもデモクラシーということばそれ自体が人びとの口にのぼらなくなってしまっている。そうであればこそ、ますます市民の力が必要とされているのではないだろうか。

世界は冷戦体制崩壊後、依然として、先が見えない混沌のなかに置かれている。日本も、東アジア世界も、今あらたな政治の枠組みを模索中である。自民党を中心にしてきた戦後の政治システムそれ自体が、もはやレリヴァンシーを持たなくなってきているのかもしれない。あるいは、旧態依然とした時代がまだしばらく続くのかもしれない。いずれにしても、将来がどうなるのかはきわめて見通しがつけにくい。

しかし、それをどのようなものにしてゆくかは、「わたしたち自身が何をするかにかかっている」(33頁)。さいわい、阪神淡路大震災以来、日本の政治文化も変化の兆しを見せ、新たな市民社会の形成の萌芽も感じられる。世界的に見てもそうした変化の兆しは見えはじめているのである。ダールも次のように指摘する。「『デモクラシーには何が必要になるかを正しく理解し、その要求に応えようとする意志があれば、わたしたちは民主的な理念と実践を保持し続けることができるだけでなく、それをさらにもっと前進させることができる』（33頁）」。すなわち、市民が、世界を変えられる、というのである。

本書はそうした傾向をさらに促し、行動を起こそうとする市民に手掛かりを与えてくれるはずである。そのさい、次のようなダールのことばをしっかりと噛みしめておかなければならない。

「アメリカでは、大統領制に小選挙区から選出された議会が組み合わされたシステム、連邦制度、強力な違憲立法審査権、こういったものが十分に機能できるようにするために、二世紀以上にわたって政治文化を育み、政治的技能を発達させ、政治的実践が積み重ねられてきた。」（193頁）。

*

翻訳にあたっては、日本語として読みやすいことに意を注いだ。原文におけるイタリック体など強調の箇所は、傍点を付し、あるいはゴチック体によって示した。また、本文中、訳者による補足は〔 〕で示した。

最後に、この訳書を出版するにさいしては多くの方々にお世話になりました。この場を借りてお礼を申し上げたいと思います。とりわけ、国際基督教大学の千葉眞先生には、学問的にも人間的にも、助手時代から有形無形の恩恵を蒙ってきました。出版の段取りをつけ、岩波書店との交渉をしてくださったのも先生でした。先生のお力添えがなければ、本書の翻訳は実現しなかったでしょう。その意味でまず千葉先生にお礼を申し上げなければなりません。また、英語にかんして突然の質問にも快く相談にのっていただいた同僚のネイティヴ・スピーカーの先生方にもお礼を申し上げます。さらに岩波書店編集部の坂本政謙氏、大矢一哉氏には心からお礼を申し上げます。坂本氏には遅々として進まない翻訳を辛抱強く待っていただくとともに、訳語について適切なアドヴァイスをいただきました。本当にありがとうございました。大矢氏には、共訳者といっても過言ではないくらいのお手伝いをいただきました。おかげでずいぶんこなれた日本語にすることができたと思います。それでも読みにくい箇所、誤訳が多々あるかもしれませんが、それはあくまで訳者の責任です。大矢氏にはまた、原著の不明箇所なども時間を割いて調べていただきました。本当にありがとうございました。最後に、ワープロ入力を手伝ってくださった大学院生の佐藤真紀さんにもお礼申し上げます。その他、お名前はあげませんが、いろいろな方々にお世話になるとともに、ご迷惑もおかけしました。ありがとうございました。

二〇〇一年四月二九日

中村孝文

ロバート・A. ダール(Robert A. Dahl)
1915年生まれ
米国イェール大学名誉教授
専攻―政治学
著書―『民主主義理論の基礎』(未来社, 1970年)『規模とデモクラシー』(共著)(慶応通信, 1979年)『ポリアーキー』(三一書房, 1981年)『経済デモクラシー序説』(三嶺書房, 1988年)『統治するのはだれか』(行人社, 1988年)『現代政治分析』(岩波書店, 1999年)

中村孝文
1952年生まれ
武蔵野大学政治経済学部教授
専攻―政治思想史・政治理論
著書―『現代政治の諸相』(共著), 八千代出版, 1992年
訳書―シェルドン・S. ウォリン『政治学批判』(共訳), みすず書房, 1988年

デモクラシーとは何か

2001年 5月28日 第1刷発行
2010年10月 5日 第12刷発行

訳 者 中村孝文《なかむらたかふみ》

発行者 山口昭男

発行所 株式会社 岩波書店
〒101-8002 東京都千代田区一ツ橋 2-5-5
電話案内 03-5210-4000
http://www.iwanami.co.jp/

印刷・理想社 カバー・精興社 製本・中永製本

ISBN 4-00-002718-2 Printed in Japan

注

第2章　デモクラシーは，どこで，どのようにして発展してきたのか

(1)　アテネにおけるデモクラシーについての詳細な説明は，Mogens Herman Hansen, *The Athenian Democracy in the Age of Demosthenes: Structure, Principles, and Ideology*, translated by J. A. Crook (Oxford: Blackwell, 1991)を参照.

(2)　James Madison, *The Federalist: A Commentary on the Constitutions of the United States* . . . (New York: Modern Library [1937?]), No. 10, 51. (A. ハミルトン，J. ジェイ，J. マディソン『ザ・フェデラリスト』斎藤眞・武則忠見訳，福村出版，1991年. また，抄訳として『ザ・フェデラリスト』斎藤眞・中野勝郎訳，岩波文庫，1999年).

(3)　Johannes Brøndsted, *The Vikings* (New York: Penguin, 1960), 241.

(4)　Benjamin R. Barber, *The Death of Communal Liberty: A History of Freedom in a Swiss Mountain Canton* (Princeton: Princeton University Press, 1974), 115.

(5)　Gwyn Jones, *A History of the Vikings*, 2d ed. (Oxford: Oxford University Press, 1985), 150, 152, 282–284.

(6)　Franklin D. Scott, *Sweden: The Nation's History* (Minneapolis: University of Minnesota Press, 1977), 111–112.

(7)　Dolf Sternberger and Bernhard Vogel, eds., *Die Wahl Der Parliamente*, vol. 1: *Europa* (Berlin: Walter de Gruyter, 1969), part 1, table A1, 632; part 2, 895, and table A2, 913.

第4章　デモクラシーとは何か

(1)　Thucydides, *Complete Writings: The Peloponnesian War*, unabridged Crawley translation with introduction by John H. Finley, Jr. (New York: Random House, 1951), 105. (トゥーキュディデース『戦史』久保正彰訳，岩波文庫，1966年．あるいは，「世界の名著」第5巻(抄訳)，中央公論新社，1986年)

(2)　アメリカ人の読者のみなさんは，*State*《ステイト》という用語を，アメリカ**合衆国**《ユナイテイド・ステイツ》という連邦制を構成している個々の**州**《ステイト》を指すものと理解しがちであるが，こうした使い方は混乱をもたらす原因になることもある．この言葉は，単に州を指すだけでなく，国際法や政治学や哲学ではもっと広い意味で使われる．またアメリカ同様に，連邦制を採用している国であっても，アメリカ以外の国ではもっと広い意味で使われる．そうした国々の場合には，連邦を構成する個々の単位は，プロヴァンス(カナダ)，カントン(スイス)，ラント(ドイツ)などと呼ばれている．

第5章　なぜデモクラシーなのか

(1)　ここに挙げた数字は次の著作によるものである．Robert Conquest, *The Great Terror, Stalin's Purge of the Thirties* (New York: Macmillan, 1968), 525ff. また，この数字は，ロシアの著名な歴史家であるロイ・メドヴェージェフも，1989年に追認したものである(1989年2月4日付ニューヨーク・タイムズ第1面)．

(2)　この点に関する重要な例外はアメリカ合衆国である．すなわち，アメリカの場合には，公民権法が1964年から1965年にかけて可決，施行されたが，その後も南部諸州では，依然として黒人市民の参政権行使は事実上制限されたままだったのである．

(3)　この点についてさらに学びたい方は，次の著作を参照．James S. Fishkin, *Tyranny and Legitimacy: A Critique of Political Theories* (Baltimore: Johns Hopkins University Press, 1979).

(4)　Thucydides, *The Peloponnesian War* (New York: Modern Library,

1951), 105.（トゥーキュディデース『戦史』前掲部分）

(5)　アナーキー(anarchy)ということばは，ギリシア語の「無」を表わす *an* と「支配者」を表わす *archos* という言葉の合成語である *anarchos* という単語に由来するもので，支配者がいない《ルーラーレス》ことを意味している．したがって，アナーキズムとは，国家《ステイト》は不必要であり，望ましくない存在であると主張する政治理論のことである．

(6)　John Stuart Mill, *Considerations on Representative Government* [1861] (New York : Liberal Arts Press, 1958), 43, 55.（J. S. ミル『代議制統治論』水田洋訳，岩波文庫，1997 年）

(7)　この重大な発見は，次の著作のなかで具体的に説明されている．Bruce Russett, *Controlling the Sword : The Democratic Governance of National Security* (Cambridge : Harvard University Press, 1990), chap. 5, 119–145. 以下において，私はかなり自由にラセットの論じているところを引用することにする．また，こうしたことは，歴史上比較的早く現われた民主政体や共和政体にもあてはまるように思われる．この点については，Spencer Weart, *Never at War : Why Democracies Will Never Fight One Another* (New Haven and London : Yale University Press, 1998) をも参照していただきたい．

(8)　国際的に貿易が活発になり，かなりのレヴェルにまで達するようになれば，民主的な国であるか非民主的な国であるかにかかわりなく，国と国のあいだには平和な関係が生まれやすくなってくる．John Oneal and Bruce Russett, "The Classical Liberals Were Right : Democracy, Interdependence, and Conflict, 1950–1985," *International Studies Quarterly* 41, 2 (June 1997) : 267–294.

第 6 章　なぜ政治的平等なのか——その 1

(1)　この点について，さらに関心のある方は，Garry Wills, *Inventing America : Jefferson's Declaration of Independence* (Garden City, N. Y.: Doubleday, 1978), 167–228 を参照．

(2)　Alexis de Tocqueville, *Democracy in America*, vol. 1 (New York :

Schocken Books, 1961), lxxi. (A. トクヴィル『アメリカの民主政治』井伊玄太郎訳, 講談社学術文庫, 1987年)

第7章 なぜ政治的平等なのか——その2

(1) 倫理的な意見表明が哲学的にどう位置づけられ, 物理学や化学などの経験科学とどのように違っているのかという問題は, 今日まできわめて多くの論争を引き起こしてきた. 今ここで, この問題を全面的に取り上げることはできない. 代わりに, この問題にかんしては, 公的決定における道徳的論争の重要性を指摘した次のすぐれた研究を参照. Amy Gutmann and Dennis Thompson, *Democracy and Disagreement* (Cambridge: Belknap Press of Harvard University Press, 1996).

(2) 憲法制定会議におけるこうした発言については, Max Farrand, ed., *The Records of the Federal Convention of 1787*, 4 vols. (New Haven: Yale University Press, 1966), 1: 82, 284, 578 参照.

(3) John Stuart Mill, *Considerations on Representative Government* [1861] (New York: Liberal Arts Press, 1958), 44. (J. S. ミル『代議制統治論』水田洋訳, 岩波文庫, 1997年)

第8章 大きな規模のデモクラシーにとってどんな政治制度が……

(1) 「ハッツ(Hats)は, 昼用の三角帽子《トライコーン》をかぶって猛進する男たちのようでありたいと願って, この名前を採用した. (中略)一方, キャップス(Caps)の方は, 追撃のしかたが, ナイトキャップをかぶった老婦人のように弱気だったところからこのあだ名をつけられた」. Franklin D. Scott, *Sweden: The Nation's History* (Minneapolis: University of Minnesota Press, 1977), 243.

(2) Alexis de Tocqueville, *Democracy in America*, vol. 1 (New York: Schocken Books, 1961), 51. (A. トクヴィル『アメリカの民主政治』井伊玄太郎訳, 講談社学術文庫, 1987年)

(3) Tocqueville, *Democracy in America*, 50. (トクヴィル, 同上)

(4) John Stuart Mill, *Considerations on Representative Government*

[1861] (New York: Liberal Arts Press, 1958), 55. (J. S. ミル『代議制統治論』水田洋訳, 岩波文庫, 1997年)

第9章　多様性——その1

(1)　Lenin, *The Proletarian Revolution and the Renegade Kautsky* (November 1918), cited in Jens A. Christophersen, *The Meaning of "Democracy" as Used in European Ideologies from the French to the Russian Revolution* (Oslo: Universitetsvorlaget, 1966), 260.

(2)　古代ギリシア人たちは, 共同の防衛を目的として, 複数の都市国家による連合体をつくり, その運営のために, 初歩的ではあったが代議政治を行なっていた. もちろん, これは後に発達した代議政治とはなんの関係もないものであったし, ギリシア人たちは, これを「民主的」とはみなさなかった.

(3)　Destutt de Tracy, *A Commentary and Review of Montesquieu's Spirit of Laws* (Philadelphia : William Duane, 1811), 19, cited in Adrienne Koch, *The Philosophy of Thomas Jefferson* (Chicago, 1964), 152, 157.

(4)　George H. Sabine, *A History of Political Theory*, 3d ed. (New York: Holt, Rinehart and Winston, 1961), 695 (G. H. セイバイン『西洋政治思想史 I』丸山眞男訳, 岩波書店, 1953年)から引用.

(5)　引用とアテナイ市民の人口の見積りは, Mogens Herman Hansen, *The Athenian Democracy in the Age of Demosthenes : Structure, Principles, and Ideology*, translated by J. A. Crook (Oxford: Blackwell, 1991), 53-54 による. アテナイ以外の都市の人口については, John V. Fine, *The Ancient Greeks: A Critical History* (Cambridge: Belknap Press of Harvard University Press, 1983)を参照.

(6)　E. F. Schumacher, *Small Is Beautiful: A Study of Economics as If People Mattered* (London: Blond and Briggs, 1973).

(7)　Frank M. Bryan, "Direct Democracy and Civic Competence," *Good Society* 5, 1 (Fall 1995) : 36–44.

第 10 章　多様性――その 2

(1)　Arend Lijphart, *Democracies: Patterns of Majoritarian and Consensus Government in Twenty-One Countries* (New Haven and London: Yale University Press, 1984), table 3. 1, 38 を参照．ここでは，レイプハルトのリストにコスタリカを付け加えてある．

(2)　イスラエルでは，議会が憲法制定機関として議事を行ない，一連の法律を制定した．その結果，イスラエルの憲法体制は，成文憲法へと変化を遂げた．

(3)　アメリカ憲法には，これまで，社会的・経済的権利がいくつか直接的に追加されてきた．たとえば，奴隷制を廃止した修正第 13 条などがその例である．また，議会や裁判所が，修正第 5 条や第 14 条の解釈をし直すことによって社会的・経済的権利が確認されることもある．

(4)　Lijphart, *Democracies*, tables 10. 1 and 10. 2, 174, 178．ここに挙げた 6 カ国に，ベルギーを付け加えてもよいだろう．その理由は，ベルギーでは，地域分権が推し進められたからである．憲法上の他の規定と同じように，「連邦制」「単一性」という概念も，重要な点で多様であることが多い．

(5)　マディソンのノートによれば，ハミルトンは 1787 年 6 月 18 日に冗長な演説を行なって，次のように述べている．「執行部に関しては，共和主義の原理にもとづいて十分なものをつくることができるという考えは受け入れがたい．(中略) この問題については，イギリス型モデルを採用する以外にはうまい解決のしかたはない．(中略) 議会の一部は終身制にするのがよいだろう．それが無理なら，何か不謹慎な行ないがないかぎり地位を保証するということでどうだろうか．そして，執行部については，終身制にすることを提案する」．この点に関しては，Max Ferrand, ed., *The Records of the Federal Convention of 1787*, vol. 1 (New Haven: Yale University Press, 1966), 289 を参照．6 月 26 日のジェリーのコメントは 425 ページに掲載されている．

第 11 章　多様性――その 3

(1)　以下に掲げるすぐれた研究によれば，選挙制度は「数えきれないほど」

多様である．しかしまた，この研究は次のような説明も行なっている．「基本的には，各国の選挙制度は9つの種類に分類できるが，さらにもっと大きく括れば3つの種類にまとめることができるだろう」．Andrew Reynolds and Ben Reilly, ed., *The International IDEA Handbook of Electoral System Design*, 2d ed. (Stockholm: International Institute for Democracy and Electoral Assistance, 1997), 17.「3つの種類」とは，多数代表制，準比例代表制，比例代表制である．詳しくは，補遺Aを参照していただきたい．

(2)　ちなみに，ある国が連邦制であるか単一制であるかということと，議院内閣制を採用するか，大統領制を採用するかということとは，特別な関係があるわけではない．たとえば，古くからデモクラシーを採用してきた国のうち，連邦制に分類できる国について見ると，4カ国(オーストラリア，オーストリア，カナダ，ドイツ)は議院内閣制で，アメリカだけが大統領制である．また，スイスは，両者のユニークな混合形態を採用している．したがって，仮に，大統領制か議院内閣制かどちらかを選択するような場面に出会ったとしても，連邦制という要素は度外視して考えてよいことになる．

(3)　ニュージーランドでは，1992年と1993年に実施された国民投票で小選挙区制が否決された．1993年の国民投票は，法的拘束力をもつものであったが，そこで多数決の結果導入された制度は，政党のリストから議員を決める比例代表制と，一部の議員を各選挙区から選出する制度とを組み合わせたものである．

(4)　詳しくは，Dieter Nohlen, "Sistemas electorales y gobernabilidad," in Dieter Nohlen, ed., *Elecciónes y sistemas de partidos en America Latina* (San José, Costa Rica: Instituto Interamericano de Derechos Humanos, 1993), 391–424参照．また，下記の辞典も参照．Dieter Nohlen, ed., *Enciclopedia electoral latinoamericana y del Caribe* (San José, Costa Rica: Instituto Interamericano de Derechos Humanos, 1993)．新たに独立国となった，カリブ海の12の島国は，かつてイギリスの植民地だったために，どれも例外なく，イギリス(ウェストミンスター)型の憲法体制をモデルとしている．

(5)　新しくデモクラシーを採用した国のなかでも同様の例を挙げることができる．たとえば，ウルグアイがそうした例のひとつである．そこでは，数年

間，複数の首長を採用していた．しかし，現在は，その制度はすでに行なわれてはいない．

(6)　Juan J. Linz and Arturo Valenzuela, eds., *The Failure of Presidential Democracy* (Baltimore: Johns Hopkins University Press, 1994)を参照．

第12章　デモクラシーにとって好ましい基礎的条件は何か

(1)　この数は，以下に掲げる2つの研究による．ここでは，やや規準の異なる2つの研究リストを結合して数を割り出した(もちろん重複するものは削除した)．Frank Bealey, "Stability and Crisis: Fears About Threats to Democracy," *European Journal of Political Reserch* 15 (1987): 687–715 および Alfred Stepan and Cindy Skach, "Presidentialism and Parliamentarism in Comparative Perspective," in Juan J. Linz and Arturo Valenzuela, eds., *The Failure of Presidential Government* (Baltimore: Johns Hopkins University Press, 1994), 119–136.

(2)　Mark Rosenberg, "Political Obstacles to Democracy in Central America," in James M. Malloy and Mitchell Seligson, eds., *Authoritarians and Democrats: Regime Transition in Latin America* (Pittsburgh: University of Pittsburgh Press, 1987), 193–250.

(3)　強制がなかったと書いたが，よく誤解されているように，全くなかったわけではない．たとえば，子供たちは，学校に行っているときには，一律に英語を話すように強いられた．そのために，アメリカに移民してくる前に話されていた言語を話す能力は，急速に失われていった．しかも，家庭や近所の親しい人びとを別にすれば，どこでもほとんど英語だけしか使われていなかった．したがって，わずかしか英語が理解できなかったり，英語でやりとりができない人にとって，苦悩は深かったのである．

(4)　アメリカの内乱(南北戦争)の原因については，すでにたくさんの著作が書かれてきている．ここで私が述べたことは，言うまでもなく，複雑な一連の事件や，対立に導いたさまざまな原因を正当に比較考量した結果ではない．

(5)　この点に関しては，以下に掲げるすぐれた比較研究を参照していただきたい．Michael Walzer, *On Toleration* (New Haven and London: Yale Uni-

versity Press, 1997). 最終章で，ウォルツァーは「アメリカの多文化主義についての考察」を提案している(93–112).

(6) スコット・J. リード(Scott J. Reid)は，カナダに残るか，それとも独立したケベックに残るかについて，ケベックの全員とはいかなくても，そこに住む大部分の人が参加できる投票を2回実施することを提案し，そのプロセスを描き出している．ただし彼は，自分の「提案が，他の類似の提案と同じように，実行できるかもしれないし，実行できないかもしれない」という点は認めている．(“The Borders of an Independent Quebec: A Thought Experiment,” *Good Society* 7 [Winter 1997]: 11–15)

(7) 以下の記述については，主として次に掲げる著作によった．*Economist*, August 2, 1997, 52, 90; United Nations Development Programme, *Human Development Report* (New York: Oxford University Press, 1997), 51; “India's Five Decades of Progress and Pain,” *New York Times*, August 14, 1997; and Shashi Tharoor, “India's Odd, Enduring Patchwork,” *New York Times*, August 8, 1997.

(8) インディラ・ガンディーは，1977年選挙で敗北した後，1980年には再び首相に選出されている．そして1984年，彼女は，シク教徒の一部が占拠していた，インド有数の神聖なイスラム寺院に対する攻撃命令をインド軍にくだした．その直後，彼女は自分の警護にあたっていた2名のシク教徒に暗殺されたのである．ヒンドゥー教徒は，これに対し蜂起を繰り返し，数千名にのぼるシク教徒を虐殺した．また，1987年には，息子のラディヴ・ガンディーが首相に選出されるが，彼は，地理的なマイノリティーであるタミル人による独立運動を弾圧する．その結果，1991年，一人のタミル人に暗殺されることになったのである．

(9) *Economist*, August 2, 1997, 52.

(10) ただし，インド国境付近にはっきりとした一体性を保持している文化的なマイノリティーが生活しているとすれば，このことは全面的に正しいわけではない．そして，そうしたマイノリティーは実際存在しており，そのうち，もっとも突出した人びとは，カシミール人たちである．彼らはインドから独立を勝ち取ることをめざしているが，そうした運動に対応するためインド政

府が編成した軍隊によって，これまで実現を阻まれてきている．
(11)　この3つに分類する規準については，補遺Cで説明する．

第13章　資本主義市場経済はなぜデモクラシーに有利なのか

(1)　この点についての印象深い証拠は，以下を参照．Bruce Russett, "A Neo-Kantian Perspective : Democracy, Interdependence, and International Organizations in Building Security Communities," in Emanuel Adler and Michael Barnett, eds., *Security Communities in Comparative and Historical Perspective* (Cambridge : Cambridge University Press, 1998) および Adam Przeworski and Fernando Limongi, "Political Regimes and Economic Growth," *Journal of Economic Perspectives* 7, 3 (Summer 1993) : 51–70.

第14章　資本主義市場経済はなぜデモクラシーを阻害するのか

(1)　この点についての古典的な説明は，Karl Polanyi, *The Great Transformation* (New York : Farrar and Rinehart, 1944)(カール・ポラニー『大転換――市場社会の形成と崩壊』吉沢英成・野口建彦・長尾史郎・杉村芳美訳，東洋経済新報社，1975年)を参照．ポラニー(1886–1964)は，オーストリア・ハンガリー帝国からイギリスに亡命し，後には，アメリカのコロンビア大学で教鞭をとった．

第15章　終わりのない旅

(1)　この点は，いくつかの細心な研究のきわめて重要な成果である．Hans-Dieter Klingemann, Richard I. Hofferbert, and Ian Budge et al., *Parties, Policies and Democracy* (Boulder : Westview, 1994)で取り上げられている，デモクラシーを採用している13カ国についての研究を参照していただきたい．また，民主的な12カ国の38の政府についての研究のおかげで，市民の見解と政策立案者の見解とが，ほぼ一致するということもわかった．しかも，選挙制度が比例代表制である国の方が，小選挙区制を行なっている国よりも一致する度合いがいっそう高いということもわかった．John D. Huber and

G. Bingham Powell, Jr., "Congruence Between Citizens and Policy Makers in Two Visions of Liberal Democracy," *World Politics* 46, 3 (April 1994) : 29ff.

(2) チャールズ・リンドブロムは，以下の独創的な論文において，漸進主義《インクリメンタリズム》の方法による「マドリング・スルー」の合理性を明らかにしている．"The Science of Muddling Through," *Public Administration Review* 19 (1959) : 78–88. また，次の論文も参照．Lindblom, "Still Muddling, Not Yet Through," in his *Democracy and Market System* (Oslo : Norwegian University Press, 1988), 237–262. リンドブロムは，また，継ぎ合わされた《ジョインテイド・》漸進主義《インクリメンタリズム》という用語も使用しており，これについても詳細な説明を行なっている．リンドブロムの次の著作を参照．*The Intelligence of Democracy : Decision Making Through Mutual Adjustment* (New York : Free Press, 1965).

(3) たとえば，ベンジャミン・ペイジ(Benjamin I. Page)は，*Choices and Echoes in Presidential Elections : Rational Man and Electoral Democracy* (Chicago : University of Chicago Press, 1978)において，アメリカの有権者に好意的な評価をしている．しかし一方，マイケル・デリ・カーピニ(Michael X. Delli Carpini)とスコット・キーラー(Scott Keeler)は，「われわれの調査の結果わかったことで，重要かつ，きわめて残念なことは，社会経済学的に恵まれない集団と，対照的に恵まれた集団とのあいだに，知識における相当な大きさの較差が発見されたことである」と結論をくだしている．*What Americans Know About Politics and Why It Matters* [New Haven and London : Yale University Press, 1989], 287.

ジェイムズ・フィスキンは，理解の不足している部分を克服するのに役立つ新しい制度の導入を提案しながら，もっとシヴィアな批判を打ち出している．James Fishkin, *The Voice of the People, Public Opinion and Democracy* (New Haven and London : Yale University Press, 1995).

(4) たとえば，1930年には，ニューヨークからロンドンまで電話をすれば，3分間300ドル(1996年の金額に換算して)かかった．それが，1996年には，およそ1ドルの値段になっている(*Economist*, October 18, 1997, 79).

さらなる読書のために

デモクラシーというテーマを直接的，間接的に扱った著書や論文は無数に存在している．すなわち，紀元前4世紀のアリストテレスやプラトンの著作に始まり，数百にものぼるであろうと思われるさまざまな著作が今までに出版されてきたのである．したがって，以下に掲げる簡単なリストは明らかに不完全なうえに，かなり恣意的であるとのご指摘を受けるかもしれない．しかしそれでも，本書の簡単な論じかた以上に，デモクラシーという課題を深く追究してみたいと思っておられる方や，本書の視点とは異なる視点からデモクラシーを学んでみたいと望んでおられる方にはきっと役立つはずである．このうちのいくつかは，すでに注のなかでも引用しておいたものであることをお断りしておきたい．

デモクラシーの起源と発展

Adcock, F. E. *Roman Political Ideas and Practice*. Ann Arbor: University of Michigan Press, 1959.

Agard, Walter R. *What Democracy Meant to the Greeks*. Madison: University of Wisconsin Press, 1965.

Hansen, Mogens Herman. *The Athenian Democracy in the Age of Demosthenes: Structure, Principles, and Ideology*. Translated by J. A. Cook. Oxford: Blackwell, 1991.

Huntington, Samuel P. *The Third Wave: Democratization in the Late Twentieth Century*. Norman: University of Oklahoma Press, 1991.

Jones, A. H. M. *Athenian Democracy*. Oxford: Blackwell, 1957.

Taylor, Lily R. *Roman Voting Assemblies from the Hannibalic War to the Dictatorship of Caesar*. Ann Arbor: University of Michigan Press, 1966.

Vanhanen, Tatu. *The Process of Democratization: A Comparative Study of*

147 States, 1980–88. New York: Crane Russak, 1990.

デモクラシーの目標，理想，そして利点

Barber, Benjamin R. *Strong Democracy: Participatory Politics for a New Age*. Berkeley: University of California Press, 1984.

Bobbio, Norberto. *The Future of Democracy: A Defence of the Rules of the Game*. Translated by Roger Griffin. Edited and introduced by Richard Bellamy. Cambridge: Polity Press, 1987. [Originally published as *Il futuro della democrazia*. Turin: Giulio Editore, 1984.]

Christophersen, Jens A. *The Meaning of "Democracy" as Used in European Ideologies from the French to the Russian Revolution*. Oslo: Universitetsforlaget, 1968.

Fishkin, James. *Democracy and Deliberation: New Directions for Democratic Reform*. New Haven and London: Yale University Press, 1991.

Gutmann, Amy. *Liberal Equality*. Cambridge: Cambridge University Press, 1980.

Held, David. *Models of Democracy*, 2d ed. Stanford: Stanford University Press, 1996. (D. ヘルド『民主政の諸類型』中谷義和訳，御茶の水書房，1998年)

Mansbridge, Jane J. *Beyond Adversarial Democracy*. New York: Basic Books, 1980.

Mill, John Stuart. *Considerations on Representative Government*. [1861] New York: Liberal Arts Press, 1958. (J. S. ミル『代議制統治論』水田洋訳，岩波文庫，1997年)

Pateman, Carole. *Participation and Democratic Theory*. Cambridge: Cambridge University Press, 1970. (C. ペイトマン『参加と民主主義理論』寄本勝美訳，早稲田大学出版部)

Rousseau, Jean-Jacques. *Du Contrat social, ou Principes de droit politique*. [1762] Paris: Editions Garnier Frères, 1962. (J-J. ルソー『社会契約論』桑原武夫・前川貞次郎訳，岩波文庫，1954年)

——. *On the Social Contract, with Geneva Manuscript and Political Economy*. Edited by Roger D. Masters and translated by Judith R. Masters. New York: St. Martin's Press, 1978.

Sartori, Giovanni. *The Theory of Democracy Revisited*. Chatham, N. J.: Chatham House, 1987.

Sen, Amartya. "Freedoms and Needs." *New Republic*, January 10 and 17, 1994, 31–38.

Shapiro, Ian. *Democracy's Place*. Ithaca: Cornell University Press, 1996.

——. *Democratic Justice*. New Haven and London: Yale University Press, forthcoming.

デモクラシーの現実——制度と実践

Diamond, Larry, et al., eds. *Consolidating the Third Wave Democracies*. Baltimore: Johns Hopkins University Press, 1997.

Klingemann, Hans-Dieter, Richard I. Hofferbert, and Ian Budge, et al. *Parties, Policies, and Democracy*. Boulder: Westview Press, 1994.

Lijphart, Arend. *Democracies: Patterns of Majoritarian and Consensus Government in Twenty-one Countries*. New Haven and London: Yale University Press, 1984.

——. *Democracy in Plural Societies: A Comparative Exploration*. New Haven and London: Yale University Press, 1977.（A. レイプハルト『多元社会のデモクラシー』内山秀夫訳，三一書房，1979年）

Lijphart, Arend, ed. *Parliamentary versus Presidential Government*. Oxford: Oxford University Press, 1992.

Linz, Juan J., and Arturo Valenzuela, eds. *The Failure of Presidential Democracy*. Baltimore: Johns Hopkins University Press, 1994.

Rae, Douglas W. *The Political Consequences of Electoral Laws*. New Haven: Yale University Press, 1967.

Sartori, Giovanni. *Comparative Constitutional Engineering: An Inquiry into Structures, Incentives, and Outcomes*. London: Macmillan, 1994.

Shugart, Matthew Soberg, and John M. Carey. *Presidents and Assemblies: Constitutional Design and Electoral Dynamics*. New York : Cambridge University Press, 1992.

Ware, Alan. *Citizens, Parties, and the State: A Reappraisal*. Princeton: Princeton University Press, 1988.

好ましい条件，好ましくない条件

Archibugi, Daniele, and David Held, eds. *Cosmopolitan Democracy: An Agenda for a New World Order*. Cambridge: Polity Press, 1995.

Gutmann, Amy, and Dennis Thompson. *Democracy and Disagreement*. Cambridge: Belknap Press of Harvard University Press, 1996.

Hayek, Friedrich A. von. *The Road to Serfdom*. Chicago: University of Chicago Press, 1976. (F. A. ハイエク『隷属への道――全体主義と自由』一谷藤一郎・一谷映理子訳，東京創元社，1992年)

Held, David, ed. *Prospects for Democracy, North, South, East, West*. Stanford: Stanford University Press, 1993.

Inglehart, Ronald. *Culture Shift in Advanced Industrial Society*. Princeton: Princeton University Press, 1990. (R. イングルハート『カルチャーシフトと政治変動』村山皓・富沢克訳，東洋経済新報社，1993年)

――. *Modernization and Postmodernization: Cultural, Economic, and Political Change in Forty-three Societies*. Princeton : Princeton University Press, 1997.

Lindblom, Charles E. *Democracy and Market System*. Oslo: Norwegian Universities Press, 1988.

――. *The Intelligence of Democracy: Decision Making Through Mutual Adjustment*. New York: Free Press, 1965.

――. *Politics and Markets: The World's Political Economic Systems*. New York: Basic Books, 1977.

Linz, Juan J., and Alfred Stepan. *Problems of Democratic Transition and Consolidation: Southern Europe, South America, and Post-Communist Eu-*

rope. Baltimore: Johns Hopkins University Press, 1996.

Polanyi, Karl. *The Great Transformation*. New York : Farrar and Rinehart, 1944. (K. ポラニー『大転換――市場社会の形成と崩壊』吉沢英成・野口建彦・長尾史郎・杉村芳美訳，東洋経済新報社，1975 年)

Przeworski, Adam. *Democracy and the Market: Political and Economic Reforms in Eastern Europe and Latin America*. Cambridge: Cambridge University Press, 1991.

Putnam, Robert D. *Making Democracy Work: Civic Traditions in Modern Italy*. Princeton: Princeton University Press, 1993.

Sen, Amartya. *Inequality Reexamined*. New York : Russell Sage Foundation, and Cambridge: Harvard University Press, 1992. (A. セン『不平等の再検討――潜在能力と自由』池本幸生・野上裕生・佐藤仁訳，岩波書店，1999 年)

Walzer, Michael. *On Toleration*. New Haven and London : Yale University Press, 1997.

挑戦と展望

Budge, Ian. *The New Challenge of Direct Democracy*. Cambridge : Polity Press, 1996.

Burnheim, John. *Is Democracy Possible? The Alternative to Electoral Politics*. Berkeley: University of California Press, 1985.

Fishkin, James S. *The Voice of the People: Public Opinion and Democracy*. New Haven: Yale University Press, 1997.

Gutmann, Amy. *Democratic Education*. Princeton : Princeton University Press, 1987.

Hirst, Paul. *Associative Democracy: New Forms of Social and Economic Governance*. Cambridge: Polity Press, 1994.

Schweickart, David. *Capitalism or Worker Control? An Ethical and Economic Appraisal*. New York: Praeger, 1980.

さらなる読書のために(日本語文献)

ダールがあげている著作以外に，日本語で読める文献として，値段も手ごろで入手しやすく，基本的なものだけにしぼって追加しておきたい．これ以外の参考文献については，千葉眞『デモクラシー』(岩波書店，2000 年)を参照していただきたい.

中村孝文

1　デモクラシーについて考えるために，やはり，「デモクラシー」ということばの最初の使用例である，古代ギリシアのデモクラシーについて学ぶ必要があるだろう．そのためには以下の著作が参考になる.

プラトン『国家』藤沢令夫訳，岩波文庫，1979 年
プラトン『法律』森進一・池田美恵・加来彰俊訳，岩波文庫，1993 年
アリストテレス『ニコマコス倫理学』高田三郎訳，岩波文庫，1971 年
アリストテレス『政治学』山本光雄訳，岩波文庫，1961 年
トゥーキュディデース『戦史』久保正彰訳，岩波文庫，1966 年
フィンレイ『民主主義——古代と現代』柴田平三郎訳，刀水書房，1991 年

2　近代のデモクラシーについては，ダールがあげているルソー，ミル以外にも，次の著作が参考になる.

トクヴィル『アメリカにおけるデモクラシーについて』岩永健吉郎訳，「世界の名著」第 40 巻，中央公論社，1980 年.（なお，この著作については，他にも『アメリカにおけるデモクラシー』岩永健吉郎・松本礼二訳，研究社，1972 年,『アメリカの民主政治』井伊玄太郎訳，講談社学術文庫，1987 年，の訳がある)

また，ルソーについては『エミール』(今野一雄訳，岩波文庫，1962 年)も重要である．近代の革命とデモクラシーをめぐる議論としては，以下のものを参照.

ハンナ・アーレント『革命について』志水速雄訳，ちくま学芸文庫，1995年
シェルドン・S. ウォリン『政治学批判』千葉眞・中村孝文・斎藤眞編訳，みすず書房，1989年
大木英夫『ピューリタン』中公新書，1968年
A. D. リンゼイ『民主主義の本質』永岡薫訳，未来社，1992年

さらに，近代のデモクラシーがリベラリズムと切り離せない関係にある以上，ロック『市民政府論』(鵜飼信成訳，岩波文庫，1968年)も必ず読むべきであろう．近代のデモクラシーの解説としては，セイバイン『デモクラシーの二つの伝統』(柴田平三郎訳，未来社，1977年)や，福田歓一『近代の政治思想』(岩波新書，1970年)が手ごろである．資本主義とデモクラシーの関係については，マクファーソン『民主主義理論』(西尾敬義・藤本博訳，田口富久治監修，青木書店，1978年)が参考になる．

3　日本のデモクラシーの現状と展望，およびダールも重視する「市民」「市民社会」については以下の著作が参考になる．

阿部斉『デモクラシーの論理』中公新書，1973年
井上達夫『現代の貧困』岩波書店，2001年
今井一『住民投票』岩波新書，2000年
今井弘道『「市民」の時代』北海道大学図書刊行会，1998年
K. van ウォルフレン『日本／権力構造の謎』早川書房，1994年
　同　『人間を幸福にしない日本というシステム』新潮OH！文庫，2000年
大江健三郎『あいまいな日本の私』岩波新書，1995年
　同　『日本の「私」からの手紙』岩波新書，1996年
加藤節編『デモクラシーの未来』東京大学出版会，1993年
加藤典洋『日本の無思想』ちくま新書，1999年
姜尚中『アジアから日本を問う』岩波ブックレット，1994年
坂本義和『相対化の時代』岩波新書，1997年
高畠通敏『政治の発見――市民の政治理論序説』岩波同時代ライブラリー，1997年

千葉眞『ラディカル・デモクラシーの地平』新評論，1995 年
藤田省三『維新の精神』「藤田省三著作集」第 4 巻所収，みすず書房，1997 年
松下圭一『戦後政治の歴史と思想』ちくま学芸文庫，1994 年
　同　『市民自治の憲法理論』岩波新書，1975 年
　同　『日本の自治・分権』岩波新書，1996 年
宮田光雄『現代日本の民主主義』岩波新書，1996 年
　同　『いま日本人であること』岩波同時代ライブラリー，1992 年
丸山眞男『現代政治の思想と行動』未来社，1964 年
　同　『日本の思想』岩波新書，1961 年(『丸山眞男集』第 7 巻にも収録)
　同　『「文明論之概略」を読む』岩波新書，1986 年(『丸山眞男集』第 13, 14 巻にも収録)
C. ダグラス・ラミス『ラディカル・デモクラシー』加地永都子訳，岩波書店，1998 年

4　ダールの翻訳としては以下のものがある．
『規模とデモクラシー』(R. タフティとの共著) 内山秀夫訳，慶応通信，1979 年
『経済デモクラシー序説』内山秀夫訳，三嶺書房，1988 年
『民主主義理論の基礎』内山秀夫訳，未来社，1970 年
『統治するのはだれか』河村望・高橋和宏監訳，行人社，1988 年
『ポリアーキー』高畠通敏・前田脩訳，三一書房，1981 年
『現代政治分析』高畠通敏訳，岩波書店，1999 年

5　ダールの政治理論の研究書・解説書としては以下のものが入手しやすい．
岡田憲治『権利としてのデモクラシー――甦えるロバート・ダール』勁草書房，2000 年
杉田敦「リベラル・デモクラシーのディレンマ――R. ダールをめぐって」(『権力の系譜学――フーコー以後の政治理論に向けて』所収，岩波書店，1998 年)

中谷義和「R. A. ダール」(田口富久治・中谷義和編『現代の政治理論家
——21世紀への知的遺産』所収，法律文化社，1997年)
村田邦夫『史的システムとしての民主主義』晃洋書房，1999年